Dementia Together

치매가 인생의 끝은 아니니까

• 일러두기

– '치매'는 한자로 어리석을 치(癡), 어리석을 매(呆) 자를 쓰기 때문에 알츠하이머병 환자를 비하하는 단어라는 인식이 있습니다만, 오래전부터 써 와 익숙한 용어라서 이 책에서는 사용하기로 했습니다.
– 각주는 옮긴이가 달았습니다.

Dementia Together
치매가 인생의 끝은 아니니까

비폭력대화로
치매에 말 걸기

패티 비엘락스미스 지음
이민아 옮김

THE KOREAN CENTER FOR
NONVIOLENT COMMUNICATION ®
한국NVC출판사

용기 있게 약한 모습을 보여 주었던
이레나 할머니에게

용기 있게 비폭력을 실천했던
마하트마 간디에게

영국에 사는 비폭력대화 지도자이자 요양보호사인 패티가 치매를 겪는 이들을 돌보며 경험한 일들을 바탕으로 『치매가 인생의 끝은 아니니까』를 냈다는 소식을 들었을 때, 나는 너무 반가워 크게 "YES!"를 외쳤고 서둘러 우리나라에 소개해야겠다고 마음먹었다. 왜냐하면 점점 더 자주, 친구나 지인들과 이야기를 나누는 동안 힘들고 슬픈 치매 이야기를 듣게 되기 때문이다.

특히 가족 가운데 한 사람이 치매로 언어 능력, 기억력, 시간과 공간 감각, 운동 능력, 정체성 등 많은 기능을 상실해 가면 주변 사람들이 그 사람과 거리를 두기 시작하는 일이 자주 생긴다. 그것은 사랑과 관심이 없기 때문이 아니다. 예전과 달라진 그 사람과 어떻게 관계를 맺어야 할지 몰라 당황스럽고, 혼란스럽고, 불편하고, 슬프고, 심지어 무서움을 느끼는 것이다. 나는 이런 상황을 접하면서 치매를 겪는 이와, 그들을 돌보는 이가 겪는 고통이 많이 걱정되었다. 두 사람에게 가장 고통스러운 것 중 하나가 '단절'된 느낌이라는 것을 알 수 있었는데, 이 책을 읽으면서 치매가 새로운 관계 맺기를 가능하게 하는 소통의 창이 될 수도 있다는 희망이 생겼다.

이 책에서 패티는 그것을 '치매관계'라 부르면서, 예측하기 힘든 상황에서도 여유를 잃지 않고 새로운 관계를 맺는 방법을 보여 준다. 새로운 시각으로 치매를 바라봄으로써 치매를 겪는 사람과 돌보는 사람이 서로 연결되는 관계를 형성하는 것이다. 중립적 관찰보다는 공감적 상상력을 발휘하면서 치매를 겪는 사람의 지금 현실을 존중하고, 그 안에서 대화를 나눈다. 여기에서 핵심은 공감에 기반을 둔 소통기술이다. 공감대가 형성되었을 때 느끼는 따뜻한 연결 안에서 상대의 새로운 면을 알아채기도 하고, 일상적인 이야기를 하면서도 전보다 가깝게 느끼고 가슴 뛰는 순간을 경험할 수도 있다.

치매를 겪는 사람은 누군가가 자기 말에 귀 기울여 줄 때 안전감과 신뢰를 느낀다. 그러면 건강한 관계 안에서 삶의 풍요로움을 경험할 수 있기 때문에 자기혐오에 빠지거나 분노나 절망감에 휘둘리는 일을 더 잘 피할 수 있다.

'치매관계'는 우리 대부분에게 미지의 영역이고 그것을 형성하려면 오래된 소통 습관이나 생각의 패턴을 바꿀 필요가 있는데, 이때 비폭력대화가 가이드가 되어 줄 수 있다. 한국비폭력대화센터에서는 여러 가지 연습모임을 제공하는데, 그중에는 치매 도우미를 위한 프로그램도 있다. (www.krnvc.org)

치매를 겪고 있는 어머니를 돌보면서 같은 어려움을 겪고 있는 다른 사람들에게 도움이 되기 위해 이 책을 애틋한 정성으로 번역해 주신 이민아 님에게 깊은 감사를 드린다.

2021 여름 끝자락
캐서린 한
한국비폭력대화출판사 대표

나는 2008년부터 8년 동안 노인 돌봄 현장에서 요양보호사와 사회복지사로 일하면서 다양한 유형의 치매 노인들을 만나 왔다. 그리고 엄마가 생의 마지막 3년을 남기고 치매 증상을 보이기 시작한 뒤로, 한 여성이 늙어 죽어 가는 과정을 밀착하여 관찰하고 돌본 경험과 사유를 적어 『작별 일기』라는 책으로 출간했다. 그 외에도 나이와 상관없이 뇌기능장애로 인지능력이 낮아진 사람들과 일상을 나누고 글 쓰는 모임을 해 왔다.

그 과정들을 거치며 늘 품었던 고민은 어떻게 하면 상대를 더 잘 이해하고 잘 소통할 수 있을까 하는 것이었다. 그들의 치매와 뇌기능장애가 무언가를 점점 못하게 되는 과정이라면, 지금 하는 말과 행동, 표정의 구체성들을 실마리로 그들 인지력의 경로 속으로 들어가 그들이 지금 하고 싶은 것과 할 수 있는 것을 알아내 그들과 즐겁게 지내고 싶었다.

치매를 겪기 전인 2010년경에 엄마와 구술생애사 작업을 했던 나로선 엄마가 드러내는 치매 증상이, 외람되지만, 흥미로운 공부거리였다. 생애 동안의 욕망과 보람과 좌절이 치매를 계기로 날것으로 드러났고, 그 덕에 나는 그녀를 좀 더 이해하고 마음과 증상을 돌볼 수 있었다. 물론 충분하지 못했다. 엄마를 비롯해 먼저 간 치매인들과 함께했던 장면을 떠올리며 그때 무엇을 더 할 수 있었을까, 어떻게 더 잘 만날 수 있었을까를 자주 되짚고 재해석하며 글과 강연을 통해 사회와 공유하고 있다.

『치매가 인생의 끝은 아니니까』는 그동안 내가 치매인들을 돌보면서 무엇을 놓쳤는지, 왜 그 장면에서 실패하거나 포기했는지, 그때 그들은 얼마나 갑갑하고 화나고 혼란스러웠을지 깨닫게 해 주었다. 치매는 한 사람의 새로운 세상이며, 그 세상으로 들어가려면 입구를 지나야 한다. 그 입구를 찾아 한 사람과 다른 세상을 깊이 만나고자 하는 사람들에게 이 책을 권한다. 이 책은 치매인에 대한 근본적으로 다른 시선이자, 돌봄의 의미에 대한 전향적인 통찰이다. 치매인에 대한 호기심과 상상력을 바탕으로 상호 돌봄 관계를 형성하도록 돕는 길잡이이며, 인간과 세상에 대한 태도를 성찰하고 확장하게 만들어 주는 뛰어난 저작이다.

늙음과 죽음은 물론 치매 역시 의료산업과 실버산업에 의해 상품화되고 있는 것이 현실이다. 하지만 치매인들은 질병과 노쇠와 죽음 쪽으로 넘어가 버린 사람들이 아니다. 우리 곁에서 함께 존재할 권리와 능력을 가지고 있으며, 자신의 삶을 살아가고 있는 사람들이다. 그들의 말과 행동과 표정은 우리를 만나고 싶어 한다는 적극적인 신호다. 이 책은 치매인들의 신호에 집중하여 질문과 소통과 공감을 넓혀 가는 새로운 방법을 제안하는 관계 지침서이자 쓸모가 많은 공부자료이다. 치매인들 곁에 있거나 있게 될 모든 사람들에게, 친족 및 친지, 돌봄 노동자와 돌봄 정책 입안자 들에게 이 책을 권한다. 더불어 치매 돌봄 관계가 노인 복지 현장에서 제대로 실현되기 위해서는 치매인에 대한 사회적 인식 전환과 함께 돌봄 현장의 노동 조건 개선이 절실하다는 점도 강조해 둔다.

최현숙
『작별 일기』 작가

치매는 기후변화와 내전, 인구 이동과 더불어 21세기 초 인류가 직
면한 가장 중대한 난제 중 하나로 꼽힌다. 국제알츠하이머협회는
치매 인구가 현재 4,680만 명에서 2050년에 이르면 1억 3,150만
명으로 증가할 것으로 추산한다. 이 수치에는 기억을 비롯한 정신
능력과 관련하여 일상의 삶에 변화를 가져오며 치매로 규정되는
하나 이상의 장애(알츠하이머병과 혈관성 치매 포함)를 지닌 인구가
포함된다. 그 수만큼의 가족과 친지가 돌봄 역할을 맡게 되는데,
이 과정에서 이들 또한 정신적·육체적 건강이 상할 위험성이 큰
것으로 알려져 있다.

　이 수치에는 희미하나마 희망의 빛줄기가 있다. 치매의 영향을
받는 사람의 수치가 이렇게 증가한 것은 치매 발병 위험이 가장 큰
연령집단(70세 이상)의 수명이 전 세계적으로 늘었기 때문이다. 하
지만 모든 연령대에서 치매 발병 인구의 비중이 감소할 수 있다는

신호도 존재한다. 이는 더 높은 교육 수준과 더불어 심장 건강의 향상에서 기인한 것으로 보인다. 개인들이 사회적으로 정신적으로 더 많은 자극을 받고 있을 뿐 아니라, 흡연율 감소와 운동 습관과 식습관 개선 등 예방적 조치의 실천에 힘입어 우리는 미래에 치매 유병률 수치가 감소하리라고 예측할 수 있다. 아울러, 현재의 의약은 치료 효과가 제한적인 수준이지만, 치매의 진행을 근원적으로 변화시키는 치료법을 찾기 위한 연구가 대규모로 이루어지고 있는 현실도 크게 기여할 것으로 보인다.

미래에 어떤 상황이 펼쳐지더라도 수백만 인구가 치매를 겪게 되리라는 점은 분명하지만, 그래도 희망적인 점은 치매를 겪는 사람들이 비록 병은 있더라도 높은 삶의 질을 누리며 건강하게 살아갈 방법을 찾아내리라는 것이다. 이 희망이 실현될 수 있음을 말해주는 징후는 이미 뚜렷하게 나타나고 있다. 지난 10년 동안 치매 진단을 받은 사람들이 언론에 나와서 이야기하고 베스트셀러 책을 써내고 정책과 서비스 발전에 중대하게 기여하면서, 스스로 자신의 권리를 지키는 활동에 두드러지게 앞장서 왔다. 이는 그저 몇몇 뛰어난 개인의 활동에 그치지 않는다. 미국, 캐나다, 영국과 유럽 전역에서 스스로 문제를 해결하려고 노력하는 사람들의 조직과 지원 조직이 하나의 메시지를 전파하기 위해 뛰고 있다. 치매 판정 후에도 삶은 있다는 메시지다. 이 조직들은 치매 친화적인 지역

사회를 만들려는 캠페인을 펼치면서 치매인에 대한 시각을 바꿔 나가기 시작했다. 그 결과, 현재 치매에 대한 대중의 태도와 인식에 거대한 변화가 싹트고 있다.

치매인들은 자신들이 늘 "치매를 겪으면서도 잘 살아가고 있는" 것만은 아니라고 말한다. 치매가 있다고 자신감 결여, 저조한 기분, 좌절감, 분노, 고민, 불확실성, 자기 불신, 절망감, 불안, 미래에 대한 두려움, 상실한 것과 잃어 가고 있는 것에 대한 슬픔 같은 고통스러운 감정을 느끼지 않는 것은 아니다. 기억력이 점점 떨어지고 의사소통이 힘들어지면서 일상적으로 경험하는 보편적인 감정을 제어하기가 점점 더 어려워진다. 타인에게 의존해야 한다는 것도 힘든 문제일 수 있는데, 독립성의 상실이 자신의 정체성과 자율성에 대한 위협으로 받아들여질 수 있기 때문이다. 사회 심리학자 탐 키트우드는 이 질환이 가져오는 변화에도 불구하고 치매를 겪는 사람이 스스로를 한 사람의 개인으로 존중하는 가운데, 그 사람에게 긍정적인 환경을 조성하고 그 사람의 관점에서 세계를 이해하고자 노력하는 주위 사람들의 돌봄과 지원을 받을 수 있다면 그 사람 본연의 인격과 개성을 지킬 수 있다고 말한다. 사람 중심 돌봄이라고 하는 이 접근법은 전 세계 치매 인구를 위한 양질의 돌봄과 지원 제도를 만들어 가는 데 큰 영향을 미치고 있다.

하지만 애석하게도 치매를 겪는 많은 사람이 사람 중심 돌봄을 받거나 경험하지 못한다. 사람 중심 돌봄은 단순한 개념이지만 이를 현실에서 적용하여 실천한다는 것은 아주 어려운 일이 될 수 있다. 이 책은 그 어려움이 어떠한 것인지, 그리고 우리는 무엇을 할 수 있는지를 아주 핵심적으로 보여 준다.

키트우드가 지적했듯이 사람 중심 돌봄은 치매를 겪는 사람과 돌봄을 맡은 사람의 관계에 의존한다. 이 관계는 (적어도) 쌍방이 참여해야 성립하며, 돌봄의 성과에는 돌봄을 수행하는 사람의 개성과 감수성, 공감하고 이해하는 능력과 두려움, 불안, 상실도 치매를 겪는 사람의 인지 기능 손상 정도와 마찬가지로 중요하게 작용한다.

일부 치매 돌봄 전문가는 '사람 중심 돌봄'보다 '관계 중심 돌봄'이라는 용어를 더 선호하며, 이 둘을 구분하려 애쓰기도 한다. 나는 키트우드가 말하는 사람 중심 돌봄이라는 개념 자체가 관계를 토대로 한다고 생각한다. 키트우드는 인격과 개성을 관계의 맥락 속에서 지켜지는(혹은 역으로, 손상되는) 무언가로 보았다. 인지 기능 저하 때문에 자기 정체성을 지키는 데에도, 자신이 어떤 감정을 느꼈는지 인정하는 데에도 타인의 도움이 필요하기 때문이다.

저자 패티 비엘락스미스는 입주 요양보호사로 일하면서 얻은 경험, 치매를 겪는 사람들과 맺은 밀도 높은 관계를 강렬하면서도 감동적인 이야기로 들려준다. 이 이야기들은 한 사람을 알기 위해서는 그 사람이 살아온 삶의 궤적과 경험을 이해하고 인정해야 하는 이유를 잘 설명해 준다. 소통과 연결의 중요성을 강조한 패티의 사연들은 사람 중심(혹은 관계 중심) 돌봄이 실전에서 맞닥뜨리는 어려움이 어떠한 것인지 실감 나게 보여 준다. 소통은 치매를 겪는 사람에게 할 말을 '전달'하는 것만이 아니며, 그 사람에게 말뜻을 '이해시키는 것'은 더더욱 아니다. 소통은 쌍방의 과정으로, 돌봄을 행하는 사람이 상대편에게 귀 기울이는 것이 중요한 요소다. 우리는 그 사람이 하는 말에 귀 기울이고 그 사람의 침묵에도, 비언어(표정, 몸짓, 손짓 등)로 전달되는 메시지에도 귀 기울여야 하며, 무엇보다도 그 사람이 전달하고자 하는 메시지 안에 담긴 감정을 민감하게 포착할 수 있어야 한다.

나오미 페일이 치매를 겪는 사람과 대화할 때에는 그들의 감정에 귀 기울이는 것이 중요하다는 것을 강조한 인정 요법* 개념을 주창한 지도 오래되었다.(1963년) 페일은 또한 돌봄을 행하는 사람이 중심에 서고 주의를 흩뜨리는 나머지는 제쳐 두어야 한다는 것도 강조했다. 그래야만 소통, 대화, 그리고 인간적으로 서로 깊이

---

* 치매인이 현실감각을 유지하도록 사실을 주입하는 현실 요법에 대한 문제의식에서 제창한 요법으로, 치매인의 이상한 말이나 행동을 그대로 수용하고 감정을 표현할 수 있도록 유도한다.

연결되는 관계—키트우드가 '나와 너' 관계*라고 부른 관계—라는 어려운 과제에 온전히 주의를 쏟을 수 있기 때문이다. 여전히 시의 적절하면서도 중요한 이 메시지가 이 책의 뼈대를 이루고 있으며, 많은 이가 그로부터 도움을 받을 것이다.

패티의 책을 관통하는 뼈대인 비폭력대화는 치매 돌봄 분야에서 내가 지금껏 만나 보지 못했던 접근법이다. 일반적으로 나는 '무엇이 아닌 것'으로 정의하는 개념에 반대하는 편이다. 예컨대 비약물적 개입보다는 사회심리적 개입이라고 말하는 쪽을 선호한다. 비폭력대화라는 용어를 처음 들은 요양보호사라면 자기가 이미 실천하고 있는 것이라고 말하고 싶을지도 모르겠다. 우리가 돌보는 사람을 '폭력적'으로 대하는 일은 절대로 없다고. 맞는 말이다. 설명할 시간이 없어 서두르기도 하고, 자기가 하는 말이 상대에게는 가르치려 드는 것처럼 들릴 수도 있겠다는 것을 깨닫기도 하고, 마른 옷으로 갈아입히는 데 저항할 때에는 몸싸움에 가까운 실랑이를 벌이기도 하고, 가끔은 약물을 투여해 진정시켜야 할 때가 있기는 해도… 폭력을 쓰는 일은 없다. 결코.

하지만 용어나 명칭에 얽매이기보다는, 이 책의 토대가 되는 접근법에서 말하는 소통이란 두 사람 사이에 '연결'을 가져다주는 상

---

* 상대편을 대상화하지 않고 존재로 받아들일 때 성립하는 관계. 대화의 힘을 강조한 마르틴 부버의 관계 개념이다.

호작용이라는 점에 주목하자. 이 책에서 설명하는 원리와 기법 대다수가 치매 돌봄 상황에 매우 유용하다. 가령 패티는 장난이 관계를 회복시킬 수 있다는 것을 발견하는데, 때로는 아주 하찮은 상호작용에서 유머와 즐거움이 나오는 법이다.

하지만 비폭력대화가 추구하는 궁극의 목적지는 평화인 듯하다. 치매와 함께 살아가면서 치매로 죽어 가는 사람들이 마음의 평화를 찾도록 돕는다는 것은 엄청나게 가치 있는 일이며, 우리는 이를 성취하기 위해서 가능한 방법을 모두 활용해야 한다.

밥 우즈
웨일스 치매서비스개발센터 소장, 노인임상심리학과 명예교수
(영국 뱅고어대학교)

Dementia
Together

관계 키우기

치매는 계속 사람의 허를 찔렀다. 직접 경험하기 전까지 나는 치매를 '늙음'—노인—과 관계있는 것, 죽음과 관계있는 것이라고 생각했다. 또, '소수'의 사람에게만 일어나는 일이고 인생사 전반으로 보자면 사소한 일부에 지나지 않는다는 생각도 있었다.

둘 다 착각이었다. 치매를 겪는 사람들과 일하다 보니 기존 생각이 백팔십도 뒤집혔다. 치매는 내가 원래 생각해 온 것과 정반대였다.

치매를 처음 접하면서 내가 경험한 것을 한마디로 압축하자면 **새롭다**로 표현된다. 부정적인 의미도 긍정적인 의미도 아니고, 다만 내가 알지 못하던 세계라는 의미에서. 얼얼했다. 사람들은 치매를 '서서히 죽어 가는 병', '불치병'으로 인식하지만, 나의 인생은 이 질환을 겪는 사람들과 만나면서 오히려 풍부해졌다. 그분들 또한 나와의 관계를 통해서 더 큰 생의 활기를 얻었으리라 믿고 싶다.

이런 놀라운 생의 활기를 경험한 사람이 나 하나만은 아닐 것이다. 어느 치매를 겪는 사람의 친척은 이 병으로 인해 어머니와 새로운 소통 창구를 찾았다고 했다. 그들에게 치매와 함께하는 삶은 낯설어서 두려운 동시에 날마다 새로움을 가져다주는 경험이었다. 이 새로움이 우리에게 살아 있다는 감각을 준다. 치매를 겪는 많은 사람들을 돌보며 함께해 온 세월이 짧지 않지만, 나는 여전히 이 삶이 새롭다. 치매와 함께하는 삶은 시들해지기는커녕 날마다 새롭다. 무슨 일이 일어날지 알 수 없기 때문이다. 누구에게 이 병이 나타날지, 그것이 언제가 될지, 정확히 어떤 식으로 나타날지 알 수 없는 것을 포함해서. 특히나 충격적인 것은, 30대와 40대에 치매 판정을 받는 사람이 늘고 있다는 사실이다.(따라서 치매가 '늙음'과 관계있다는 생각부터가 잘못된 것이었다.)

다음으로 허를 찔린 것은 치매가 세계에 미치는 영향이 어느 정도인지를 느꼈을 때였다. 그것 역시 한마디면 충분히 표현된다. **크다.** 치매에 걸린 인구 규모나 장차 걸리게 될 것으로 예상되는 인구 규모만 큰 것이 아니라, 치매 판정을 받은 사람과 그들과 가까운 사람들에게 치매가 미치는 영향도 어마어마하다.

전 세계에는 알츠하이머를 비롯하여 여러 유형의 치매를 겪는 사람이 5,000만 명가량 된다. 이 책은 그 5,000만 명을 사랑하고 염려하며 보살피는 또 다른 5,000만 명을 위한 것이다. 치매를 겪는 모든 사람이 이 질환이 진행되는 단계 어느 시점에는 최소한 한 사람의 돌봄을 받게 된다. 그리고 보통은 한 사람 이상의 돌봄을 받는다. 말하자면 바로 이 순간 직접적으로든 간접적으로든 치매의 영향을 받는 인구가 1억 명이 된다는 뜻이다.

이 책에서 내가 돌봄을 행하는 사람에 대해서 말할 때는 전문적인 치매 요양보호사만이 아니라 치매를 겪는 사람에게 관심을 갖고 마음을 쓰는 사람까지 아우른다.

나 또한 치매를 겪는 누군가를 보살피는 사람 중 하나다. 나는 5년 동안 여러 치매 환자를 돌보았다. 나는 보건 전문가도 아니고 간호사나 의사도, 학자도 아니다. 하지만 직업적으로 치매 환자를 보살피는 요양보호사로서 치매를 겪는 개인들이 일상에서 맞닥뜨리는 어려움을 직접 보고 겪어 왔다. 방문객이 떠난 뒤(이들을 맞이할 때의 예의 바른 마음가짐이 바닥날 때), 의료진이 떠난 뒤(할 수 있는 최선의 행동과 태도가 더는 필요 없어졌을 때), 그리고 하루가 저물어 가는 오묘한 시간(낮과 밤이 구분되지 않는 때), 이 모든 시간대의 일상을.

이 책을 통해서 나는 요양보호사라는 직업인으로서, 그리고 치매를 앓는 증조모를 둔 증손녀 개인으로서 치매가 나의 삶에 미쳐

온 영향의 면면을 나누고자 한다. 치매는 직업적 영역으로 접하건 가족사로 접하건 언제나 아주 개인적인 경험이라고 생각한다. 따라서 이 질환을 앓는 사람을 돌보는 사람들의 접근법 또한 개인 대 개인의 관계가 되어야 한다. 하나하나의 관계는 저마다 다 다르지만, 동시에 능숙함 여부와는 무관하게, 도움을 서로 주고받는 관계가 될 수밖에 없다. 이 관계의 성격으로 인해 소통 기술이 관계의 핵심이 된다.

심리학에서 인간 중심 접근법을 창시한 칼 로저스의 연구는 도움 관계의 구성 요소를 공식으로 그려 내는 데 큰 비중을 두었다. 그의 연구는 도움이 근본적으로 두 사람 사이에 형성되는 관계와 연관이 있음을 보여 주었다. "도움 관계란 이 관계에 속한 사람 가운데 한쪽에서 상대방에게 또는 상호 간에… 개인 안에 잠재된 내면적 자원을 더욱 감사히 여기게끔 하는 관계라 정의할 수 있을 것이다."

돌봄은 본질적으로 도움을 주고받는 관계다. 슬프게도 사람들은 돌봄을 고통받는 누군가에게 제공하는 서비스쯤으로 여기곤 한다. 일방통행 관계로. 이것이 내가 이 책에서 도전하려는 통념이다.

치매는 실로 우리의 평소 세계관에 숱한 도전장을 내민다. 나의 증조할머니가 혈관성 치매로 처음 도전을 받았을 때만 해도 나에게 치매는 죽음과 연관된 무언가였다. 어쨌거나 마리아 할머니를 앗아 간 것은 치매였으니까. 하지만 최근 들어 치매는 상실만이 아님을 알게 되었다. 치매를 겪는 고객들과 관계를 맺으면서 나의 삶은 풍부해졌고 더욱 활기차게 일할 수 있었으며, 열정도 더 자라났다. 치매가 너무나 **거대한** 것이기에 그것이 우리에게 주는 시련에 응전하다 보면 마땅히 열정도 자라날 수밖에 없다는 것이 내가 깨달은 바였다.

요양보호사로 일하기 시작할 때 나는 이미 비폭력대화를 배우기 시작한 터였다. 비폭력대화는 의사소통이 일방이 아닌 쌍방 통행임을 가르쳐 주었다. 나는 이 가르침을 실천하면서 타인과 훨씬 쉽게 연결할 수 있다는 것을 경험했다. 이 연결이 모두에게 이롭다는 것도.

1984년 비폭력대화센터를 설립한 마셜 B. 로젠버그 박사는 칼 로저스가 제창한 도움 관계를 주된 토대로 하는 프로세스로 비폭력대화 개념을 창안했다. 로젠버그는 유대교, 기독교, 수피교, 불교 등 전 세계의 전통 종교가 가르치는 지혜를 받아들여 비폭력대화의 원리를 심오하게 다졌다. "의식과 언어, 소통 기술, 그리고 우리를 시험에 들게 하는 상황에서조차 우리 자신과 타인을 공감의 시선으로 바라볼 수 있는 능력에 관해 여러 세기를 거치며 보편적으로 전해 내려온 모든 지식을 비폭력대화에 융합시켰다."

치매를 겪는 삶이라면 수많은 시험이 주어진다고 말할 수 있을 터이다. 내가 요양보호사가 되고 처음 치매 고객을 만났을 때에는 그 사람의 상황을 이해하기 위해서 배경지식이 얼마간이라도 필요했다. 8년 동안 비폭력대화 훈련을 받으면서 배운 것과 5년 동안 치매 환자를 보살피는 직업을 수행하면서 배운 것을 결합하는 것이 필수였다. 치매를 겪는 사람들과 함께하는 일상은 비폭력대화 기술을 어떻게 활용해야 하는가를 배우는 기회였다. 때로는 사람의 목숨을 구하는 기술이 되기도 했다.

내가 이 책을 쓴 것은 치매를 겪는 사람들의 요양보호사는 물론이고 그 가족, 친지 들이 인생과 내면의 평화를 발견하고 관계 안에서 서로 연결되는 데 도움을 주기 위해서다. 이 책에서 제시하는 관점과 원칙은 치매인을 가족으로 두거나 전문 역량을 갖추고 돌봄을 행하는 전 세계 비폭력대화 지도자나 활동가 들에게 공감을 얻고 있다.

이 책에서 소개하는 사례들은 내가 주로 활동하는 잉글랜드와 웨일스에서 직접 한 경험, 그리고 이 접근법의 가치를 높이 사는 미국과 오스트레일리아, 유럽 대륙 전역의 비폭력대화 활동가들과 한 인터뷰에서 나왔다. 비폭력대화 기술을 통해서 우리는 치매로 인해 돌이킬 수 없이 망가졌다고 생각했던 관계를 회복할 수 있었을 뿐 아니라, 새로운 정보를 받아들일 수 없다고 말했던 사람들과도 새로운 관계를 형성할 수 있었다. 이 경험을 통해서 우리는 서로에 대해서 배워 나갔다. 비폭력대화를 훈련하는 동료들로부터, 치매를 겪는 사람들로부터. 비폭력대화는 서로 주고받는 것이기 때문이다.

이 책에서 만나게 될 인물들은 실존하는 사람들이지만 익명성을 보장하기 위해 치매를 겪는 사람들의 이름과 인적 사항 일부는 사실과 다르게 바꾸었다. 치매를 겪는 사람들과 맺어 온 관계의 정수는 공유하되 개인에 관한 정보를 필요 이상으로 노출하지 않기 위해서 나는 모든 노력을 기울였다. 따라서 기억에 의존한 대화가 되었건 기록된 인터뷰가 되었건 이 책에서 소개하는 모든 사례는 기본적으로 나의 말임을 밝혀 둔다. 내가 인터뷰한 비폭력대화 활동가 가운데 일부는 익명을 유지하고자 했고, 일부는 실명 공개를 허락했다.

우리는 두 사람이, 설령 그중 한 사람이 치매에 걸린 상황일지라도, 관계 안에서 안정적이고 심도 있게 서로 연결될 수 있음을 경험했다. 감정적으로 힘겨운 순간이나 일상적으로 시련이 닥치는 상황을 부정하자는 것이 아니다. 오히려 이러한 난관을 서로 연결되는 과정의 견고한 기반으로 삼을 수 있다는 뜻이다. 우리가 병의 진행에 영향을 미칠 수는 없겠지만, 함께하는 시간을 통해서 두 사람의 삶이 더 풍요로워지는 건강한 관계를 세워 나갈 수는 있다.

나는 치매를 통해서 형성된 관계를 '치매관계'라고 부른다. 이는 지적 능력 감퇴나 인지 기능 저하 같은 문제에 대처하는 관계라기보다는 삶과 성장을 의미하는 관계이다. 이 관계를 형성하면 보살피는 사람과 보살핌을 받는 사람, 이 두 사람에게 필요한 것이 동등하게 고려되고 동등하게 중시된다.

이 책에서 나는 두 사람의 연결을 만들어 내는 소통에 관한 이야기를 공유하고자 한다. 주는 이와 받는 이 양쪽을 연민과 공감으로 아우르는 연결. 왜냐하면 비폭력대화에서는 양쪽이 모두 중요하기 때문이다.

이 책에 공감하는 분은 비폭력대화 연습에도 흥미를 느낄지 모르겠다. 비폭력대화는 정기적인 연습을 꾸준히 실천할 때 점진적으로 향상되는 기술이다. 책의 뒷부분에 있는 부록 A에 전 세계 각국의 비폭력대화센터가 지원하는 연습 프로그램 정보를 수록했다. 이들 프로그램은 직접 참여와 온라인 참여가 다 가능하다.

비폭력대화를 연습할 필요까지는 못 느끼는 분이더라도, 이 책 각 장에서 소개하는 이야기가 치매와 관련된 그간의 경험이나 기억을 새로운 관점으로 바라보게 하는 원리를 깨치는 데 도움이 될 것이다. 이 책의 바탕이 되는 기본 원리는, 소통의 요점은 연결이라는 것이다.

1부 '관계 바라보기'에서는 치매를 겪는 사람과의 관계에서 연결이 왜 중요한가를 설명한다.

2부 '직접 맛보기'에서는 자신과 연결하기, 자기 욕구 소중히 여기기, 자기 공감에서 기쁨 누리기를 살펴본다.

3부 '마음으로 듣기'에서는 치매를 겪는 사람과 연결하는 다양한 방법을 설명한다.

치매는 세계를 습관적으로 바라보던 우리 태도에 문제를 제기한다. 치매를 겪는 사람에게 삶은 비참하고 두려우며 실제로 많은 시간을 좌절 속에서 보내게 된다. 하지만 혼비백산할 필요는 없다. 소통의 목표점을 치매를 겪는 사람과 연결되기로 잡고 노력한다면 두 사람의 일상은 제자리로 돌아올 것이다. 뻔하게만 보이던 것 이상의 세계가 보일 것이다. 아침이면 눈뜰 것이고 꽃향기를 맡을 것이다. 연결의 달콤함을 맛볼 것이고 가슴으로 듣게 될 것이며 교감을 통해 자신의 존재를 알리게 될 것이다. 어느 시인의 말마따나 "우주는 우리의 감각이 깨어나기만을 끈기 있게 기다리고 있는 마법 같은 일들로 가득하니까".

차례

Dementia Together

1부

관계 바라보기

1

있는 그대로
인정하기

하지만 내가 보게 될 건 뭘까? 모르겠어.
어떤 면에서는, 그건 너한테 달려 있는 일이야.
- 스타니스와프 렘, 폴란드 작가

루시아는 어릴 때 남아메리카에서 이민 온 친구다. 지금은 유럽에 취직해서 살고 있어 어머니를 한 해에 한 번밖에 만나지 못한다. 어느 해에 어머니를 방문했다가 어머니에게서 치매의 징후가 보인다고 느꼈다.

"어디 있니? 여기 있니?"

"네, 엄마. 저 바로 여기 있어요."

"보이지 않는걸."

"그야 엄마가 눈을 감고 있으니까 그렇죠. 저를 보려면 눈을 뜨

셔야 해요."

　루시아의 어머니는 눈꺼풀을 올려야 볼 수 있다는 사실을 잊어버렸다. 치매로 인해 이런 기초적인 지식까지 사라졌다.

　치매는 병으로 인해 뇌에 손상이 생긴 결과로 나타나는 증상군을 가리키는 말이다. 치매는 뇌에 영향을 미치는 여러 인자에 의해 유발될 수 있다. 대개는 알아차릴 수 없이 아주 더디게 시작되어 시간이 지나면서 점점 뚜렷해지는 진행성으로, 원인에 따라 점진적으로 발현되는 경우가 있고 급속하게 진행되는 경우가 있다.

　많은 사람이 치매를 사랑하는 이를 조금씩 잃어 가는 과정으로 경험한다. 사랑하는 이가 점차 마음의 문을 닫고 안으로 들어가면 그를 아끼는 이들도 손을 놓는 것이다. 우리는 치매 하면 결별, 포기, 영영 떠나는 것을 연상한다.

　우리는 사랑하는 이가 치매에 걸렸다고 단념하고 저버리지는 않지만, 그 사람이 벌써 떠나 버린 것처럼 느낀다. 그 사람과의 연결을 상실할 때, 혹은 언제나 희망해 왔던 연결이 더는 가능하지 않을 때, 우리는 외로움을 느낄 수도 있다. 이젠 너무 늦었다고 느낄 수도 있다. 적어도 상황을 이렇게 보는 것이다. 그러나 이는 눈감은 채 상황을 바라보는 것이다. 아니면 눈물이 눈을 가렸거나.

　눈은 영혼으로 통하는 창이다. 고통받는 영혼은 창을 닫아 가린다. 하지만 눈을 뜨지 않으면 빛이 들어갈 수 없다. 아끼고 사랑하는 이가 아직도 거기 있다는 것을, 그들과의 관계도 그대로 있음을 알아차릴 방도가 없다. 첫걸음은 치매를 인정하는 것이다.

보지 못하고 흔히 지나치는 것들

우리는 종종 네 가지 본질적인 요소들을 알아채지 못한다.

첫째 요소는 치매 자체다. 치매는 눈에 보이지 않는 유형의 질환이기에 붕대나 휠체어라든가 보행 보조기 따위를 통해 알아볼 수가 없다. 서서히 알 듯 모를 듯 시작되며 사람에 따라 양상이 다르게 나타난다. 겉으로 보아서는 치매를 겪는 사람인지 아닌지 알기가 어렵다. 치매는 이렇듯 눈에 보이지 않는 질환이다.

둘째 요소는 치매 '뒤에' 있는 사람이다. 누군가 치매 판정을 받으면 사람들은 보통 판정을 받은 그 사람보다는 병 자체에 훨씬 더 주의를 집중하곤 한다.

셋째 요소는 치매 겪는 사람을 돌보는 사람이다.

넷째 요소는 이 두 사람의 관계다. 치매를 겪는 사람이 있으면 그들을 돌보는 사람과의 관계도 존재하는 법이다.

치매는 주먹구구식으로 알아맞힐 수 있는 병이 아니다. 한참 진행된 단계에서조차 병이 미치는 영향은 미미할 수 있다. 하지만 결국에는 있던 것이 사라지기 시작하는 단계에 이른다. 특정한 기술, 어휘, 지식이 거의 알아차리지 못할 정도로 미세하게 사라지기 시작한다. 그렇다 해도 어떤 기술을 어느 정도까지 상실하는지는 사람마다 다르다. 치매에는 '표준' 양상이 없다는 뜻이다. 하지만 가장 보편적으로 치매 여부를 판가름하는 척도는 기억이나 어휘 상실이다.

성인의 평균 어휘 수는 3만 단어다. 사람이 단어 일이백 개쯤 잊어버린다 한들 뭐가 달라지겠는가? 당장은 당사자한테나 주변 사람한테나 이렇다 할 차이가 보이지 않는다. 애거사 크리스티나 아이리스 머독, 테리 프래쳇 같은 유명 작가들의 경우에는 작가 본인이 병을 인지하기 전에 이미 작품에 언어 퇴행의 증후가 나타났다. 충성스러운 독자들조차도 당시에는 알아차리지 못했다. 이들이 치매 판정을 받을 때까지 작품을 통한 분석은 이루어지지 않았고, 일부는 사후에도 그러한 시도가 없었다.

시간도 포착이 어려운 또 하나의 단서다. 아우구스티누스의 유명한 말을 인용하자면, "그렇다면 시간이란 무엇인가? 아무도 묻지 않는다면 나는 그것이 무엇인지 안다. 그런데 묻는 이가 있다면 답해 주련다. 나도 모른다고.". 치매를 앓는 사람들이 몇 월 며칠인지, 몇 시인지, 혹은 몇 살인지 등 시간에 대해 헷갈려 하는 것도 이상한 일이 아니다. 그들은 지금이 몇 년도인지 확신하지 못하며, 시간이 뒤죽박죽된 채 하루를 보낸다. 그리고 우리 대다수가 그러듯이, 겉으로 보이는 것보다 스스로를 젊다고 느낀다. 하지만 우리 대다수와는 달리, 스스로 스무 살이라고 느껴지면 진짜로 스무 살이라고 **믿는다**.

갈수록 점점 잃어버리는 것—어휘나 열쇠, 그리고 때로는 본래의 성격—이 많아지는 사람은 어느 시점에 이르면 의사를 찾아갈 것이다. 처음 의사를 찾아갔을 때는 보통 환자와 다를 바 없이 대할 것이다. 건망증이 약간 있는 사람 정도로 여기기는 하겠지만, 1인칭 주격으로 대우해 직접 말을 걸 것이다. 앉으십시오, 존스 씨. 하지만 판정을 받은 뒤에는 3인칭으로 다뤄진다. 그 자리에 없는 사람 이야기하듯이. 존스 씨에게서 알츠하이머 징후가 보이는 것으로 생각됩니다. 치매로 확인되고 나면 이제부터는 치매가 주인공이 된다. 대개는 판정을 기점으로 치매가 보이지 않는 단계에서 치매만 보이는 단계로 넘어간다.

왜 저한테 이 방에 없는 사람 대하듯 말씀하시는 건가요? 존스 씨가 물을 수도 있다. 이때가 한 사람이 치매 뒤로 사라지는 것처럼 느껴지는 순간이다. 현재의 그는 사라지고, 그는 예전에 내가 알던 사람일 뿐이다.

치매 뒤에 가린 사람

_____

치매는 사람을 보이지 않게 가려 버리는 도깨비감투 역할을 하곤 한다. 실제로 치매를 앓는 사람이 가족의 일상에서 보이지 않는 존재로 사라져 버리는 경우가 적지 않다. 치매를 겪는 사람은 집안일에 많이 기여할 수 없고 일상 대화를 따라갈 수 없으며, 사람들과 사귀는 일도 어려워 뒷자리 혹은 구석자리로 물러나기 일쑤다. 나의 경우에는 그 사람이 우리 가족이 '마리아 할머니'라고 불렀던 증조할머니였다.

나는 십 대에 당시 구십 대였던 마리아 할머니에 대해서 아는 바가 거의 없다는 것을 깨달았다. 마리아 할머니는 당신의 딸이자 나의 외할머니인 이레나와 함께 방 둘짜리 아파트에서 살았다. 일주일에 한 번씩 두 분의 집을 찾았지만 마리아 할머니를 만난 일은 기억나지 않는다. 마리아 할머니는 늘 조용했다. 그림자처럼. 사람들한테 방해가 되지 않으려고 그러셨던 것 같다. 내가 본 마리아 할머니는 말없이 침실과 바로 옆 욕실을 오가던 모습과, 일 년에 한 번 크리스마스 식탁에서 말 한마디 없이 앉아 있던 모습뿐이다.

가족은 모두 마리아 할머니를 존중으로 대했던 것 같다. 다만 조용하게 거리를 두고 말 걸지 않고서. 나는 의미 있는 한 차례의 대화를 빼고는 마리아 할머니와 뭔가를 함께했던 기억이 없다. 이 책 뒷부분에서 이상하게 작동하는 인간 기억을 다룰 텐데, 그중 하나가 우리는 자신에게 개인적으로 의미 있는 일만 기억하는 경향이 있다는 것이다. 내가 지금 소개하고자 하는 사건은 나 말고는 증명할 수 없는 일이라는 점에서 특별히 큰 사건은 아니었다. 즉, 우리 가족사에서 중대한 의미를 갖는 일은 아니라는 뜻이다. 하지만 나에게는 의미 있는 일이다. 돌아가시지도 않은 할머니를 잃은 사건이기 때문이다. 실제로 돌아가시기 몇 해 전에 나의 세계로부터, 나의 개인사로부터 떠나셨고, 오히려 그래서 기억할 만한 가치가 있는 사건이라고 해야 할 것이다.

십 대 학창 시절 어느 날, 나는 내가 이 입 무거운 조상에 대해서 얼마나 아는 것이 없는지 깨닫고 같이 시간을 좀 보내야겠다고 마음먹었다. 갑자기 이렇게 흥미에 불을 지핀 것은 학교에서 내준 가족 계보 과제였을 것이다. 내가 백 살이 다 된 증조모가 살아 계신다는 말을 할 때마다 친구들이 얼마나 놀라워했는지 기억이 난다. 당시에는 친척 중에 그렇게 옛날 사람이 있는 것이 굉장히 드문 일이었다. 우리가 이차대전 시기를 살아 낸 사람들하고 겨우 한 세대밖에 차이 나지 않는다는 사실, 유념하자. 아니, 사실 나의 증조할머니는 양차 대전을 살아 내신 분이다. 달갑지 않은 영광이랄까.

더 이상 시간을 허비해서는 안 되겠다고 생각했다. 이레나 할머니 댁에는 정기적으로 방문하고 있었지만, 마리아 할머니를 만나기 위해서 갔던 것은 한 번뿐이었다.

그날 나는 마리아 할머니 방문을 두드리고 예의 바르게 잠깐 같이 있어도 되겠는지 여쭙고 안으로 들어갔다. 내 조상의 역사와 유산을 승계한다는 비밀 임무를 안고서. 십 대인 나에게 마리아 할머니는 살아 있는 과거였다. 할머니는 모습도, 행동도, 말소리도, 심지어 냄새까지도 과거 같았다. 할머니의 방으로 걸어 들어가는 과정이 마치 시간 여행을 떠나는 것처럼 느껴졌다. 어떤 오래된 역사책보다도 생생하게 살아 있으나 냄새는 역사책과 똑같은, 살아 숨 쉬는 역사 속으로 순간 이동을 하는 것 같은. 바로 이거였다. 내 증조할머니와 진짜 대화를 할 기회!

나를 당신의 방, 당신의 왕국으로 맞아들이는 할머니의 얼굴에서 빛나던 그 순수한 환희를 나는 영원히 잊지 못할 것이다. 할머니는 온전히 집중하여 내 말 한마디, 움직임 하나 놓치지 않는 모습이었다. 하지만 어딘가 수동적인 기운이 느껴지기는 했다. 내가 방 안으로 들어갔을 때 아무 말도 없었고, 앉으라는 몸짓조차 없었다. 나는 침대 겸용 소파, 할머니의 옆자리에 앉았다.

먼저 할머니의 인생과 우리 가족에 대한 몇 가지 질문으로 시작했다. 할머니는 활짝 웃으며 열의를 보이면서 앉은 자세를 조금 가다듬었다. 그러고는 이차대전이 끝난 뒤 폴란드 북부의 외딴 지역으로 떠난 사촌들 이야기를 하면서 거길 찾아갈 수 있으면 얼마나 좋을지 모르겠다고 말했다.

나는 호기심이 생겨 질문을 이어 갔다. 할머니 어린 시절에는 무슨 놀이를 하고 놀았는지, 그 시절에도 텔레비전이 있었는지, 텔레비전이 없는데 저녁 시간엔 무얼 했는지 등등. 할머니는 이렇게 대답했다. "전쟁이 끝난 뒤에 사촌들이 북부로 갔어. 거기 한번 찾아갈 날이 오기만을 평생을 빌었지."

당황해서 말문이 막혔다. 할머니는 아까 했던 말을 또 하고 있다는 걸 모르시나? 내 말을 못 들었을지도 모르겠다고 생각했다. 노인들이 가는귀먹는 일은 흔하니까. 그래서 텔레비전에 대해 다시 물으니 할머니는 사촌들 이야기를 마치 처음으로 하는 것처럼 똑같이 반복했다.

바로 흥미를 잃었다. 어떻게 반응해야 할지 몰라서 당황스럽기만 했다. 최악은 이 대목에서 할머니와 완전히 끈이 끊어졌다고 느꼈다는 사실이다. 나는 할머니에게 가족은커녕 남 대하듯 냉담해졌다. 누군가 함께 있는데 완전히 혼자가 된 것 같은, 불편한 감정이었다.

마리아 할머니와 물리적으로는 같은 방에 있었지만 굉장히 멀게 느껴졌다.

할머니는 과거에 붙들려 있는 것 같았다. 나는 할머니의 개인사를 알고 싶었는데, 할머니가 계속해서 같은 이야기만 맴도는 이유를 알 수 없었다. 나는 과거를 현재와 비교하는 것이 재미있을 것 같은데, 할머니는 현재에 대해서 아무것도 아는 게 없어 보였다.

그 거리감이 얼마나 큰지, 서로 말은 하지만 그 세월을 초월하는 소통은 되지 못했다. 거기에 대화가 무슨 의미가 있었겠는가?

할머니가 자기가 무슨 말을 하고 있는지 모른다면 내가 누구인지, 거기가 어디인지, 이게 다 무엇을 의미하는지도 십중팔구 모르실 것 같았다. 흥미가 식어 버렸을 뿐만 아니라 할머니에 대한 따스한 감정, 친밀한 느낌마저 사라져 버렸다. 나는 계속 고개를 끄덕이면서도 어서 그 방을 나올 핑계만 찾고 있었다. 이상하게 들릴지 모르겠지만, 할머니가 나를 거부한 것처럼 느껴졌다. 단지 똑같은 얘기를 하고 또 한다는 이유로 말이다.

계속 같은 말뿐이고, 게다가 할머니가 그 사실조차 인지하지 못한다는 데 생각이 미치니 할머니와 나의 관계에 대한 모든 것에 의문이 들었다. 대체 이런 관계가 무슨 의미가 있겠느냐는 생각까지. 비참하게도 할머니가 로봇처럼 보이기 시작했다. 자각도 없고 의미 같은 것은 알지도 못하고, 했던 소리만 기계적으로 반복하는 로봇. 할머니는 그 옛날 살아 움직이던 그 사람으로부터 전달되어 일련의 정보값으로 기억 속에 각인된 하나의 이야기만 앵무새처럼 반복할 뿐이라는 것이 내 생각이었다. 그때의 나는 단기 기억을 잃으면 그 사람도 없어지는 것이라고 생각했다.

나는 할머니 방에서 나왔다. 들어갈 때와 마찬가지로 예의 바르게 굴었지만, 이번에는 희망 없이 문지방을 넘어야 했다.

나는 그때 일을 편리하게 한마디로 얼버무리고 넘어갔다. 에이, 뭐, 할머니는 그냥 늙으신 거야. 그때는 증조할머니가 치매를 겪고 있었다는 것을 몰랐다. 아마도 뇌졸중 이후로 나타난 혈관성 치매였을 것이다. 그때 할머니가 병을 앓고 계신다는 것을 알았더라면 그날 할머니 방에서 있었던 일이 달라졌을지는 모르겠다. 조금 다른 의미를 부여하기는 해도 또 대충 얼버무리고 넘어갔을 테지. 에이, 뭐, 할머니는 치매 환자잖아. 어차피 내가 할 수 있는 일은 없으니 어떻게든 할머니하고 돈독한 유대를 다지자는 희망 같은 것은 없이 그저 예의나 지키며 할머니의 존재를 인정했으리라는 얘기다.

할머니는 기억을 잃었을지 몰라도, 나는 마음을 버린 사람이었다. 그렇게 할머니와 나는 서로를 잃었다.

그럴 일이 아니었는데.

나는 치매를 겪는 사람과 유대와 소통을 이어 나가며 그 사람에 대한 마음을 지켜 가는 법을 배우고 연습한 과정과 결실을 공유하고자 이 책을 썼다. 그렇게 하기 위해서는 치매 뒤에 가린 사람을 봐야 한다. 그리고 또 다른 사람, 나 자신도 봐야 한다.

보이지 않는 보호자

치매인을 돌보는 사람들도 치매 당사자들만큼이나 주위 사람들에게 보이지 않는 존재가 되곤 한다. 치매를 겪는 사람에게 돌봄이 필요하다는 사실이 바로 눈에 띄지 않기 때문이다.

　보호자로부터 한시도 떨어져서는 안 되는 어린이와 다른 점이다. 공공장소에서 어린이가 혼자 있는 모습을 보면 우리는 저 아이 부모는 어디 있나 두리번거린다. 어머니나 아버지, 혹은 누구든 보호자를 찾게 되는 것이다. 우리는 어린이의 보호자가 눈에 보이는 것이 당연하다고 여긴다. 어린이에게는 생존을 위한 먹을 것과 안전한 거처를 제공해 줄 보호자가 필요하다. 어린이에게는 성인 동반자, 즉 기본 욕구를 들어주고, 함께 놀고 웃고 때로는 같이 싸워주는 존재가 필요하다는 것이 우리의 근본적인 인식이다. 모든 어린이에게는 함께 대화할 존재, 서로 연결될 존재가 필요하다. 우리는 어린이가 혼자 있는 것을 보면 무언가(그보다는 누군가) 빠져 있다고 느낀다.

　치매를 겪는 사람의 보호자가 얼마나 눈에 보이지 않는 존재인가 하면, 사람들은 그 곁에 보호자가 없어도 알아채지조차 못한다. 결코 없어도 되는 존재가 아닌데 말이다. 치매를 겪는 사람들은 어린이가 아니다. 공공장소에서 동반자 없이 나온 중증 치매 환자를 본다면 우리는 똑같이 묻겠는가? 저 사람 보호자는 어디 갔지?

십중팔구는 아닐 것이다. 치매가 사람을 얼마나 무력하게 만드는지 직접 겪어 보지 않은 한, 그들이 혼자 있는 것을 보고 경각심을 기울일 사람이 있겠는가? 결코 혼자 있는 어린이를 보았을 때와 같은 반응이 나오지는 않을 것이다.

그렇지만 치매를 겪는 사람에게는 보호자가 필수 불가결한 요소이다. 어린이에게 부모가 그런 것과 같은 이치로 말이다. 단, 치매인의 보호자들에게는 그들이 세상 사람들의 눈에 보이지 않는 존재라는 어려움이 추가된다. 심지어 자신이 보호하는 사람에게조차 보이지 않는 존재가 되곤 한다. 치매 돌봄에 요구되는 것을 알지 못하는 사람들에게는 그들이 하는 일이 눈에 보이지 않는다.

치매인을 돌보는 보호자, 요양보호사는 삶을 유지하는 데 없어서는 안 되는 존재이다. 그런데도 이 돌봄 역할은 그 병만큼이나 눈에 보이지 않는다. 치매 환자가 하루하루를 어떻게 보내는지 생각해 본 적 있는가? 냉장고 여는 법을 잊어버리는, 혹은 아예 음식을 먹어야 한다는 사실 자체를 잊어버리는 사람에게 누가 음식을 마련해 주는지 생각해 본 적 있는가? 그칠 줄 모르고 나오는 질문에, 때로는 하루 종일 반복되는 똑같은 질문에 누가 대답해 주는지는?

치매는 겉으로 드러나는 방식으로 발현되는 질환이 아니고, 그렇기에 이 질환을 겪는 사람들은 장애인으로 보이지 않는다. 심지어는 질환을 앓는 사람도 스스로를 장애인으로 보지 않는다. 아니, 어쩌면 그들 자신에게 특히 더 보이지 않는다. 존스 씨는 이렇게 말할지도 모른다. 저는 아주 좋아요, 이 모든 일을 다 저 혼자 해내는걸요. 그들은 월말이면 온갖 고지서 요금을 납부해야 한다는 사실을 잊어버리고 반려동물에게는 밥을 챙겨 줘야 한다는 사실을 까맣게 잊어 놓고도, 왜 자기가 혼자 힘으로 살아갈 수 없다는 것인지 이해하지 못할 터이다. 아닌 게 아니라, 치매를 겪는 많은 사람이 초기 단계에는 혼자서도 큰 문제 없이 일상을 유지할 수 있기 때문에 안전사고 같은 위험에 노출되지 않으려면 요양보호사 같은 보호자가 필요하다는 생각을 하지 않는다. 하지만 이는 오래가지 못한다.

치매를 겪기 시작하면 조만간 요리나 빨래, 운전, 혹은 돈 다루는 일 같은 일상사를 해 나갈 능력을 상실한다. 그러면서 스스로 그런 능력을 상실했다는 사실을 인지하지 못하는 경우가 많은데, 일상 능력과 그런 일을 해야 한다는 지각 능력을 동시에 상실하기 때문이다. 그런 변화를 인지하는 존재가 보호자다. 이를 알아차리고 여러 방식으로 도움을 주는 존재가 보호자다.

돌봄이란 일상에서 이루어지는 모든 것을 직접적으로 도와주는 일을 의미할 수 있다. 이에 못지않게 중요한 것으로, 고지서 납부나 이메일 답장 등 현대적인 기술이 요구되는 영역의 업무를 계획하고 안배하는 일을 의미할 수도 있다. 이 책에서 말하는 보호자는 직업적으로 돌봄을 제공하는 요양보호사뿐만 아니라 치매를 겪는 사람에게 마음을 쓰며 보살피는 사람까지 아우르는 개념이다. 이 책에서 '보살피다'는 두 유형의 돌봄을 가리키는 의미로 사용한다. 어느 유형이 되었건 치매에서 돌봄이란 할 일 목록이 하루 스물네 시간 끝나지 않는 일이다.

나는 마리아 할머니를 돌보는 보호자를 본 적 있던가? 하고 또하는 폴란드 북부로 떠난 할머니 사촌 이야기를 누가 들어 주는지는 생각해 보았던가? 이른 아침부터 밤늦게까지 할머니에게 필요한 모든 것을 해결해 주는 사람은 누구였을까? 이레나 할머니가마리아 할머니의 유일한 보호자였다는 사실을 생각이나 해 보았을까? 나는 이레나 할머니하고 가까웠고 할머니를 진심으로 사랑했지만, 마리아 할머니를 보살피는 일에 그렇게 많은 시간을 바쳤다는 사실은 깨닫지 못했다. 보이지 않는 곳에서 이루어지는, 보이지 않는 일이었다. 치매 환자를 보살핀다는 것은 쉴 새 없이 한결같이, 하루 스물네 시간 내내 이어지는 돌봄을 의미한다.

치매 환자를 보살피자면 돌보는 일 자체도 쉴 새 없이 이어지는 격무일뿐더러, 사람들에게 보이지 않는 존재가 된다는 사실도 받아들여야 한다. 길에서 마주치는 모르는 사람들에게는 말할 것도 없고 치매가 진행되고 있음을 알아차리지 못하는 친구나 가족에게도. 심지어 이들의 돌봄을 받는 당사자에게조차 보이지 않는 존재가 되기도 한다. 치매를 겪는 사람들이 스스로 치매에 걸렸음을 인지하지 못하는 경우가 많기 때문이다. 이뿐만 아니라 자신이 누군가의 남편이나 아내 혹은 자녀, 친구나 이웃이라는 본래 역할도 인지하지 못하는 경우가 적지 않다. 그래서 지금 이 사람이 자기를 돌보는 보호자라는 사실도 알아보지 못하는 상황이 드물지 않게 벌어진다.

치매 돌봄이 얼마나 눈에 보이지 않는 일이냐면, 돌봄을 행하는 사람이 스스로에게도 보이지 않는 존재가 되곤 한다. 그들은 자신이 보이지 않는다는 존재가 된다는 이 가외의 역할, 이 가외의 대가까지 떠맡았다는 사실을 깨닫지 못할 것이다. 치매 돌봄을 행하는 이가 자신의 욕구와 자신에게 소중한 것을 무시하면서 지내다가는, 즉 한 사람이 모든 이의 욕구를 충족시킨다는 것은 불가능하다는 사실을 인지하지 못한다면, 심신이 다 지치고 우울한 상태에 빠질 수 있다. 이런 상황에서 가장 고통스러운 일은 자신을 다 바쳐 보살피는 그 사람과 단절되는 것이다.

돌봄이라는 말 자체가 한 사람으로는 이루어질 수 없는, 두 사람의 관계에서 일어나는 무언가를 의미하지만, 그럼에도 많은 이가 치매 돌봄을 하다가 혼자가 되는 느낌을 받는다. 그들에게 쏟아지는 기대는 높기만 하다. 사람들은 그들이 인정 넘치고 인내심은 무한하며 무소불능의 존재가 되기를 기대한다. 상황 불문하고 백이면 백이 그렇다. 혹시 스스로에게도 이런 존재가 되기를 기대하는가?

누군가를 보살피는 일은, 이 말에 담긴 의미가 그렇듯이, 본질적으로 타인에게 베푸는 일이다. 시간과 노력을 바치고 주의를 기울이는 일. 이 일을 하다 보면 내가 받는 것보다 훨씬 많이 주는 것처럼 느껴질 것이고, 가뜩이나 외로운 일방통행로가 갈수록 점점 더 가파르고 험난해진다고 느껴질 것이다.

나는 이 책을 읽는 분들이 자신의 욕구를 소중히 여기게 되기를 바라며, 그뿐만 아니라 타인을 돌보는 행위를 통해서 자신이 실은 많이 받고 있으며 또 받을 수 있다는 사실에 눈뜨기를 희망한다. 다시 말하면, 돌보고 베푸는 일이 어떻게 더 효율적이 될 수 있는지, 우리가 돌보고 보살피는 사람으로부터 어떻게 소중한 무언가를 받을 수 있는지 배울 수 있기를 희망한다. 우리 삶이 얼마나 더 풍요로워질 수 있는가를.

쌍방향 관계

이 책과, 치매를 겪는 사람과 함께한 나의 모든 활동은 비폭력대화의 원리를 토대로 삼는다. 비폭력대화는 사람들이 서로 연결하는 법을 가르친다. 서로 연결하려면 공감으로 주고 감사하는 마음으로 받는 방법을 배우고 익혀야 한다. 대화에서는 그것이 '솔직하게 표현하기'와 '공감으로 듣기'로 번역된다.

누군가를 사랑과 존중으로 돌보는 사람이라면, 상대로부터 이를 받아들이는 방법도 아는가? 치매를 겪는 사람과의 관계에서는 언어 장애나 인지 장애 등 의사소통에 많은 걸림돌이 있을 수 있지만, 그렇다고 그들이 자신을 돌보는 사람에게 아무것도 주지 못한다는 뜻은 아니다.

모든 관계의 핵심은 의사소통이며, 본질적으로 의사소통은 서로 주고받는 쌍방향 통행로이다. 이 책을 통해서 내가 바라는 점이 하나 있다면, 독자분들이 치매를 겪는 사람과의 관계 속에서 더 많은 것을 이끌어 내는 법을 배우도록 돕고 싶다는 것이다.

치매를 겪는 사람은 타인의 돌봄이 필요하기는 하지만 그렇다고 어린아이는 아니다. 그들은 돌봄의 동반자가 될 수 있다. 자신을 돌보는 보호자가 그 일을 더 잘할 수 있도록 많은 방식으로 도울 수 있다. 치매를 겪는 사람들은 자신도 타인을 거들고 도움을 줄 수 있는 중요한 존재가 되기를 갈망한다. 예수회 사제 앤소니 드 멜로는 노인들이 외로운 것은 짐을 나눌 이가 없어서가 아니라 자기만 나누어야 할 짐이 있는 존재이기 때문이라고 말한 바 있다.

치매를 겪는 많은 노인들이 스스로 쓸모없는 사람이라 여기고 외로움을 느끼는 이유를 잘 설명해 주는 말이다. 그들도 타인에게 도움을 주는 의미 있는 존재가 되기를 바라기 때문이다.

그들은 집안일에 실질적인 도움을 주지는 못하더라도 관계를 맺고 이어 가는 것은 얼마든지 가능하다. 손으로는 의미 있는 도움을 주지 못하더라도 마음으로는 얼마든지 기여할 수 있다.

내가 치매 뒤에 가린 증조할머니를 볼 수 있었더라면 얼마나 좋았을까. 치매를 겪는 다른 사람들과 형성해 왔던 관계를 할머니하고 형성할 수 있었다면 얼마나 좋았을까. 그러기는커녕 내가 들은 소리는 이런 것뿐이었다. "할머니는 제정신이 아니셔."라거나 "허깨비만 앉아 계신 거야." 같은 소리들. 그럼 어디 가신 거지? 나는 어디에서 할머니를 찾아야 할지, 어디로 가서 어떻게 만나야 하는지 알 수 없었다. 그저 어쩔 줄 몰랐다. 그래서 할머니를 잃었다. 나에게 소통 능력이 없었던 까닭에 우리의 관계가 때 이른 죽음을 맞은 것이다. 그날의 대화 이후로 할머니는 나의 삶에서 점점 더 사라져 갔다. 나에게 할머니는 죽은 존재나 다름없었다. 그날로부터 두 해를 더 살아 계셨는데도.

하지만 치매가 관계를 죽인 것이 아니다. 할머니와 나의 관계가 그런 치명적인 결말에 이른 것은 내가 할머니에게 마음을 닫았기 때문이다. 닫은 마음이 우리를 타인과 멀어지게 만들었다는 사실을 인정한다면, 우리는 이를 해소하기 위해서 무언가를 할 수 있다.

마음을 상하게 하는 단절

치매는 사고력과 기억력에 광범한 영향을 미친다. 최근 일상에서 일어난 일에 대한 기억에 영향을 미칠 수 있고, 계획과 집중, 체계화에 어려움을 겪게 만들 수 있다. 언어 구사에도 영향을 미칠 수 있다. 시공간 지각 기능*과 시간이나 장소의 방향을 파악하는 능력에도 영향을 미칠 수 있다. 경우에 따라서는 환시나 망상을 일으킬 수도 있다. 치매는 또 기분에 변화를 일으킬 수도 있다. 그러나 **치매는 관계의 단절을 야기하지 않는다.**

단절은 마음이 닫힌 상태, 마음이 떠난 상태다.

사람들은 감정적 위축이나 불안정함, 주의력 저하 같은 다양한 치매 증상을 흔히 단절과 연관 지어 받아들인다. 하지만 단절은 치매에서 어쩔 수 없이 받아들여야 하는 요소가 아니다.

단절은 사람들과의 유대를 약화시키는 거리감을 뜻한다. 다른 사람과의 의미 있는 유대가 살아 있는 느낌을 주는 것과 반대로 단

---

* 읽기, 형태 인식, 그림 속에서 사물 찾아내기, 지도 이해하기 등 눈에 보이는 정보를 해석하는 기술.

절감은 이 유대를 끊어 버린다. 단절감은 유대감이 가져다주는 비로소 살아 있는 것 같은 느낌을 앗아 가며, 결국에는 사람들로부터 멀어지게 만든다. 사람들 곁에서 많은 시간을 보냈다고 해서 마음도 그 자리에 있었다고는 할 수 없다. 단절감을 느끼는 사람에게는 그렇게 보내는 시간에 '가까움' 같은 것은 없다.

단절이 일어나면 마음에 상처를 입게 마련이다. 치매를 겪는 사람 쪽에서 마음을 닫아 버림으로써 관계의 단절이 일어나는가 하면, 그 주변인 가운데 누군가 마음을 닫아도 단절은 일어난다. 단절은 두 사람의 관계에서라면 치매가 있든 없든 일어날 수 있다. 치매를 겪는 많은 사람들이 경험하는 소외감, 외로움, 분리감을 일으키는 것은 치매 자체가 아니라 단절이다. 많은 치매인이 가장 고통스러운 요소로 꼽는 것이 단절이다. 이 고통으로 인해서 치매가 더 악화되기도 한다. 그러지 않을 수도 있는데 말이다. 이 이유로 악화된 사람은 자신을 돌보는 사람에게 심적으로 더 의존하게 되고 더 많은 것을 요구하면서도 더 비협조적으로 군다. 그리하여 단절은 모든 사람에게 더 많은 시간, 더 많은 노력, 더 많은 비용이라는 대가를 치르게 만들며, 모든 사람이 마음의 상처만 얻게 된다. 이 단절의 대가는 누가 치르는가? 고스란히 돌봄을 맡은 사람에게 돌아가는 경우가 허다하다. 하는 일도, 관계도 한층 더 고통스러워지는 것이다. 단절을 무시하고 넘어가는 것은 누구에게도 이롭지 않다.

단절을 방치하면 마음이 닫힌 채로 상황이 악화되겠지만, 이를 감지했을 때 바로 인정한다면 가능한 대안이 나타날 수 있다. 누군가 묻지 않는 한 결코 답을 듣지 못할 물음처럼 말이다.

치매를 겪고 있는 사람과 어떻게 연결될 수 있는가 물을 때 상상력이 발동할 수 있다. 불가능한 것을 상상하라는 말이 아니다. 오히려 반대다. 가능한 것, 실질적이고 진실한 것을 꿈꿀 것을 권한다. 두 눈 크게 뜨고, 두 발은 현실이라는 땅 위를 굳건히 디디고서 꿈꿀 것을. 치매를 겪는 사람에게도 두 사람이 서로 마음속 깊이 의지하는 만족스러운 관계가 가능하다. 다음 장에서 내가 경험했던 네 가지 연결 사례를 소개할 것이다. 이 책의 나머지 부분은 우리가 보살피고 아끼는 사람과 연결하는 데 도움이 되는 소통 방식을 설명하는 내용이 될 것이다.

루시아 모녀는 치매와 지리적 거리, 서로 달라진 문화와 생활 방식이라는 몇 겹의 어려움을 극복하고 두 사람의 관계를 지켜 냈다. 루시아는 어머니와의 관계를 지키는 것이 순전히 운에 달린 일이 아님을 알았다. 그리고 비폭력대화의 원리와 정신적 단련을 통해서 이 병의 본질을 꿰뚫어 보고 어머니와 깊이 있는 유대를 지켜 나갔다. 그러려면 다양한 방법을 갈고 닦아야 했고 더 큰 그림을 바라보는 관점이 필요했다. 약간의 상상력도 물론 도움이 되었다.

치매가 기능과 능력, 기억력의 많은 부분을 가져갈 수는 있지만 사람 사이에 맺어지는 관계까지 치매에 빼앗길 필요는 없다. "사람들이 하는 말이 맞지 뭐예요. 관계는 절대 죽지 않는다고요." 루시아가 내게 말했다. "어떤 면에서, 저는 정말로 어머니를 잃어버리지 않았어요."

2
상상력에
집중하기

상상력이 초점을 잃었을 때에는
자기 눈도 의지해서는 안 된다.
–마크 트웨인, 미국 작가

무언가 변화를 꾀하기 위한 첫걸음은 무엇일까? 가장 먼저 해야
할 일은 변화의 가능성을 마음속에 그려 보는 것이다. 그렇게 하면
목표를 정할 수 있는데, 그것은 곧 치매를 겪는 사람과의 보람찬 관
계가 될 것이다. 그 사람과 유대를 이어 나갈 수 있는 관계 말이다.

그런 관계를 형성하기 위해서는 상상력과 공감이 필요하다. 상
상력으로 우리는 다른 사람이 이 세계를 어떻게 경험하는지 생각
해 볼 수 있다. 공감으로 우리는 그 경험이 그들에게 미치는 영향
에 초점을 맞추게 된다. 상상력이 마음의 눈이라면, 공감은 가슴의

눈이다. 치매를 겪는 사람과 관계를 이어 나가려면 둘 다 필요하다.

실로 치매를 다루자면 자기가 가진 모든 것을 끄집어내야 하는 상황이 여간 많은 것이 아니다.

상상력을 발휘하는 소통

치매로 인한 이상행동을 파악하고자 할 때에는 한 자밤의 상상력이 아주 큰 도움이 된다. 실제로 타인을 이해하고자 할 때, 겉으로 보이는 의미 너머의 의미를 이해하고자 할 때, 상상력이 최고의 연장이 되는 경우가 많다.

치매를 겪는 사람이 다른 사람들과 같은 눈으로 세계를 본다고 생각해서는 안 된다. 분명히 비누 거품 가득한 욕조인데, 그들은 거기에서 부글거리는 화산을 볼 수 있다. 지금 눈앞에서 일어나는 일을 도저히 이해하기 어려울 때 우리가 할 수 있는 일은 상상력에 집중하는 것이다. 치매가 지금 앞에 있는 사람에게 어떤 영향을 미치고 있는지 단서를 구한다면, 그 사람이 지금 상황을 어떻게 말하고 대하는지 면밀히 살펴야 한다.

두 사람이 각자 다르게 인식한 것에 두 사람 다 영향을 받을 것이다. 비누 거품 보글거리는 따끈한 욕조가 어떤 사람에게는 아늑하기 그지없어 보이겠지만, 알 수 없는 상황에 휘말리거나 남의 눈에 함부로 노출되는 것이 두렵고 자율성을 지키고 싶어 하는 치매인에게는 굉장한 공포의 대상이 될 수 있다. 말이 나왔으니 말이지, 맨몸으로 화산에 들어가고 싶은 사람이 어디 있겠는가? 아무래도 아늑하기만 하지는 않을 텐데 말이다.

그런데 바로 그랬던 사람이 속옷을 옷 속이 아니라 옷 위에 입는 것은 아무런 문제도 없이 편안하게 받아들일 수 있다. 웬만한 사람한테는 생각만 해도 민망할 상황이겠지만 말이다.

다른 사람이 어떻게 느낄지, 무엇을 필요로 하는지, 그 사람이 편안하고 행복하게 지내려면 내가 무엇을 할 수 있을지 과감히 상상해 보자. 단, 나 자신의 욕구와 행복도 잊어서는 안 된다. 그러기 위해서는 두 사람의 관점을 다 이해할 만큼 큰 마음과, 돌봄을 받는 사람과 행하는 사람 모두에게 도움이 될 해법을 찾아낼 수 있을 만큼 기략 넘치는 정신을 키워야 한다.

이 장에서는 치매를 겪는 네 사람과 맺은 관계에서 내가 직접 경험한 이야기를 소개할 것이다. 그들은 치매만이 아니라 다른 질환도 동시에 앓는 경우가 많아서 상시 돌봄이 필요했다. 나는 전문 요양보호사로 그들의 가정에 입주하여 한 번에 3~4주가량씩 보살폈다.

그 기간 동안 나는 그들과 함께 생활했는데, 어떻게 보면 치매의 삶을 함께한 것이다. 또한, 치매가 주변의 모든 이에게 어떤 영향을 미치는지도 배워 나갔다.

내가 보살폈던 네 사람 모두 치매가 다른 양상으로 나타났다. 치매에 관한 한 '표준'이나 '교과서적' 사례가 없다는 것을 배웠다. 치매는 65세 이상 노인은 물론이고 그 이하 연령에서도 나타난다.

어떤 사람은 겨우 5분 전에 일어난 일은 기억하지 못하는데 50년 전에 있었던 일은 상세한 사항까지 아무런 문제 없이 술술 묘사한다. 치매 때문에 귀에 대고 또박또박 하는 말도 잘 듣지 못하는 사람이 있는가 하면, 8,000피트 상공에 떠가는 비행기 소음에도 동요하는 사람이 있다.

우리에게는
돌봄을 받는 사람과
행하는 사람 모두의 관점을
이해할 수 있는 마음과,
양쪽 모두에게 도움이 될 해법을
찾아낼 수 있는 정신이
필요하다.

치매는 역설투성이다. 치매에 걸린 사람 중에 이 병의 '규칙'을 준수해야겠다고 받아들이는 사람이 아무도 없는 듯하다. 애초에 그런 게 있을 리 없지 않은가! 차라리 저마다 이렇게 외치고 있다고 해야겠다. "이 병은 내 식대로 할 테니, 다들 길 비키시오!"

치매의 한 가지 중요한 속성은 증상이 한 사람 안에서도 일관성 없이 오락가락하는 경향이 있다는 점이다. 내가 보살폈던 한 고객은 심각한 기억 장애나 인지 장애를 보이다가도 순식간에 정신이 더없이 총명해지곤 했다. 치매의 이런 속성 때문에 요양보호사는 늘 조마조마해야 하지만, 한편으로는 이것이 천행이 되기도 한다. 항시 조마조마한 것은 언제 어떤 능력이 나타날지 아니면 어떤 장애가 나타날지 예측이 불가능하기 때문이다. 하지만 이런 비일관성이 오히려 다양한 접근법을 시도할 수 있는 기회를 준다. 처음 시도한 방법이 잘 통하지 않으면 다른 방법으로 해 보고, 또 다른 방법으로 해 볼 수 있는 것이다.

매일 상상력을 발휘한다면, 돌봄의 일과가 더 신나는 일이 되어 예측 불가능한 상황에서도 어느 정도 여유 있게 대처할 힘이 생길 것이다.

상상력이 부족하면 누군가 어느 날 뭔가 결정을 내리지 못했다고 해서 앞으로도 영영 결정을 내리지 못할 사람이라거나 그럴 능력 자체를 상실한 사람이라고 단정 짓고 말 것이다. 안타깝게도, 사람들이 치매에 걸린 사람을 '남들과 똑같이' 다루려고 하는 경우가 너무 많다. '남들과 똑같이 다룬다'는 것은 모든 경우에 그날이 인생 최악의 날인 것처럼 다룬다는 뜻이다. 이런 접근법은 치매를 겪는 사람을 무력하게 만들어 증세를 악화시킬 수 있다. 이 장에서는 상상력을 살려 열린 마음으로 사람을 대하는 방법을 탐구한다.

이제 기쁜 마음으로 예측 불가능한 나의 네 고객을 소개하고

자 한다. 고든, 클레어, 도리, 이본. 치매를 통해 나와 맺어진 사람들이다. 각각 함께한 기간이 다르고 유독 가깝게 느껴지는 사람과 덜 그런 사람이 있지만, 나는 그 한 사람 한 사람과 각자에게 맞는 방식을 찾아내 저마다 의미 있는 관계를 형성할 수 있었다. 때로는 전혀 기대하지 못했던 방식으로.

네 사람 모두가 나에게는 상상력을 살린 대화법을 익히는 데 최고의 스승이었다. 그들은 치매가 현실을 관찰하고 예견하는 능력, 기억하고 사고하는 능력에 어떤 식으로 영향을 미치는지 가르쳐 주었을 뿐 아니라 그것이 보살피는 사람에게도 어떻게 간접적으로 영향을 미치는가—이 경우에는 그들의 치매가 나에게 어떤 식으로 영향을 미치는가—를 가르쳐 주었다.

나에게 상상력을 집중하게 만든 사람

반세기를 한 시골 마을의 수의사로 일했던 고든은 도시 생활을 싫어했고, 아내 제니도 마찬가지였다. 두 사람은 몸을 움직여 일하는 것을 좋아하는 전형적인 시골 사람으로, 땅 가꾸는 일이며 집안일을 전부 직접 건사했다. 하지만 고든이 뇌졸중으로 한 차례 쓰러진 뒤 알츠하이머가 발병하여 움직임이 크게 줄면서 건강이 악화되었다. 그 뒤로 고든에게는 제니가 곁을 지키지 못할 사정이 생길 때마다 다른 사람의 보호가 필요했다.

고든은 느리게 걸었고, 내가 같이 걸으면서 옆에서 발을 지켜봐야 했다. 이미 여러 번 넘어진 일이 있었기 때문이다. 또, 고든은 걷다가 느닷없이 발을 멈추고 바닥을 유심히 관찰하곤 했다.

내가 처음 이 행동을 본 것은 어느 날 하루 일과를 다 마치고 고든이 침실로 갈 때였다. 고든이나 나나 다 피곤한 상태였다. 고든이 별다른 이유도 없이 멈춰 섰다. 나는 꾹 참고 격려의 말을 건넸다. "고든, 이제 거의 다 왔어요. 이 복도만 건너면 끝이에요."

고든은 대답 없이 복도 바닥의 모자이크만 계속 응시했다. 나는 고든이 갑자기 무슨 통증을 느낀 건가, 뭔가 기억을 떠올리려고 그러는 건가, 의아했다. 왜냐면 고든의 눈이 향하고 있는 바닥에서 아무것도 보이지 않았기 때문이다.

다시 말해서, 고든이 보고 있는 것이 나는 보이지 않았다.

그래서 속으로 되새겼다. 눈이 쓸모없을 때는 상상력을 살릴 것. 그래서 고든을 재촉하는 대신 주의를 기울였다. 나도 흥미가 생겨났다. 고든이 보고 있는 지점에 정확히 초점을 맞추어 나도 집중했다.

누군가에게 온전히 주의를 기울이는 것은 그 사람의 세계를 방문하는 것과 같다.

누군가 함께 주의를 기울여 주니 고든은 이 탐험을 계속해 보라고 격려를 받은 듯 오른발을 앞으로 내밀어 현재 분석 중인 구역을 톡톡 두드리는데, 흡사 지면 상태를 재확인하는 듯한 모습이었다. 그러더니 불쑥 말했다. "왠지 모르겠는데 내 뇌가 이 앞에 어떤 구멍이 있다고 믿고 싶어 하는 거, 아십니까? 바로 여기요, 보이죠? 하지만 이게 단단한 지면인 건 발로 다 느껴진다고요. 이 얼마나 이상한 일입니까!"

고든은 자신의 감각이 그에게 세계를 보여 주는 방식이 아주 재미나다는 듯 자신이 관찰한 바를 나에게 알려 주기 시작했다. 매 순간이 그에게는 하나의 발견이었고, 이런 이중 관점이 나에게도 무척 재미있었다. 한편으로는 자기 주변에서 블랙홀을 보면서, 다른 한편으로는 그것이 진짜로 존재하는 것인지 자문해 볼 능력이 있다는 것. 그는 이런 모순을 혼란스러워하기보다는 느긋하게 즐겼다. 매번 다소 곤혹스러워하기는 했지만.

내가 이 경험에서 배운 것은 한 사람이 관찰한 것보다는 그에 대한 그 사람의 반응이 더 중요하다는 것이다. 고든은 재미있어했다. 우리는 모두 인생에서 재미를 필요로 하며, 고든에게는 바닥 구멍 연구가 이 욕구를 충족시켜 주었다.

고든은 자신의 즐거움을 나와 나눔으로써 누군가와 함께하고자 하는 욕구도 충족시켰다. 나 혼자서는 완전히 편평한 바닥이

바닥 없는 블랙홀로 받아들여질 수도 있다고는 상상도 하지 못했을 것이다. 하지만 고든이 거기에서 어떤 놀라운 점을 발견하고 심지어 매료되기까지 할 수 있다는 것은 충분히 공감할 수 있었다. 고든만큼 호기심과 자신감이 강한 사람이 아니라면 복도 바닥에 대해 그렇게 확신이 없어졌다가는 겁에 질리고 말았으리라는 것도 충분히 상상할 수 있다. 다음번에 누군가 문 앞 신발 닦개나 무늬 양탄자 앞에서 발을 옮기지 못하고 우물쭈물하는 모습을 본다면 상기해 볼 사항이다. 이런 식으로 무언가에 막혀 있는 것을 고집이나 집착의 문제가 아니라 그 사람의 내면에서 이성과 지각이 싸움을 벌이고 있는 상태로 바라보아야 할지도 모른다. 저 심연은 실제인가? 무서워해야 할까, 저걸 건너갈 배짱이 있을까? 답은 그들이 무엇을 보느냐뿐 아니라 그것을 어떻게 바라보느냐에도 달려 있다. 위협적인 무언가로 보느냐, 재미난 무언가로 보느냐로. 이 둘은 크게 다르지 않다.

　복도 바닥을 또다시 조사해야 하리라는 생각에 그다지 신나지 않은 날도 있었음은 인정한다. 집 안에는 늘 그보다 더 급하게 대처해야 할 일이 넘쳤으니까. 때로는 그냥 녹초가 되어 버리는 날도 있었다. 가끔은 고든과 저녁을 먹으면서 잡담을 나누기도 하고, 가끔은 내 생각이나 느끼는 바를 말했다. 내게 신경 쓰이는 문제를 말한 뒤로, 고든을 다그치거나 재촉할 일이 거의 없어졌다. 내게 여유 시간이 없다는 것이 느껴지면 고든은 블랙홀의 존재 여부에 대한 토론 없이 혼자 알아서 그 지점을 에돌아 지나쳤다. 옆에서 달래 주고 안심시켜 줄 필요도 없었고 거기에 구멍이 없다는 사실을 스스로 새삼 확신할 필요도 없었다. 그냥 그 지점을 피해서 가는 편이 더 쉬운 일이었다.

고든과 연결되기 위해서는 그의 세계로 들어가서 만나는 것이 중요했다. 나는 상상의 힘을 빌려 그의 세계를 방문해야 했다. 상상의 눈이 마음의 눈을 열어 주었는지 고든이 재미있어하고 경이로워하는 감정이 귀에 들려왔다. 고든은 보고, 나는 상상했고, 이렇게 연결됨으로써 우리는 서로에게 우호적인 동행이 될 수 있었다.

고든을 통해서 나는 반드시 허물없는 친구 사이여야만 연결이 가능한 것은 아님을 깨달았다. 우리는 세계관이나 인생의 신조가 다른 사람들이었다. 고든은 동물을 총으로 쏘는 사냥을 취미로 즐기는 사람이었고, 나는 감각이 살아 있는 존재를 죽인다는 생각만으로도 몸서리나는 사람이었다. 그래도 우리는 함께 즐거운 시간을 보낼 수 있었다. 우호적인 관계는 우정과 같은 것이 아니다. 하지만 우정이 그렇듯이 우호적인 관계도 두 사람을 편안하고 평화로운 동행으로 연결시켜 줄 수 있다.

나를 전화기로 착각한 사람

클레어에게 자연은 클레어 자신이 손수 가꾼 정원이었다. 그곳은 클레어의 피조물이자 그 답례로 클레어를 살아 있게 해 주는 무언가였다. 클레어는 업무가 과중한 금융업계에서 경력을 쌓은 뒤 인생의 속도를 바꾸고자 은퇴하고 나서 한적한 지역으로 이주했다. 아름답게 가꾼 푸르른 터전에서 삶의 기쁨을 누렸기에 혈관성 치매로 시각을 상실한 것은 더더욱 뼈저린 일이었다. 손수 정성 들여 꾸민 꽃밭과 관목 숲의 전체적인 윤곽은 볼 수 있었지만 하나하나의 작은 부분은 갈수록 파악하기 힘들어졌다.

클레어는 혼자 살았는데, 내가 1년 가운데 여러 차례 함께 지냈기 때문에 그 정원의 사계절을 다 지켜볼 수 있었다. 나는 클레어가 개별 식물을 명확히 볼 수 있다는 사실, 각각의 생태를 인식한다는 사실을 배웠고, 그 능력이 날씨보다 더 변덕스럽다는 사실도 배웠다.

하루는 함께 거실에서 십자말풀이를 하고 있었다. 클레어는 평소처럼 꾸벅꾸벅 졸고 나는 문제를 계속 풀고 있었는데, 클레어가 갑자기 깨더니 두리번거렸다. 나를 보는가 싶었는데 시선이 나를 뚫고 지나갔다. 팔만 뻗으면 닿을 거리였는데도 내가 아예 보이지 않는 듯했다.

클레어는 테이블에 놓인 내 왼팔을 잡더니 들어 올렸다. 나는 무슨 일이 벌어질지 알 수 없어 꼼짝하지 않았다. 갑자기 움직였다가는 클레어가 겁을 먹을 수 있기 때문이었다. 얼굴 표정만 보면 내가 그 자리에 있다는 것조차 인지하지 못하는 듯했다.

클레어가 내 손을 귀 옆에 갖다 대더니 말했다. "여보세요?" 클레어가 내 손을 전화기로 착각했다는 것을 바로 알아차리고는 할 수 있는 한 상냥하게 말했다. "클레어, 저예요."

클레어는 계속해서 수화기에 대고 말했다. "뭐라고요? 거기 어디죠? 좀 더 크게 말해 봐요!" 태도는 평소처럼 차분했지만 실은 내 손에다 소리치고 있는 것이었다.

"저 여기 있어요." 나는 말하고 앞으로 움직여 클레어의 시야 한가운데에 섰다. (그날 나는 내내 클레어의 오른쪽에 앉아 있었는데, 나중에 알고 보니 클레어의 시력은 왼쪽이 더 좋았다.)

클레어가 내 얼굴을 보았다. 그 옆에 웬 손이 붙어 있는 것을 보고도 재미있어하지 않았다. 그러고는 체념한 듯 두 손에 얼굴을 파묻고 깊은 한숨을 쉬었다. 스스로가 바보처럼 느껴졌거나 자신에게 화가 났을지도 모르겠다. 하지만 나는 웃어넘기거나 아무 일도 없었다고 괜찮다고 안심시키는 대신, 내가 클레어라면 어떤 느낌일지 상상하며 그 입장이 되어 보고자 노력했다. "당황하신 것 같은데, 방금 무슨 일이 있었는지 이해가 되지 않아서 그러시나요?"

클레어는 시각 능력을 일부 상실했을지는 몰라도 자신의 욕구까지 볼 줄 모르는 상태가 된 것은 아니었다. 클레어는 잃어버린 시력을 한탄하고, 돌아가는 일을 명료하게 이해할 수 있으면 얼마나 좋을까 갈망하곤 했다. 의사나 검안사를 찾아갔을 때는 이렇게 설명했다. "주변에 있는 물건들이 계속해서 움직이고, 또 자꾸 변해요." 예를 들자면 전화기가 갑자기 사람이 된다거나, 나를 머리빗으로 착각한다거나 의자로 착각하고 털썩 앉은 일도 여러 번 있었다. 내 팔을 허리띠로 착각해서 허리에 두른 적도 있었다. 나에게는 이 일이 모든 지각 행위가 어느 정도는 창조적 행위라고, 왜냐면 모든 일이 우리 눈에 보이는 것과 그 눈에 보이는 것을 어떻게 해석하느냐에 따라 달라지기 때문이라고 한 생물학자 제럴드 에덜먼의 주장을 입증하는 듯했다. 올리버 색스는 『아내를 모자로 착각한 남자』*에서 사람을 사물로, 또 사물을 사람으로 잘못 해석한 환자들의 사례를 기술했는데, 내 손을 완전히 다른 무언가로 혼동한 클레어의 경우와 아주 닮았다.

클레어는 걱정하다 못해 혼비백산했다. 그런 상황에 처한 사람이라면 누구라도 그랬을 것이다. 몇 차례 대화를 나눈 뒤 우리는 클레어가 걱정이 많아진 것은 안전과 존엄을 지키려는 욕구에서

---

*   Oliver Sacks, *The Man Who Mistook His Wife for a Hat and Other Clinical Tales*. (한국어판: 조석현 옮김, 2016년, 알마)

비롯한 것 같다고 추측했다. 충족되지 않은 욕구의 실체를 이해하는 것이 중요했다. 내가 해야 할 일은 클레어가 느끼는 혼란, 당황, 공포를 공감하는 것으로 끝이 아니었다. 클레어가 안전한 느낌("모든 게 가만있지 않고 자꾸만 돌아다녀요.")을 갈망한다는 것을 인식했을 때, 우리는 비로소 클레어가 이 세계를 더 안전하고 안정적인 곳으로 느끼게 할 방법을 찾으면 되겠다는 결론에 도달할 수 있었다.

그중 하나가 클레어가 내가 있는 곳으로 들어오자마자 내가 이렇게 말하는 것이었다. "클레어, 저 여기 있어요. 여기 창가에요." 그 순간에 내가 어디에 있는지 명확하게 말해 주는 것이다. 클레어가 나를 전화기로 착각한 사건이 있기 전까지는 시력을 완전히 상실한 것도 아닌 사람에게 내가 보이지 않을 수 있다고는 상상도 할 수 없었다. 어련히 알아서 보겠거니 했던 것이다.

또, 내가 앉는 안락의자를 클레어의 왼쪽으로 옮겼다. 내가 더 잘 보일 쪽으로. 그리고 클레어에게 말할 때는 손을 꼭 잡았다. 그렇게 하면 자신이 상대방에게 지지받는다는 느낌을 받을 수 있기 때문이다. 클레어가 의지할 수 있는 팔, 안정감 있고 기댈 수 있는 무언가가 되어 주는 것이다.

이 방법도 도움이 되었지만, 클레어가 안전함을 느끼는 데 가장 크게 기여한 것은 우리의 소통, 시간이 흐르면서 서로에게 생겨난 신뢰였다. 소통과 신뢰가 있었기에 우리는 곧바로 적용 가능한 해법을 만들어 낼 수 있었다. 그 내용은 아주 구체적이어서 가령 "제가 말을 걸 때는 클레어의 손을 잡아서 내가 있는 곳이 어디인지, 거기가 바로 클레어의 곁이라는 것을 먼저 알릴게요." 같은 것이었다. 이런 사소해 보이는 지침들을 통해서 우리 사이에는 다양한 층위의 유대감이 형성되었다. 이 과정에서 나는 클레어가 무언가를 키우는 데 소질이 있다는 것을 알게 되었다. 치매 환자와 요양보호사의 관계를 우정의 관계로 키워 낸 것도 클레어의 힘이었다.

이 관계는 타인에게 도움을 줄 수 있는 사람이 되고자 하는 나의 욕구와 우애에 대한 갈망을 심오하게 충족시켜 주었다. 어느 정도였냐면, 휴가를 받아서 쉴 때보다 클레어와 함께 있을 때 오히려 더 기운이 나고 충전되는 기분이 들곤 했다. 어떤 면에서는 우리 두 사람의 역할이 바뀐 것이 아닌가, 생각이 들 때도 있었다. 내가 월경통을 앓고 있다거나 기분이 저조하다고 털어놓을 때면 클레어가 순수하게 공감하며 다독여 주곤 했던 것이다. 클레어는 나에게 마음을 써 주었다. 하지만 당연히 돌봄 역할은 내 몫이었다. 클레어가 마음이 진정될 것이라며 차를 한잔 내오겠다고 하면, 내가 가서 차를 끓이는 식으로 말이다. 하지만 차 한잔 끓여 내오는 것이 무슨 대단한 일이겠는가. 신체적 능력은 내가 더 낫고 시력도 내 눈을 의지하는 편이 더 나았겠지만, 보살핌은 일방적이지 않았다. 우리는 서로를 아끼고 보살폈다.

두 사람이 소통과 신뢰로 연결될 때 서로를 위해 조금이라도 더 노력하게 되고 조금이라도 더 유연하고 창의적인 해법을 찾아내게 된다. 하지만 때로는 경계선에 부딪히기도 한다. 무작정 동조해서는 안 될 상황 말이다. 그럴 때면 안 된다고 말해야 한다.

안 된다는 나의 말에서 음악을 들은 사람

도리는 은퇴한 음악 교사로, 음악을 향한 열정이 커 연주회장과 가까운 지역으로 이사했다. 가깝기는 해도 걸어갈 만한 거리는 아닌데다가 대중교통을 이용하기도 쉽지 않은 환경이어서 한번 가려면 차가 필요했다.

도리는 나의 모든 고객 가운데 신체적으로나 정신적으로나 가장 건강했지만, 주변 상황에 대한 이해나 문제 해결 능력과 판단력, 의사 결정 능력은 심각하게 손상된 상태였을 뿐만 아니라 자신의 뇌 장애에 대해서는 거의 인지하지 못하고 있었다. 민감한 피부와 심장 부정맥 같은 건강 문제는 굉장히 잘 알았지만, 자신이 알츠하이머병을 앓고 있다는 사실은 전혀 알지 못하는 상태였다. 심지어 그 사실을 잊고 있다는 사실조차 망각하곤 했다.

하지만 가족과 (아주 많은) 친구들이 도리의 상태를 잘 알고 있었다. 그들은 가속 페달을 브레이크로 혼동해 길 건너는 사람들을 향해 질주했던 한 치매 남성 이야기를 꺼내곤 했다.

도리가 믿고 의지하는 친구들이 한자리에 모여 도리의 운전 능력이 쇠퇴하고 있음을 주지시키자 마침내 차를 팔겠다는 합리적인 결정을 내릴 수 있었다. 거론된 모든 사실을 도리 스스로 문제없이 받아들였으며, 모든 사항을 문서로 남기고 그 자리에 참석한 모든 사람과 도리가 서명했다.

얼마 지나지 않아서 이 모든 사실이 도리의 머릿속에서 완전히 사라졌다. 차가 보이지 않자 도리는 몹시 당황했고, 상황을 말해 주는 서명 문서를 보여 주고 차를 판 이유를 아무리 설명해 줘도 불안해하기만 했다. 도리가 매주 음악회에 갈 수 있도록 가족과 친구들이 필요한 모든 조치를 취했지만 이 사실도 도리의 기억 속에서는 차례차례 지워져 버렸다.

내가 도리를 만났을 때는 여전히 차가 없어진 데 대해서 고통스러워하고 있었고, 차가 없어졌다는 사실을 매일 새롭게 알아차리곤 했다. "이제 차가 없어서 더 이상 음악회에 갈 수가 없지 뭐예요." 도리는 이렇게 말하곤 했다. "현장에서 연주하는 음악을 몇 달째 못 듣고 있다고요. 내 차를 돌려받게 도와주시겠어요?"

도리의 생각은 사실과 달랐다. 차를 판 뒤로 어떤 연주회도 놓친 적이 없었으니까. 게다가 차를 돌려받는다는 것이 사실상 불가능한 데다, 어쨌거나 내가 도와주고 싶은 일이 아니었다. 나도 도리의 가족과 마찬가지로 도리 본인은 물론 주변 사람들의 안전이 염려되었다.

종합해 볼 때 문제의 뿌리가 그릇된 가정, 사실과는 다른 의견인 까닭에 상황을 해결하기는 불가능해 보였고, 게다가 내가 이행하고 싶지 않은 요구 사항이 있었다.

가정: "이제 차가 없으니 음악회에 갈 수 없다." (사실과 다르다.)

의견: "몇 달 동안 현장 연주를 듣지 못했다." (사실과 다르다.)

요청: "차를 돌려받게 도와 달라." (안 된다고 답했다.)

도리의 정신 상태에 의문을 제기하고 꼬치꼬치 따지지 않고서는 도리의 가정과 의견이 사실과 다르다는 점을 제대로 인식시키기가 불가능했다. 나는 도리에게 다시는 운전을 하면 안 되는 이유를 설명해 줄 합리적인 근거를 제시할 수 없어 답답했다. 도리에게 조금이라도 상황을 이해하는 능력이 있다면 얼마나 좋을까! 나는 막다른 골목에 갇힌 느낌이었고 화도 났다. 그러다가 사실대로 이해시키려고 애쓰기보다는 도리가 가장 소중하게 여기는 것이 무엇인지 가만히 들어 주면 되겠다는 깨달음이 왔다.

내가 도리에게서 배운 것은, 상대방과 공감대를 형성하기 위해서는 그 사람이 가장 소중하게 여기는 바로 그것을 다루는 것이 필요하다는 점이었다. 안전은 도리의 급선무가 아니었다. 도리에게 중요한 것은 음악회에 갈 수 있는 다른 방법이 있다는 것을 스스로 믿을 수 있느냐는 것이었다.

다시 말해서, 상황을 진전시킬 유일한 방법이 도리에게 **내가** 생각하는 견해와 근거를 이해시키는 것뿐이라는 나의 잘못된 가정에 갇혀 있을 필요가 없었다. 합리적으로 사고할 능력 대신 연결하는 능력을 살리면 되는 일이었다.

나는 도리의 이야기를 경청하면서 현장에서 연주하는 음악이 도리에게 그렇게 소중한 것은, 어떤 면에서는 그것이 도리를 살아 있게 만들기 때문임을 깨달았다. 음악 없는 삶은 도리에게 아무런 의미도 없는 것이었다. 차는 단순히 도리가 삶의 이유로 삼아 온 것, 그러니까 음악과 연관되는 수단일 따름이었다.

> 합리적으로
> 사고할 능력이
> 안 될 때에는
> 연결하는 능력을
> 살리면 된다.

나에게는 충분히 이해가 되는 일이었다. 나는 차에 대한 도리의 불안과 음악 행사에 참석하고자 하는 갈망의 밑바탕을 이해할 수 있었다.

내가 음악의 중요성에 대해서 처음으로 순수한 관심을 보이며 대화를 하자, 도리는 상당히 차분해지는 모습을 보였다. 자기 이야기에 귀 기울여 주고 자기 마음을 이해해 준다고 느꼈기 때문이었다. 하지만 곧바로 내가 이해했으니까 차를 되찾게 해 줄 것이라고 생각하고 말았다. 자기를 이해해 주는 사람이면 원하는 것도 해 줄 것이라는 결론으로 쉽게 비약한 것이다.

하지만 활기와 감정적 고양을 느끼고자 하는 도리의 욕구만 중요한 것은 아니었다. 나에게도 편안함과 안전 같은 욕구가 있었다. 그리고 처분한 차를 되찾고 싶어 하는 도리의 소망에 나는 안 된다고 말할 것이었다.

예전에 호텔 서비스에 관한 텔레비전 프로그램을 본 적이 있는데, 호텔 직원들이 고객에게 절대로 안 된다는 말을 쓰지 않도록 교육받는 내용이 있었다. 손님에게 어떤 상황에서 어떤 요청을 받더라도 절대로 거절하지 않는 것을 개인적인 목표로 삼고 있다고 말하는 직원도 있었다. 나는 속으로 물었다. 안 된다고 말하는 것이 대체 왜 그렇게 겁나는 일이며, 대체 그 말이 상대편의 감정을 그렇게 해치는 일인가? 안 된다고 말하는 것이 그 사람을 존중하지 않는다거나 그 사람의 욕구를 충분히 고려하지 않는 것으로 받아들여지는지도 모른다는 생각이 들었다. 내가 그로부터 배운 점은, 상대방의 부탁이나 요구를 그대로 이행할 준비가 되어 있지 않은 경우에는 그 사람이 필요로 하는 바에 마음을 쓰고 있다는 점을 각인시키는 것이 관계 개선에 도움이 된다는 것이었다. 아울러, 나 자신의 욕구 또한 인정한다면 우리는 이 관계에서 서로를 돕는 동반자가 될 수 있다.

그래서 나는 도리에게 안 된다고 말했다. 안 되겠다고, 차를 되찾는 일을 돕지 않겠다고 말했다. 나는 도리의 욕구가 중요한 만큼 나 자신의 욕구도 중요함을 강조했다. 도리가 음악회에 갈 수 있도록 돕고 싶지만 내 차에 태우고 간다면 훨씬 더 마음이 놓이겠다고. 도리의 차를 되찾도록 도와 달라는 요청을 거부하는 것이 우리에게는 더 편안한 마음으로 함께할 수 있는 방안이었다. 왜냐면 우리 둘 다 현장에서 연주하는 음악의 아름다움을 잘 아는 사람들이니까. "그렇게 하는 게 어때요?" 내가 물었다.

　　이 말을 들으면서 도리의 마음이 움직인 듯했다. "나를 데려다주는 게 정말 좋아요? 그 시간을 함께할 수 있다면 정말 근사하겠어요. 내 차를 되찾으려는 수고에서도 해방될 수 있고요." 도리가 말했다. 자신의 음악 열정을 잃지 않도록 도와주는 일을 내가 얼마나 기쁘게 여기는지 느끼는 것이 도리에게는 음악 그 자체였다. 도리는 차에 대해서 아예 신경조차 쓰지 않았다. 이 기본적인 요소, 즉 도리의 음악 열정과 내가 강조하는 안전에 대한 욕구가 합의에 이르자 우리는 더는 시간 낭비 않고 해결책을 찾을 수 있었다.

　　이 해법은 새로운 것이 아니었다. 어떤 면에서는 해법의 재발명이었다. 왜냐면 도리가 요양보호사가 운전하는 차로 음악회에 간 것이 처음이 아니었기 때문이다. 하지만 이번에는 편안하게 받아들였다. 그 뒤로는 차에 대한 이야기도 그렇게 자주 하지 않았다.

우리 각각의 욕구가 연결되어 있음을 환기시키니까, 사실과 가정이 어긋나 의지할 만하지 않을 때도도 서로 협력하는 것이 가능했다. 우리의 연결은, 어떤 의미에서는 기억에 각인되는 경험이었다.

도리는 내 이름을 기억하지 못했고 내가 뭐 하는 사람인지, 내가 자기 집에 와서 뭘 하고 있는지도 기억하지 못했다. 도리는 나를 요양보호사라고 생각하지 않았다. 자기가 누군가의 도움이 필요한 사람이라고 생각하지 않았기 때문이다. 하지만 우리 둘 사이에 형성된 관계 덕분에 도리는 내가 친구일 것이라고 가정할 수 있었다. 친구도 아닌 사람이 자기 집에 와 있을 이유가 없고, 이렇게 따뜻하게 대해 줄 이유도 없으니까. 우리에게는 친구에게 친절하고 협조적으로 행동하는 경향이 있으며, 친구와 함께 있으면 느긋해지고 열린 마음으로 토론에 임하여 다양한 해결책을 찾아낸다. 우리는 친구가 필요로 하는 것이 무엇인지 마음을 쓴다. 도리는 스스로를, 원하는 모든 것이 마치 명령인 듯 이행되는 고급 호텔의 투숙객으로 여기지 않았다. 도리에게는 우리가 친구였다. 함께 있으면 집에 있는 것처럼 편안한 관계.

나와 도리를 보살피는 다른 친구들은 이 방식으로 도리의 욕구를 충족시키는 동시에 조력과 협력, 우정에 대한 우리의 믿음을 지킬 수 있었다.

"이 고객, 전혀 새로운 경험이 될 겁니다." 이본의 요양보호사로서 업무를 배정받을 때 들은 얘기였다. "당신의 부드러운 접근법이 이번에는 통하지 않을 겁니다. 항의나 불평이 나오면 책임을 피하더라도 절차를 확실하게 지켜서 피하도록 해요. 이 고객분은 요양보호사에게 항의를 많이 해 온 이력이 있으니 유의해야 합니다."

이본은 예전에 고급 미용실을 경영했지만 치매를 앓기 시작한 뒤로는 '대처하기 힘든 행동을 하는 고객'으로 유명해졌다. 이 평가는 주변에 있는 사람을 때리는 행동 또는 최소한 때리려는 듯한 동작으로 불안을 표현해 온 많은 사례를 기반으로 형성된 것이다. 이본은 최근에 입원했던 병원에서 직원들에게 하도 공격적으로 굴어서 여러 차례 약물로 진정시켜야 했다. 지금은 퇴원했지만 여전히 누워 지내면서 기력을 되찾아 가는 단계였다. 하지만 분노는 여전히 극복하지 못한 문제였다.

그날 밤 전임자로부터 인수인계하는 도중에 이본이 외치는 소리가 났다. "당장 집으로 데려다줘! 내 말 안 들려? 여기서 내보내 달라고! 이 한심하고 바보 같은 여자야!" 이본은 고통스러운 상태였는데, 자기를 진정시키려고 필사적으로 노력하고 있는 요양보호사에게 폭력적 행동과 언어를 쏟아부어 그 고통을 표출하고 있었다. 나로서는 이제 상황을 파악해야 하는 시점이었으나, 두 사람의 대화를 들어 보니 어떤 노력으로도 명확한 판단이 불가능했다.

"하지만 이미 집에 계시잖아요. 한번 보세요." 요양보호사가 지난 30년 동안 잠을 자 온 침실을 알아보지 못하는 여자와 시비를 따지지 않기 위해서 상냥한 목소리로 말했다. "돌아가신 남편분 사진을 보세요. 그분은 알아보시겠죠, 네?"

"멍청한 여자 같으니라고! 여긴 내 방이 아니야!"

이본은 짜증이 머리끝까지 치밀어 젖 먹던 힘을 다해 공격적으로 굴고 있었지만, 아흔일곱 쇠약한 노인의 힘으로는 원하는 바를 성취할 수 없었다. 즉, 요양보호사를 때리지 못했다. 이본은 이 방에 대한 자신의 생각이 옳다고 우격다짐으로 밀어붙일 태세였다.

이본의 관찰은 어느 것 하나 인정되지 않았다. 그리고 설령 요양보호사가 이본의 망상에 맞장구를 쳐 준다 한들 무슨 수로 그 요구를 들어줄 수 있었겠는가? 이미 '집'에 있는 이본을 어떻게 집으로 데려다주겠는가?

나는 요양보호사와 눈빛을 교환했다. 이미 넋이 반쯤은 나간 상태임을 알 수 있었다. 몹시 힘겨운 하루를 보낸 사람의 표정이었다. 이본의 요구는 한마디로 이행이 불가능했다. 하지만 어쨌든 한번 해 보자, 나는 생각했다.

나는 몇 분 정도 틈을 둔 뒤 다가갔다. 이본은 지난 수십 년 동안 셀 수 없는 밤을 보냈던 그 침대로부터 구출되기만을 기다리며 무력하게 누워 있었다. 얼마간 침묵의 틈을 두면 대개는 흥분을 가라앉히고 이야기가 본줄기를 벗어나게 하는 데 도움이 된다. 하지만 분노는 그대로 남아 이글거리고 있었다.

"기분이 상하셨군요, 이본. 사람들이 말을 들어주지 않는 것 같아서 그러시는 거죠?" 내가 물었다.

"난 그저 집에 데려다주기를 바라는 거예요. 당장."

"저도 도와드리고 싶은데, 그러려면 이본 도움이 필요해요. 제가 이본 집에 어떻게 가는지 몰라서요. 어딘지 모르거든요."

"괜찮아요. 내가 가는 길을 아니까. 나, 데려다줄 거예요?" 이본이 말했다.

어조가 대뜸 바뀌었다. 나를 요양보호사로 보던 태도가(이본이 사람 얼굴을 분간할 수 없었기 때문에 우리는 역할 표식을 부착하고 있었다) 자기편을 대하는 태도로 바뀐 것이다. 사실을 놓고 왈가왈부하지 않고 이본에게 이해가 되는 문제로 접근하는 것만으로도 마음이 누그러졌다. 자신이 이해받았다고 느끼는 순간 바로 연결감이 생겨난 것이다. 그렇게 해서 우리의 협조 관계가 시작되었다.

"댁이 어딘지 알려 주실 수 있게 일단 휠체어에 타시겠어요?" 내가 말했다.

이본에게는 우리가 모험을 앞둔 사람이 된 것 같았나 보다. 방향은 자신이 명하고 키는 내가 잡고 미지의 바다를 향해 떠나는 모험. 이본은 그렇게 자율적 능력과 감각을 되찾았다. 스스로가 삶의 주인이라는 감각 속에서 이본은 집으로 돌아온 듯 편안해질 수 있었다.

우리는 복도를 지나 정문 현관으로 나갔다. 현관 앞 정원에서 집을 돌아보면서 이본이 말했다. "저게 우리 집이라고요!" 마치 그동안 내내 다른 곳, 자신이 무능하고 쓸모없는 존재일 뿐이었던 어떤 불친절한 장소에 갇혀 지내 왔다는 듯. 힘이 생기고 쓸모 있는 존재가 되었다는 느낌도 이본에게는 집처럼 편안한 감각이었다. 이본에게 집은 바로 이것이었다. 소설가 세실리아 아헌의 말마따나, 집이란 실은 장소가 아니라 마음이다.

이본은 새로 발견한 자기 집을 내게 보여 주고 싶어 했고, 나는 손님으로 대접받았다. 우리는 몇 분 전에 나왔던 정문 현관으로 다시 들어갔다. 단, 이번에는 이본이 앞장서서 내게 복도를 안내하고—이 집에 대해서는 자신이 잘 안다고 했다—침실로 돌아갔다. 방금 전까지만 해도 낯선 장소였던 그 방에서 이본은 편안해질 수 있었다. 집에 온 사람처럼.

이본은 나를 친구에게 하듯 따뜻하고 차분하게 대하며 고마워했다. 많은 면에서 나는 여전히 하나의 역할이었지만, 이제는 적어도 쓸모 있고 자기편인 역할이었다. 이본은 이 '역할'을 업무 수행하는 로봇이 아닌 사람으로 대했다.

이본은 내가 침대에 눕힌 지 몇 분도 지나지 않아서 잠들었다. 나는 안도감이 들면서도 놀라웠고, 고백하건대 혼자 킬킬 웃기도 했다. 이런 식으로 자율성 욕구를 충족시킬 수 있다니! 나로서는 상상도 하지 못했을 방식이 아닌가!

그 뒤로도 이본은 많은 일로 나를 놀라게 했다. 점차로 나를 한 사람으로 인식하기 시작하면서 내 욕구에도 세심히 신경을 써 주었다. "가서 다리 좀 쉬어요. 얼마나 피곤하겠어요." 휠체어로 동네 산책을 다녀온 뒤면 그렇게 말하곤 했다. 선물도 자주 주었는데, 그러면 내가 보석함에 도로 갖다 놓았다. 자신이 선물을 주었다는 사실을 전혀 기억하지 못하는 이본이 나중에 다시 선물할 수 있도록. 이렇게 받은 물건 중에서 내가 간직한 것은 하나도 없다. 대신 그보다 훨씬 귀한 것을 간직했음을 고백한다. 마음으로 연결된 우리의 관계 말이다.

분노가 폭발할 때면 곁에서 지키고 엄습하는 공포는 함께 버티고 변비와 설사의 고통을 보살피며, 침대에서 떨어질 때도 환각으로 들뜰 때도, 사랑의 표현도 증오의 표출도, 이 모든 것을 함께하며 나는 이본과의 관계를 지켜 나갔다. 쉽게 지나가는 날은 드물었다. 그럼에도, 더 큰 관점에서 보면, 얼마든지 가치 있는 일이었다.

3

관점

큰 그림이 굉장한 것일 수도 있겠지만,
까만 점 무더기에 얼굴을 바짝 대고 서 있는 사람에게는,
정말이지 뭐가 뭔지 분간이 되지 않는다.
– 리베커 스테드, 미국 작가

치매와 함께 살아간다는 것은 어려운 일이다. 관련된 모든 사람에
게. 하지만 이 질환과 함께 살아간다 해도 건강한 관계를 맺는 것
은 가능하다. 내가 치매관계라고 부르는, 치매에도 불구하고 생기
가득한 관계 말이다. 건강한 관계는 관계 안의 쌍방 모두에게 행복
을 가져다준다. 하지만 직접적으로나 간접적으로나 치매의 영향권
안에 있는 많은 사람이 잘 작동하는 관계보다는 나쁜 관계가 훨씬
더 흔하다고 느낀다. 관계 안의 두 당사자가 서로에게 신뢰를 잃고
마음이 단절된다면, 치매로 발생하는 문제에 대처하고 상황을 통

제하고 해결책을 찾기 위해 애쓰는 과정이 가까운 두 사람을 고통스럽도록 멀어지게 만들 수 있는 것이다.

이 책은 그렇게 멀어진 사람들이 다시 연결될 수 있는 가능성을 모색한다. 그러기 위해서 치매와 함께 살아가는 삶에 대한 새로운 관점을 제시할 것이다. 새로운 관점만으로 손쉬운 해법이 나온다는 보장은 없다. 하지만 나는 삶을 더 건강하게, 훨씬 더 의미 있는 것으로 만들어 줄 단순한 해법을 추구하고자 한다.

문제를 단순화하지 않고도 상황을 더 단순하게 만들어 주는 것을 보는 방법이 있다. 새로운 가능성을 본다는 것은 **무엇을** 볼지 보지 않을지의 문제만이 아니라 **어떻게** 볼지, 즉 관점의 문제이기도 하다. 더 큰 관점을 갖게 될 때 어떻게 세상일들이 서로 연결되는지를 더 쉽게 알 수 있으며, 그리하여 우리가 서로 어떻게 연결될 수 있는지를 이해할 수 있다.

치매 요양보호사들에게는 끝없이 이어지는 할 일과 요구 사항들, 새로 떠오르는 문제의 홍수 속에서 쩔쩔매는 것이 흔한 일상이다. 그러다 보면 정말로 중요한 것을 놓치고 보지 못하기 십상이다. 사람은 누구나 혼란에 빠진다. 치매를 겪는 사람은 상황을 명확하게 이해할 정신적 능력이 안 될 수도 있고, 보호자는 압박감에 심신이 지쳐 명확하게 사고하기 힘들거나 심지어 감정조차 느끼지 못할 수도 있다. 그렇게 혼란에 빠졌을 때 우리는 큰 그림을 잊고 만다.

큰 그림

___

비폭력대화의 창안자 마셜 B. 로젠버그는 기린을 비폭력대화가 가져오는 더 큰 관점의 상징으로 즐겨 사용했다. 기린은 온유하지만 강하며 모든 육지 동물 가운데 심장이 가장 커서, 힘에서나 온유한 성정에서나 우리의 마음을 키우기 위한 훈련을 의미하는 데 적합한 이미지를 갖고 있다. 물론 우리가 흔히 기린 하면 연상하는 긴 목 덕분에 그들은 아프리카 초원 지대의 다른 목 짧은 동물들보다 더 높이, 나무 꼭대기까지 뻗을 수 있을 뿐 아니라, 더 멀리까지 더 많은 것을 포괄적으로 볼 수 있다.

비폭력대화를 훈련함으로써 우리는 기린처럼 모든 상황을 더 큰 그림으로 바라볼 수 있다. 어떤 면에서는 미래까지도 꿰뚫어 볼 수 있다. 타인과의 상호작용이 어떤 결과를 가져올지 예견하는 것이 더 쉬워지기 때문이다. 의사소통에 능숙해지면 앞으로 무슨 일이 일어날지 상상할 수 있게 되고, 능숙하지 못했을 때 벌어질 일도 그려 볼 수 있게 된다. 먹구름이 다가오는 것을 본 사람이라면 "창문 닫아라. 폭풍이 온다."고 말하듯이, 우리는 겁쟁이가 되는 것이 아니라 피해 예방자가 될 수 있는 것이다.

인간관계에서 일어날 피해를 예방하려면 주위를 살펴 그 관계를 어떻게 더 강하게 만들 수 있을지 파악하는 것이 좋다. 이것이 그 사람과 연결될 수 있는 다양한 방법을 알아보는 것이 바람직한 이유이다. 왜냐면 우리는 혼자보다는 누군가와 함께할 때 더 강해질 수 있기 때문이다.

치매를 앓는 것은 한 사람뿐이어도 관계 안의 두 사람이 모두 그 영향을 받게 된다. 그리고 두 사람은 서로 영향을 미친다. 무엇 때문에 단절이 일어났는지 살펴보는 일은 다시 연결되기 위해서 무엇이 필요한지 이해하는 데 도움이 될 터이다. 서로 연결될 수 있는 방법을 이해한다면 그 관계에서 무엇을 더 이끌어 낼 수 있는지 더 잘 보이는 위치에 서게 된다. 치매를 겪는 사람과의 관계도 포함해서다. 관계 안에서 상대방과 연결됐을 때 우리는 아낌없이 줄 수 있게 되며, 그러면 공감하는 마음으로 받는 것이 필연이다. 이렇게 되기 위해서는 그 관계에 쌍방이 기여한다는 사실을, 그리고 치매와 함께 살아가는 삶의 어려움에도 쌍방이 관여한다는 점을 인정하는 것이 중요하다.

치매관계

요양보호사들이 치매에 대해서 이야기할 때 자신이 겪는 문제로 바라보는 모습을 종종 본다. 요양보호사 본인이 돌봄 받고 관리받고 보호받을 필요가 있는 존재인 것이다. 상황을 이렇게 바라본다면 **그들**—치매를 겪는 이들—이 문제의 원천이 되어 버린다.

결과적으로 치매를 겪는 **그들**로 인해서 **우리**—치매를 겪지 않으며 '알 만큼 아는' 이들—에게 문제가 생긴 셈이다. 탐 키트우드[*]와 캐슬린 브레딘[**]은 이렇게 썼다.

여기에 **우리**('정상' 인구 구성원)와 **그들**(치매를 겪는 이들)을 뚜렷하게 갈라놓는 구분선이 있다. **우리**는 기본적으로 튼튼하고 망가진 데 없고 유능하고 친절한 사람들이다. **그들**은 상태가 나쁜 사람들이다. 병을 앓고 있으니까. … 따라서 우리에게는 **그들**이 앓는 병에 대한 지식을 얻고 기술, 특히 '다루기 어려운 행동'을 제어할 기술을 배우기 위한 훈련이 필요하다.

키트우드와 브레딘은 치매를 겪는 상황을 다른 시각으로 바라볼 수 있음을 지적하는데, 이렇게 물어보자는 것이다. 즉, 누구의 문제인가?

아니면 내 경우, 치매를 겪는 누군가가 변기 대신 개수대에 소

---

[*] 치매 돌봄은 치매를 앓는 사람을 중심에 두어야 한다는 개념을 창안한 노인 정신 건강 분야의 개척자.

[**] 사람 중심 돌봄 이론의 지침서인 『사람 대 사람 *Person to Person*』의 공저자.

변을 보기로 했다면, 이는 누구에게 더 문제가 되는가? 그 사람인가 아니면 나인가?

고든의 치매는 공간지각 능력의 장애로 나타났다. 하나는 바닥에서 존재하지 않는 구멍을 보는 문제였고, 다른 하나는 실제로 존재하는 사물의 위치를 찾지 못하는 문제였다. 문손잡이가 어디 있었죠? 조명 스위치는 어떻게 찾는 겁니까? 소변 눌 때 변기 구멍은 어떻게 찾아요?

이 모든 사물이 지각에 포착되지 않는 까닭에 고든은 지각 능력 없이 문제를 해결할 방법을 찾아냈다. 침실에 붙어 있는 욕실 문은 항상 열어 두었고, 조명 스위치는 필요 여부에 상관없이 밤낮으로 켜 두었다. 변기는 아무리 해도 찾아지지 않는 탓에 대신 개수대에다 소변을 보는 습관이 생겨 버렸다. 개수대가 고든이 몸을 굽히지 않고도 손으로 더듬어 찾을 수 있는 높이여서 찾기가 훨씬 수월했기 때문이다. 개수대가 훨씬 쉽기 때문이라니!

고든이 마개를 막아 둔 채로 개수대에 소변을 보았기 때문에 매일 아침 내가 그 방에 들어설 때면 밤새 고여 있던 소변 냄새가 코를 찔렀다. 그때마다 고든이 자기만의 비밀 병기로 나를 공격하는 기분이었다. 날카롭게 피부에 상처를 내는 것도, 총알처럼 발사되는 것도 아니지만 대신에 역겨움이라는 비장의 기능을 지닌 병기. 나는 속으로 한숨을 삼키곤 했다. 대체 나한테 왜 이러는 거예요,

고든?

　비위생적이고 악취 나는 습관이었지만 고든은 개의치 않았다. 날마다 갓 다린 아주 청결한 셔츠에 완벽하게 짝을 맞춘 카디건과 바지 차림으로 말쑥하게 갖춰 입기에 열심인 사람이 말이다. 그렇게 깨끗하고 깔끔한 것 따지는 사람이 아무렇지도 않게 개수대에 오줌을 누다니.

　하지만 내게는 아무렇지도 않은 일이 아니었다. 아니, 보통 신경 쓰이는 문제가 아니었다. 누군가 내 욕실에 들어와서 내 방광에서 나온 액체를 본다면 나는 창피해서 견디지 못할 터이다. 하지만 고든은 창피해하지 않았고, 아랑곳하지 않았다. 자신의 이 습관이 나한테 어떤 피해를 주든 말든, 그래서 내가 자기를 배려 없고 더러운 사람이라고 여기든 말든 신경 쓰지 않겠다는 거지. 심지어는 고든이 '완전히 자제력을 잃었다.'는 생각까지 드는 날도 가끔 있었다. 이런 식으로 사람을 단정하는 것은 문제를 키울 뿐이다. 어찌 보면 내가 오히려 상황을 악화시키는 장본인이 된 셈이었다.

　고든의 역겨운 습관은 어차피 계속될 테고, 그보다 더 고통스러운 일은 내가 앞으로도 그런 고든에 대해 계속 단정을 지을 것이며 그로 인해 이 관계가 단절되리라는 것이었다. 그러던 어느 날, 예전에 고든을 돌보던 다른 요양보호사로부터 들어서 알게 되었다. 개수대에 소변을 보게 된 것이 다름 아닌 요양보호사 자신의 부탁이었다고!

그는 나보다 오랫동안 고든을 돌봐 왔는데, 고든이 한밤중에 변기를 찾지 못해 욕실 바닥에다 소변을 보는 일이 빈번해서 최소한 개수대에라도 조준해 달라고 부탁한 것이고, 그렇게 해서 아침마다 해야 할 일 가운데 많은 부분을 덜 수 있었다고 했다. 나는 그것이 협조하려고 애쓰는 행동일 수도 있다는 점을 고려해 보지도 않고 그저 불쾌한 습관이라고 해석한 것이다. 내가 사람이 왜 저렇게 비협조적으로 구는지 모르겠다고 혼자 멋대로 단정하는 내내, 고든은 어떻게든 돕고 싶어서 애쓰고 있었던 것이다.

이렇게 관점을 바꾼 뒤로 개수대를 변기로 사용하는 습관 때문에 내가 견딜 수 없는 문제는 단 하나, 즉 소변이 밤새 개수대에 고여 있어야 한다는 문제였다. 내가 해야 할 일은 고든에게 마개를 달아 두지 말고 소변이 그대로 하수구로 내려가게 해 달라고 부탁하는 것뿐이었다.

고든은 얼마든지 그렇게 할 사람이었다. 고든의 경우에는 치매 때문에 요양보호사의 지침을 기억하지 못하지는 않는 듯했다. 내가 부탁을 하자 바로 나를 편하게 해 줄 일이 생겼다고 기뻐했다. 이 일이 고든에 대한 내 생각을 얼마나 바꿔 놓았는지! 더는 고든이 무심한 사람이라고 생각되지 않았고, 오히려 협조적이고 배려심 넘치는 사람임을 알 수 있었다. 고든에게는 개수대에 소변을 보는 것도 바닥에 다 흘리는 것도 아무런 문제가 되지 않았다. 그 일로 문제가 생긴 것은 나였다. 그러면서 그 습관 하나로 고든의 사람됨에 대해서 이러쿵저러쿵 단정한 것이 문제를 키웠다. 요양보호사인 내가 어떤 면에서는 오히려 '문제'를 키우는 데 공조했음을 깨달았다. 치매가 있는 사람은 내가 아닌데.

우리는 사회가 요구하는 규범과 개개인 각자의 벽에 얽매여 모두 자기만의 방식을 고집하며 살아간다. 그리고 이 렌즈를 통해서 본 것을 문제라고 규정한다. 관계에는 두 사람이 있게 마련인데, 그 관계 안에서 문제가 발생하면 상대방에 대해 단정하고 상대방을 탓하면서 자기 책임은 부정한다.

문제가 나 아니면 상대방, 어느 한쪽만의 책임인가? 돌봄과 요양의 영역에서는 발생하는 모든 문제가 두 사람 모두에게 영향을 미친다는 점에서 두 사람 모두의 문제라고 할 수 있다. 치매는 우리의 관계에 영향을 미치며, 손바닥도 마주쳐야 소리가 나듯이 두 사람 모두에게 영향을 미친다. 어떤 문제가 되었건 둘이 함께 대처하지 않을 수 없는 까닭이다. 치매로 발생하는 어려움은, 키트우드가 말하듯이, 사람과 사람 사이에 놓여 있다. 그 어려움에는 내가 있고, 상대방이 있다. 하지만 거기에는 두 사람의 관계도 있다.

이슬람 신비주의 수피교 시인 루미는 말한다. "우리는 '하나'를 알면 '둘'도 안다고 생각한다. 하나와 하나를 더하면 둘이라고. 하지만 우리는 '와'도 알아야 한다." 치매와 관련된 문제는 본질적으로 두 사람 중 어느 한쪽이 아닌, 두 사람 '사이'에 있다. 서로 관계 맺는 방식, 두 사람의 관계 안에 있는 것이다. 따라서 답은 우리의 '사이'에서 찾아야 한다. 이 점을 분명하게 이해하고 치매와 관련된 어려움을 인정하는 일은 두 사람이 더욱 보람찬 관계를 만들어 가기 위한 징검다리다.

치매를 겪는 사람과, 치매와, 돌보는 사람 자신, 그리고 두 사람의 관계를 함께 고려할 때 치매관계가 성립한다.

연인 관계나 가족 관계, 혹은 직업적으로 맺어진 관계가 그렇듯이 치매관계도 그 하나하나가 다 다르다. 치매를 겪는 사람이 사랑하는 사람이나 친지나 동업자여서 관계가 겹치는 경우도 있을 수 있다. 그럼에도 치매관계가 시작될 때에는 이 관계에 국한된 새로운 정의가 필요하며, 그에 따라 새로이 경계를 정립할 필요가 있다. 예를 들어 가족과 사업체를 운영하거나 배우자와 동업 관계가 될 때 그러는 것처럼 말이다. 관계 안에서 서로 주고받는 영향은 상황에 따라서, 장소에 따라서, 상대방이 어떤 사람인지에 따라서 달라질 수밖에 없다. 이는 가정에서도 직장에서도 마찬가지다. 고든과 나의 경우에 우리 관계는 치매라는 상황 속에서 결정된다. 치매는 그 관계에 속한 모든 사람에게 영향을 미치며, 정도의 차이는 있더라도 치매관계 안에서는 모든 사람이 어떤 식으로든 서로 영향을 주고받는다.

치매가 개인에 따라 얼마나 다르게 나타나는가 하면, 거의 고객 맞춤형 질환이라고 말해도 될 정도다. 사람마다 치매 진단에 대해서도 증상에 대해서도 감정적으로 다르게 반응한다. 치매는 증상의 범위도 방대한데, 치매로 손상될 수 있는 뇌 기능이 언어 기능, 기억 능력, 운동 능력, 시간과 공간 감각, 인지 기능 등등으로 다양하기 때문이다. 요양보호사로부터 고객을 이어받을 때면 나는 중요한 문제를 묻는다. 치매가 이 사람에게 어떤 영향을 주는가? 원체 증상이 많은지라 곧바로 짚어 내지 못할 수도 있다. 나는 언제나 그들에게는 무궁한 잠재력이 있다고 가정하며, 그들이 독립적인 삶을 이어 가도록 가능한 한 최대한으로 지원하는 것을 목표로 한다. 이전에 함께했던 사람이 아닌 한 그들이 혼자 힘으로 무언가를 하는 것이 안전한지 위험한지 알지 못한다. 그들이 사물을 정확하게 볼 수 있는지, 그들이 보는 것이 실제인지 아니면 자기만의 세계인지, 그들이 자신의 한계와 현재 자신의 가능성을 인지하고 있는지 나로서는 알 도리가 없다.

다음 질문은 이렇다. 치매가 이 사람의 주위 사람들에게는 어떤 식으로 영향을 미치는가? 그 사람들은 이 사람에게 나타나는 증상에 어떻게 반응하는가? 어떤 증상이 대처하기 어렵다고 느끼는가? 나는 밤에 잠을 잘 수 있는가? 이 사람이 혼자 힘으로 커피를 끓이도록 맡겨 두어도 괜찮은가?

이런 질문을 하는 것은 치매가 두 사람 모두에게 영향을 미치기 때문이다. 치매는 증상을 겪는 사람이 한 사람뿐일지라도 두 사람이 함께 겪는 질환이다. 이 질환으로 나타나는 증상의 영향을 두 사람이 함께 겪는 것이다. 그렇기에 치매에 중점을 두고 두 사람이 함께 새로운 관계를 형성해야 한다. 이것이 내가 치매관계라고 부르는 것, 치매를 겪는 사람과 겪지 않는 사람이 함께 '우리'가 되는 관계이다.

로젠버그는 "종으로서 우리의 생존은 우리의 행복과 타인의 행복이 하나임을 인식할 수 있느냐에 달려 있다."고 말했다. 관계의 건강성은 두 사람에게 영향을 미친다. 관계는 서로를 채우고 키우며 풍요롭게 할 수 있다. 두 개인이 단단하게 연결되어 만들어진 관계는 문자 그대로 하나의 생존 전략이다. 관계는 우리에게 소중한 것, 우리를 인간답게 해 주는 것을 지켜 준다.

감각을 지닌 우리 종에게는 느끼고 지각하고 배우고 이해하고 대응하고 반응하며 인지할 능력이 있다. 치매는 이 모든 능력에 영향을 미치며, 따라서 한 사람의 존재에 영향을 미친다. 하지만 나는 치매가 우리의 행불행 상태를 결정한다고는 생각하지 않는다. 질환이 반드시 불행을

질환이 반드시 불행을 의미하지는 않는다.

의미하지는 않는다. 오히려 한 사람의 행불행 여부는 그 사람이 타인과 어떤 관계를 맺고 있는지를 말해 주는 지표라고 보아야 한다.

판단은 관계를 망가뜨린다

타인과 관계를 맺는 방식은 우리에게 힘을 줄 수 있지만, 역으로 우리를 무력하게 만들 수도 있다. 상대방과 나를 단절시키는 단정적인 생각을 사실처럼 받아들일수록 나는 그 사람의 본모습에서 멀어졌다. 치매관계에 임하면서도 치매 증상을 통해 형편없이 그려진 그 사람의 캐리커처하고 씨름하는 격이었다.

나의 이런 사고방식 때문에 도리가 음악회 티켓에 대해서 물을 때마다 골치가 아팠다.

"패티, 이번 주말 음악회 표 사야 돼요. 이걸 기억했다니, 다행이다! 도대체 이걸 미리 알려 주는 사람이 없다니까." 도리는 이렇게 말하곤 했다.

"걱정 말아요, 도리. 내가 벌써 우리 두 사람 표를 구해 두었으니까요."

"왜 말해 주지 않았어요? 왜 그걸 나 모르게 하는 거죠? 당연히 나한테 알려 줘야죠."

나는 속에서 화가 치밀어 오르곤 했다. 왜 매번 내가 잘못했다고 생각하는 거지? 어째서 한 번이라도 자기한테도 잘못이 있다는 걸 생각할 줄 모르는 거지?

나는 무력감에 압도되었다. 이게 뭐 하자는 거지? 표에 대해선 이미 세 번이나 얘기했다고 말해 주는 게 무슨 소용이 있어? 애초에 미리 알려 주는 게 무슨 의미가 있냐고! 어차피 잊어버릴 텐데! 그래 놓고는 또 나한테 표를 사지 않았다고 짜증을 내겠지. 상황은 이런 식으로 돌고 또 돌았다. 내가 어떤 식으로 대처하든 내가 어떤 현명한 해법을 제시하든, 우리 둘 모두에게 시간 낭비에 지나지 않았고, 서로에 대한 마음은 닫혀 버리고 말았다.

우리를 연결되지 못하게 만든 것은 음악회 표나 기억 장애가 아니라 상대방에 대한 섣부른 짐작과 판단이었다. 우리 두 사람 다 상대방의 잘못이라고 가정하고 그 사람을 탓했다. 도리는 내가 못된 사람이라서 음악회 표에 대해서 미리 알려 주지 않았거나 자기 모르게 구매했을 것이라고 짐작했다. 내가 나쁜 의도로 행동하는 것이라고 지레짐작하여 번번이 나를 비난하는 도리에게 나는 억울함을 느꼈다. 그런 도리가 본래 까다로운 사람이거나 치매 때문에 까다로운 사람이 되었으리라고 생각했다. 이런 생각은 표현만 좀 고상할 뿐, 실은 위선적인 비난이었다.

나는 우리 관계가 이런 것이 나와 도리, 두 사람 모두의 책임임을 부인하고 있었다.

상대방 잘못이라고 책임을 돌리거나 자신을 탓하는 상대방을 비난할 때 우리는 서로에 대해 판단하게 되며, 이것이 서로 연결되는 것을 가로막는다. 우리는 종종 관계를 망가뜨린다. 서로에게서 마음이 떠나면서 관계는 파편화되고 단절된다. 어떤 관계에서 이런 단절이 일어날 때는 두 사람 모두가 원인일 수 있으며, 두 사람 모두가 상처를 입는다. 이는 한번 발동하면 계속해서 타성적으로 굴러가는 악순환이다. 단절이 먼저 일어나고, 단절되었기에 서로 비난하고 판단하게 된 것일까? 아니면 당신 잘못이라고 비난하다가 단절이 일어난 것일까? 닭이 먼저인지 달걀이 먼저인지 알 수 없는 것과 마찬가지로, 어느 쪽이 먼저인지 결코 알 수 없다.

도리와 나는 음악회 표 구매와 도리가 잊어버린 그 밖의 몇 가지 계획 문제로 점차 서로에게서 마음이 멀어졌다. 나는 도리가 나의 의도를 의심하는 것이 문제라고 탓했다.

이런 의심과 불신은 치매에 걸린 사람들에게 흔히 있는 일이며, 그들에게는 그것이 결코 사실무근이 아니다. 그들에게는 걱정해야 할 확고한 근거가 차고 넘친다. 사람에 따라 상황이 전개되는 방식이 다를 수는 있어도, 그들 입장에서는 아주 의심할 만한 일들이 벌어져 온 것이다. 주전자가 저 알아서 불을 붙였다거나 실내복이 자동차에서 나타났다거나 앵무새가 새장 안에서 미동도 않는 모습으로 발견되었다거나…. 치매를 겪는 사람의 관점에서는 뭔가 단단히 잘못되고 있는 것이다.

그들 입장에서는 자신은 그런 일과 아무 상관이 없다. 왜냐면 어떻게 그런 일이 일어난 것인지 전혀 기억하지 못하기 때문이다. 그러니 마땅히 다른 누군가의, 즉 배우자, 요양보호사, 자녀, 이웃의 잘못이 된다. 그들의 생각은 이런 것일지도 모르겠다. 나를 바보로 만들려고 당신이 고의로 이런 짓을 한 거지? 당신이 내 등 뒤에서 음모를 꾸미고 있지. 당신, 대체 내 앵무새한테 무슨 짓을 한 거야!

그들이 보기에는 그 주변인들이야말로 사악하고 둔해 빠진 사람이라고 비난받고 평가당하고 나쁜 남편, 멍청한 요양사, 부모는 안중에도 없는 자식, 잔인한 이웃 따위의 딱지가 붙어 마땅한 족속이다.

어떤 일이 벌어지건, 치매를 겪는 사람에게는 그것이 좋지 않은 일이라는 직감이 작동한다. 뭔가 잘못된 것이다. 게다가 사람은 본래 뭔가 잘못될 때면 누군가 다른 사람 혹은 다른 무언가의 탓으로 돌리는 경향이 있지 않은가.

치매를 겪는 사람이 타인을 불신하기보다는 자기 자신이 문제라고 단정해 버리는 경우도 있다. 자기는 이제 쓸모없는 존재가 되었다고 생각하는 것이다. 머릿속 기억조차 말을 듣지 않는 인생,

살아서 뭐 하느냐고! 그런 자기 비하는 실로 막강한 힘을 휘두르며, 비관적인 생각으로 치닫다가 자살까지도 생각한다. 그러다가 다시 모든 것을 잊어버린다. 아이러니하게도 망각이 사람의 목숨을 구할 수도 있는 것이다.

그들의 걱정거리는 끝날 줄을 모르며, 이는 이들을 돌보는 사람들에게도 큰 걱정거리가 된다. 가스레인지 위에 주전자를 놔뒀다가 집을 다 태워 먹을 뻔하고, 한밤중에 바람 좀 쐬겠다며 차에 올랐다가 새벽 한 시에 길 잃고 헤매고, 화장실 문손잡이를 찾지 못하거나 문 여는 법을 잊어버려서 벽에다 소변을 본다. 그런가 하면 모이 주는 것을 잊어버려 앵무새가 죽는다. 그리고 무엇보다도, 우리 이름을 잊어버린다. 골백번.

누군가에 대해서 '문제를 일으키는' 사람이라거나 '별로 열심히 하지 않는' 사람이라고 단정 짓고 나면 그 사람에게 마음의 문이 닫혔다고 느끼기 쉽다. 그 사람은 조심할 줄 모르고 둔해 빠진 사람이니까. 그게 아니라면 그렇게 행동하는 게 설명이 되지 않기 때문이다. 그러다가 어느 날 판정을 받으면 아주 편리한 딱지까지 생긴다. 이 모든 것이 치매 때문이었다고. 치매가 뇌를 다 먹어 치웠는데 어쩔 도리가 있느냐고. 그러나 관계 안에서 두 사람이 서로 연결되는 문제는 여전히 치매가 아닌 우리에게 달린 일이다.

문제는 **누군가** 혹은 **무언가**를 탓하지 않고 어떻게 이 책임을 다할 수 있느냐다. 우리는 흔히 책임을 진다는 것은 곧 잘못에 대해 책임지는 일이라고 생각한다. 요양보호사가 흔히 겪는 그런 힘겨운 밤을 보내고 나서, 모든 잘못을 자기 탓으로 받아들이는 모습을 자주 본다. 자기는 인내심이 없는 사람이라고, 사랑이 부족한 사람이라고, 충분히 노련하게 대처하지 못했다고, 이해심이 충분하지 못했다고, 예견하고 예방할 수 있는 일을 자신이 부족해서 해내지 못했다고, 보호자 자격이 되지 못한다고. 자신은 항상 '충분히'에 미치지 못하는 사람으로만 느껴진다. 돌봄에 아무리 많은 시간을 바치고 돌봄을 위해 충실히 훈련받고 아무리 많은 자기계발서를 읽었어도, 이 **문제**를 해결하기 위해 아무리 많은 계획을 세우고 아무리 많은 조치를 취했어도, 일어난 상황에 대처하느라 밤잠을 바쳐야 하는 날이면 자기는 아무리 해도 부족한 사람이라는 무력감에 파묻히곤 한다.

자기 비난은 다른 누군가에게서 잘못을 찾는 행동 못지않은 단절의 징후이다. 이 상황에서는 단정하고 비난하는 대상이 자기 자신이냐 상대방이냐가 문제가 아니다. 치매관계 안에서는 두 사람다 단절에 기여할 수 있다. 상대방을 비난하고 판단하고 딱지를 붙이고 자신의 책임을 부정함으로써.

연결을 무너뜨리는 태도

비난하기: 　　당신, 내 등 뒤에서 음모를 꾸미고 있지. 나는 인내심이 없는 사람이야.

단정하기: 　　당신은 형편없는 남편이야. 난 정말 돼먹지 못한 아들이야.

딱지 붙이기: 　치매 피해자. 둔해 빠진 요양보호사.

책임 부정하기: 이 빌어먹을 병이 아내를 앗아 갔어. 이 결혼은 끝났어.

이런 식의 사고에 갇혀 있는 동안 나의 눈에 도리는 이해력이 부족한 사람, 음악회 표 일을 자신이 계속 잊는다는 사실을 인정하지 못하는 문제 있는 사람이었다. 내가 생각하는 나의 역할은 이런 결함을 견디고 용서해 줘야 하는 사람이었다. 내가 보기에 도리는 불충분하고 무능한 사람이며, 이것이 요양보호사가 필요한 이유였다.

도리의 친구들이나 이전 요양보호사들과 대화를 하면서 우리는 도리가 무엇을 잊어버리는지, 치매가 어떻게 진행되어 왔는지, 도리가 자기 본모습을 어떻게 잃어 가고 있는지를 논했다. "지난번 여기 계셨을 때보다 훨씬 약해지셨어요." 잠시 쉬었다가 복귀하던 날 내가 들은 말은 이랬다. "선생님이 계시던 때보다 많이 악화되셨어요."

이런 식의 사고는 하등 새삼스러울 것이 없다. 한 사람에 대한 생각이 오로지 병태에만 집중되면 결국 실제 그 사람에 대해서보다는 치매에 대해서만 논하게 된다.

올리버 색스는 "신경학은 신경 기능의 손상 또는 불능을 뜻하는 '결함'이라는 용어를 좋아하는데, 발화 능력의 상실, 언어 상실, 기억 상실, 시각 상실, 손 놀리는 능력 상실, 정체성 상실, 그 밖의 수많은 구체적 기능의 상실 등 환자에게 없는 것, 환자가 아닌 모든 것을 결함으로 본다."고 말한 바 있다.

나는 신경학자가 아니지만, 우리는 모두 때로 누군가의 잘못된 점에 집착하는 경우가 있지 않은가? 그러면서 그들의 건강한 면에 대해서는 다 잊곤 하지 않는가? 심지어는 자기 자신에게도 그런다. 뇌 질환이나 이상 진단을 받지 않았더라도 자신에게서 갖가지 모자람과 결점을 보는 것이다. 도리를 돌보면서 나는 스스로를 인내심이 부족하고 관대하지 못한 사람이라고 느꼈다. 어떤 신경학적 장애가 있어서가 아니라 내가 충분히 좋은 사람이 못 된다고 믿었던 것이다. 참을성도, 타인을 보살피는 마음도 시간도 부족하기만 한 사람이라고.

무언가가 충분하지 않다고, 자질이 부족하다고 보는 결핍의 시각도 편협하기는 매한가지다. 치매를 겪는 사람을 돌보는 이의 정신 건강도 상당히 높은 위험에 노출되어 있다는 보고를 자주 접한다. 이들이 받을 수 있는 지원은, 그나마 있는 경우의 얘기겠지만, 고혈압이나 섭식 장애 같은 구체적인 증상에 대처하는 법에 초점을 맞춘다. 이들이 스트레스를 받거나 심신이 탈진했을 경우에는 약물 치료나 대응 기제 계발을 권고한다. 심신에 나타나는 증상을 다룸으로써 문제를 해결하는 것도 도움이 되기는 하지만 훨씬 더 근본적인 해법이 있다. 시각을 확장함으로써 삶을 건강하게 대하는 데 초점을 두는 것이다. 새로운 시각으로 자신이 돌보는 사람과 새로운 관계를 형성하는 것이 건강한 삶을 회복하는 데 더 유효한 접근법이 될 수 있다.

긍정심리학을 창시한 미국 심리학자 크리스토퍼 피터슨과 마틴 셀리그먼은 이렇게 말한다. "심리상담사나 정신과 의사들이 말하는 정신 건강, 건강한 생활 태도, 건강한 상태는 그저 질병이나 고통, 장애가 없는 상태의 범주를 뜻할 따름이다. 이는 우리 모두가 질병 진단 기준에 미달하는 것을 목표로 삼아야 한다는 말과 다를 바가 없다."

하지만 우리는 병들지 않고 아픈 데 없는 상태가 되기 위해서 애쓰기보다는 건강한 상태, 즉 실질적으로 충족함을 느끼는 상태가 되기 위해 애쓰는 접근법을 택할 수 있다. 자기 자신과 삶에 대해 만족스럽고 보람되게 느낀다면 이것이 건강한 상태. 그것이 곧 앞으로도 영원히 행복하게 살게 된다는 뜻은 아니지만 병이 되었건 장애가 되었건 삶이 우리에게 어떤 시련을 내놓더라도 피하지 않고 대응할 만큼 강인해져 있음을 느낄 것이며, 그럼으로써 자신과 하나 된 충만한 존재가 될 수 있다.

반면에 기억을 못 한다거나 참을성이 부족하다거나 이해력이 떨어진다거나 대응할 능력이 안 된다거나 등등의 능력 부족이나 여타 잠재된 결함과 잘못을 중심에 두게 되면, 돌봄을 받는 사람이나 돌봄을 행하는 사람이나 모두 불만스러워지고 결국에는 관계가 서로 단절될 수밖에 없다. 병 있는 사람은 한 사람뿐이어도, 관계가 망가지면 두 사람 다, 어떤 면에서는, 아픈 상태가 된다.

좋지 못한 상태에 매여 있으면 할 수 없는 것 또는 가질 수 없는 것만을 생각하게 된다. 반대로, 관점을 바꾸어 좋은 상태에 초점을 두면 우리가 할 수 있는 모든 것을 볼 줄 아는 눈이 생긴다. 별하찮은 재주며 좋아하는 것, 사소해 보이는 토막 지식 따위가 눈에 들어오는 것이다. 이런 작은 것들이야말로 개개인의 신경 질환이나 장애 여부와 상관없이 우리가 인간으로서 모두와 나눌 수 있는 기본 토대가 된다.

치매를 겪는 사람도 우스갯소리에 박장대소할 수 있고 올리브를 싫어할 수 있고 초콜릿에 탐닉할 수 있고 깨진 컵 때문에 통곡할 수 있고 지는 저녁놀에 마음을 사로잡힐 수 있다. 이런 소소한 경험을 통해서 그들은 삶의 재미와 선택, 쾌락, 안전감, 아름다움, 누군가와 함께하고 싶은 욕구를 채울 수 있다. 진심을 다해 놀고 울고 웃을 수 있다면, 그 사람은 건강하다고 말하고 싶다.

전체를 보는 눈

더 큰 시각을 받아들이면 결핍과 상실에 매달려 어쩔 줄 모르며 쩔쩔매지 않고, 상황을 더 큰 그림 속에서 바라봄으로써 치매관계에 완전히 새로운 장을 열 수 있다. 일상에 치매가 들어오면 매사가 부족하고 메마르고 불완전하게만 느껴질 수 있다. 그러나 실은 그림 전체를 어떻게 조명하느냐의 문제다.

치매를 겪는 사람, 가령 도리처럼 음악회 표를 샀는지 기억하지 못하는 사람을 보면 부족하고 무능하게 느껴질 수도 있다. 자신의 기억 문제로 야기된 모든 불편을 내 책임으로 돌리려고 할 때면 특히 더 그랬다. 그때마다 내 귀에 들어온 것은 원망이었다. 나의 눈에 도리는 무능하고 혼란에 빠진 사람이었고, 나를 신뢰하지 않는 도리에게 나는 분개했다. 상황을 이렇게 바라보니 우리 두 사람 다

갈수록 더 비참하고 우울해졌다. 막다른 골목처럼 느껴졌다. 꽉 막힌 느낌으로는 사물을 명료하게 볼 수 없으며, 이는 세계를 있는 그대로 보지 못한다는 신호다.

하지만, 은유적으로 표현해서, 상황에 더 많은 빛을 비춘다면 어떤 일이 일어날까? 편협한 시각을 넓혀 본다면? 예를 들어, 이 그림을 보자.

무엇인지 알겠는가? 빛 한 점 없는 터널 끝일까? 블랙홀?

알기 어렵다. 여기에 빛을 조금 비춰 보겠다.

위의 것과 같은 그림이지만, 이제 조금 잘 보일 것이다.

달이다.

앞 그림은 어둠 속에 있는 천체, 초승달을 그린 것이다. 다음 그림은 같은 물체이지만 전면에 빛을 받은 보름달이다. 앞 그림은 무슨 구멍같이 보이지만 알고 보면 똑같이 온전한 달이다. 같은 물체가 위상 변화에 따라 어떻게 빛을 더 받고 덜 받는지를 보여 준다.

전에 비슷한 의미를 이야기하는 만화를 본 적 있다. 초승달이 진료실로 들어가면서 의사에게 말한다. "나 자신이 너무 공허하게 느껴져요." 그러자 의사가 답한다. "걱정할 것 없어요. 그저 지나는 단계일 뿐이라오."

이 초승달처럼 도리도 결점이 있는 것처럼 보일 뿐이었다. 치매를 앓았어도 도리는 분별력을 잃지 않았고, 음악회 표 구매와 관련해서 자신이 직접 관여하고 싶어 했다. 도리에게는 자기 눈으로 직접 보고 확인하는 것이 너무 중요했기 때문에 혹시라도 자신이 배제될까 걱정했다. 그렇게 매사에 신경을 쓰는 사람에게 어떻게 정신 나갔다는 소리를 하겠는가? 그런 사람보고 없는 사람이나 마찬가지라고 무시할 수 있겠는가? 도리는 확실하게 존재감 있는 사람이었으며, 치매에도 불구하고 욕구와 가치가 확고하게 자기 안에 살아 있는 사람이었다. 우리는 모두 인정받고 배려받고 싶어 하지 않는가?

치매든 아니든 이것은 우리 모두에게 있는 보편적 욕구다. 욕구는 우리가 건강하고 행복한 삶을 누리기 위해서 필요한 것이다. 보편적 욕구는 우리 자신에게 그리고 타인에게 중요한 것이므로 가치가 있다. 이는 우리를 우리이게 하는 본질적 요소이므로 원동력이다. 또한 보편적 욕구는 우리의 행동과 우리 자신을 표현하는 방식으로 구현되므로 그 사람의 개성이기도 하다. 비폭력대화는 건강한 인간의 가치와 원칙과 개성을 인간의 보편적 욕구라는 하나의 이름으로 아우른다.

인간의 보편적 욕구에는 연결, 수용, 애정, 감사, 소속감, 존중, 안전, 신뢰, 따뜻함, 정직, 유머, 축하, 아름다움, 편안함, 영감, 질서, 자율성, 선택, 도전, 명료함, 능력 등이 있다.

연결, 수용,
애정, 감사, 소속감,
연민, 배려, 포함, 친밀함,
사랑, 상호성, 보살핌, 존중/자기존중,
안전, 보호, 안정, 도움, 상호 이해, 신뢰,
따뜻함, 성적 표현, 솔직함, 진정성, 온전함,
존재감, 즐거움, 유머, 축하, 평화, 아름다움,
영적 교감, 편안함, 평등, 조화, 영감, 질서,
자율성, 선택, 자유, 독립, 주거,
즉흥성, 도전, 명료함,
능력, 깨달음

우리가 이들 요소를 중요한 가치로 여기는 것은 이것이 우리 삶을 더 환하게 만들어 주기 때문이다.

우리는 때때로 어떤 사람을 보면서 그 사람에게 어떤 자질이 없다거나 일련의 가치에 부합하지 못한다거나 어떤 욕구를 충족시키지 못하며 산다고 느낀다. 때로는 우리 자신이 저 만화 속의 초승달처럼 공허하고 의기소침하고 모자란 사람처럼 느껴지기도 한다. 그럴 때면 이 공허한 상태가 마치 자신의 본질인 것처럼 받아들여진다. 하지만 우리가 스스로를 어떻게 받아들이느냐는 관점에 따라 달라진다. 태양과의 관계 속에서 우리 위치를 어떻게 잡느냐, 자기 세계에 얼마나 많은 빛을 비추느냐, 즉 얼마나 주의를 기울이느냐에 따라 달라지는 것이다.

우리는 스스로에 대해서 공허하다고 느끼든 충만하다고 느끼든 계속해서 마음을 쓰며 살아간다. 적어도 마음속 깊은 곳에서는 그렇다. 이러한 인간의 보편적 욕구가 우리에게는 중요하다. 초승달이 다시 보름달이 되려는 갈망, 이것이 바로 비록 이들 욕구가 가려서 주목받지는 못해도 없는 것은 아니라는 신호다. 우리는 욕구를 충족하려 애쓰고, 초승달의 은은한 빛이 세상을 밝히듯 주의와 관심을 기울여 자기나 다른 사람의 온전한 면을 드러내려 힘쓰고, 자신의 건강한 욕구와 가치를 인정하기 위해서 노력할 수 있는 존재다. 욕구가 충족될 때 스스로를 찬란하게 빛나는 보름달처럼 느끼기 때문이다.

내가 이런 시각을 유지할 수 있는 날이면 도리가 불평하는 소리를 들은 적이 없다. 나를 비난하는 말을 한마디도 들은 적이 없고, 어떤 일로도 원망받는다는 느낌을 받지 않았다. 도리가 어떤 언어를 쓰더라도 자신의 욕구를 표현한다는 것을 이해할 수 있었고, "나한테 말도 하지 않고 표를 샀군요." 같은 말을 할 때면 얼마나 이 일에 자신도 함께하고 싶어 하는지 이해가 되었다. 누군가가 나와 같은 일에 마음을 쓰고 있다고 (혹은 그런 의미를 담고) 말하는 마음을 이해할 때 우리는 그 사람과 연결된다. 그 사람과 결합하는 것이다. 이런 시각으로 도리를 대하면 비난에 집착할 때보다 삶이 훨씬 더 보람 있게 느껴졌다. 도리가 자기 욕구에 주목하도록 한 것이 오히려 우리 관계를 질적으로 향상시켰다. 자기 욕구와 가치에 관심을 기울여 달라고 하는 것은 삶다운 삶을 살고자 하는, 성장하고 성숙하고자 하는 의지의 표현이다.

처음에 나는 도리가 나에 대한 믿음이 없다고 여기고 나를 더 신뢰해 주기를 바랐다. 하지만 내가 신경 쓰는 것이 신뢰가 아님을 깨닫고 나서 나 자신을 더 믿을 수 있게 되었다. 도리가 마음속 깊이 바라는 것은 그저 자신의 욕구를 알아주었으면 하는 마음임을 확신했기 때문이다. 자신이 원하고 바라는 것을 구체적으로 표현하는 것, 그것이 어둠을 밝히는 방법이다. 우리 자신과 타인을 인간의 보편적 욕구에 비추어 바라볼 때 연결은 반드시 이루어진다. 이것이 로젠버그가 세계에 전하는 메시지다.

로젠버그의 비폭력대화 원리는 우리가 소중히 여기는 것, 의미 있다고 느끼는 것을 중요하게 여길 수 있게 해 준다. 비폭력대화 원리는 우리를 움직이게 하는 것이 무엇인지, 우리가 충족하려는 욕구가 무엇인지 발견함으로써 모두의 삶을 질적으로 향상시킬 수 있는 더 큰 시각을 제시한다. 욕구에 빛을 비추면 욕구의 긍정적 가치가 보인다. 치매를 겪는 사람을 돌보는 사람이라면, 그들이 지닌 능력과 개성을 중심에 두어 그들이 하나의 온전한 존재임을 잊지 않도록 항상 노력해야 한다.

> 우리는 인생을 살 만한 것으로 만들어 주는 충만하고 온전한 느낌을 갈망한다. 충만함을 느낄 때 삶은 함께할 만한 것이 된다.

우리 모두는 인생을 살 만한 것으로 만들어 주는, 보름달과도 같은 이 충만하고 온전한 느낌을 갈망한다. 충만함을 느낄 때 삶은 함께할 만한 것이 된다.

공감하는 동반자

치매를 겪는 누군가와 함께한다면 그들의 삶만이 아니라 우리 자신의 삶도 풍요로워질 수 있다. 치매를 겪는 사람은 우리가 어떤 시각으로 보느냐에 따라서 우리 삶을 건강한 것으로 만들 수도 있고 비참한 것으로 만들 수도 있다.

　좁은 시각으로는 치매를 겪는 사람을 우리와 삶을 함께할 동반자로 바라보기 어렵다. 나는 치매를 겪는 사람과 어떤 식으로 관계를 맺어야 할지 몰라 당황하고 혼란스러워하고 불편하고, 심지어는 무서워하기까지 하는 사람을 수없이 보았다. 대개는 동정 어린 태도로 되도록 친절하게 대하려고 노력하지만 그들 또한 그 자리에서 되도록 빨리 벗어나려고 한다. 내가 증조할머니에게 그랬던 것처럼. 내가 그 자리에서 벗어났던 것은 증조할머니의 반복되는 말과 앞뒤가 맞지 않는 이야기에 어떻게 반응해야 할지 알 수 없었기 때문이다. 나만 그러는 것이 아니다. 치매인을 가족으로 둔 많은 사람이 그 사람과 거리를 두는데, 관심이 없어서가 아니라 어떻게 관계를 맺어야 할지 몰라서다. 나는 내 고객들이 긴 시간 학수고대해 왔던 가족과의 만남이 15분 만에 급하게 끝나 버리는 경우를 흔히 봤다. 어떻게 대해야 할지 모를수록 관계는 점점 더 멀어진다. 심지어 가까웠던 가족과 친척이 결국에는 남남만도 못한 사이가 되어 버리곤 한다.

반면에 관계 안에서 더 많이 연결될수록 거리는 가까워지고, 우리는 그 사람을, 치매에 가려 보이지 않는 그 사람 본래의 자질과 개성을 볼 수 있다. 그 사람의 뇌가 **하지 못하는 것**만을 보고 인지 기능만으로 그들을 평가하려 든다면, **없는 것**에만 사로잡혀 **있는 것**은 통째로 놓쳐 버리고 말 것이다.

치매를 고통과 손상, 비참함의 맥락에서 듣고 이야기하는 데 익숙해진다면 치매를 겪는 사람들을 가망 없고 가엾은 희생자로 생각하게 될 것이다. 그들을 '치매 희생자', '치매로 고통받는 사람'으로 보게 된다면 우리가 함께할 수 있는 동반자로 보지 못할 것이다. 그들을 안됐다고 느끼면서, 함께해야 할 시간이 있으면 간신히 견디고 이내 지나쳐 버릴 것이다.

이런 표현이 일으키는 것은 동정이지 공감이 아니다. 어떤 관계에서 동정을 느낄 때 우리는 한쪽은 불쌍하고 허약하고 어느 정도는 모자란 존재의 범주에 넣고, 다른 쪽은 유능하고 '우월한' 존재의 범주로 분류하게 된다. 이는 치매 있는 사람을 어린애 취급하는 잘난 척하는 태도로 작용하여, 결국에는 관계의 단절이 더욱 악화된다. 이런 역관계에서는 '고통받는' 쪽은 의존감이 점점 커지고, '유능한' 쪽에서는 모든 책임을 자신이 다 짊어진 것처럼 느껴 부담감이 점점 더 커진다.

이런 상황에서는 정신 능력이 강한 사람들이 그렇지 않은 사람들보다 더 큰 힘을 부여받은 것으로 느낄 수 있다. 이런 의식에는 상대방에 대한 의무감이 수반하는 경우가 많아, 그들의 건강을 지키는 것이 자신의 책임인 것처럼 느낀다. 자기에게 부여된 힘과 책임감으로 치매를 겪는 사람의 건강 상태를 지키는 데 전력을 다하고자 하는 것이다. 그러면서 그 사람과 더 큰 연결감을 형성하고 그 힘을 나누어 관계를 더 의미 있게 만들 생각은 하지 못한다. 이는 치매를 겪는 사람을 장애가 있는 가엾고 부족한 사람으로 대하는 또 다른 태도일 뿐이다.

동정심은 회피하는 마음이다. 타인에 대한 동정심에서 모금 행사에 참여하거나 자선단체에 기부를 하면서도, 정작 자신이 후원하고자 하는 사람들에게는 관심을 기울이지 않는 경우를 흔히 본다. 이와 대조적으로 공감은 연대하는 마음이다. 그런데 거기에는 비용이 따른다. 그 자리를 지키는 비용과 감정을 기울이는 비용 말이다. 함께하기 위해 그 자리에 가는 것과 관심을 쏟는 것이야말로 우리가 타인과 주고받을 수 있는 가장 값비싸고 호화로운 선물이다. 돈을 직접 쓰지 않고서도 얼마나 많은 것을 구할 수 있는가! 타인과 함께하는 관계는 연대감을 줄 뿐만 아니라 감정적 피폐함이나 공격적 행동 같은 치매 일반 증상의 치료에도 도움이 된다. 연결감을 느낄 수 있는 만족스러운 관계는 스트레스를 해소해 주며 시간과 돈을 아껴 준다. 이 세 가지 모두 치매 돌봄에서 흔히 발생하는 힘든 상황에 대처하는 데 필요한 요소들이다. 돌보는 사람과 연대한다면 양쪽 모두 강해지고, 관계의 힘을 나눌 수 있다.

그러나 상대방을 동반자로 보지 않을 때는 그 사람과 어떻게 솔직한 관계를 맺어야 할지 알지 못한다. 『지금 여기에서 달아나지 않는 연습』*의 저자 페마 초드론은 이렇게 설명한다. "공감은 치유자와 상처 입은 자의 관계가 아니라 동등한 두 사람의 관계에서 이루어진다. … 공감은 우리가 같은 인간임을 인식할 때 진실한 것이 된다."

따라서 누군가를 '치매 희생자'나 '치매로 고통받는 사람'이라고 부르는 것은 동정심의 발로이며, 이는 힘의 불평등을 야기함으로써 관계를 해치게 된다. 이러한 표현은 그 밖의 몇 가지 이유에서도 매우 부적절하다. 첫째, 치매라는 포괄적 용어에 속하는 질환 가운데 어떤 것도 신체적 통증이나 감정적 상처를 유발하지 않는다. 둘째, 치매에 걸렸지만 고통받지 않고 잘 사는 사람들도 있다. 그 '고통'은 치매에 걸린 당사자보다는 오히려 가족과 친구, 돌봄을 맡은 사람에게 해당하는 것일 수 있다. 끝으로, 치매에 걸린 사람들은 '희생자'나 '고통받는 사람'이라는 소리를 듣고 싶어 하지 않

* Pema Chödrön, *The Places That Scare you: A Guide to Fearlessness in Difficult Times* (한국어판: 구승준 옮김, 2017년, 한문화)

는다. "우리를 배제하고는 우리를 논하지 말라."는 당사자 배제 불가 원칙이 그들이 우리에게 말하고자 하는 메시지이다. 그들이 힘없고 인생을 즐길 수 없는 사람인 것처럼 이야기하지 말자.

어느 해 여름 이본의 집에 입주해서 지낼 때였는데, (아주 필요했던) 지붕 공사에 들어가게 되었다. 집 전체를 비계로 에워싸다시피 하는 바람에 공사하는 사람들 머리가 수시로 창문에 나타났다. 가족들이 작업자들에게 되도록 이본의 눈에 띄지 않는 게 좋겠다고 주의를 줬지만, 이본은 관찰력이 비범한 사람이었다. 게다가 비계가 설치돼 있는데 무슨 수로 그 집 거주자 눈에 띄지 않을 수 있겠는가?

당연히 이본은 비계와 거기에 올라가 있는 사람들을 발견할 때마다 당황하고 혼비백산했다. 이 사람들, 남의 집에 멋대로 타고 올라와서 뭐 하는 거죠?

지붕을 고치고 있다고 얘기하고 몇 번이나 자초지종을 설명했지만, 이본은 집 밖에서 벌어지는 이상한 일을 발견할 때마다 동요하고 불안해했다. 그러던 어느 날, 이본은 이 불청객들하고 담판을 짓겠다 작정하고 나에게 현장에 데려다달라고 했다. 시키는 대로 이본을 휠체어에 태워 밖으로 나갔다. 여자 한 명과 남자 한 명이 일하고 있었는데, 남의 사유지에 무단으로 침입했으니 당장 떠나라는 이본의 단호하고도 강경한 요구에 두 사람은 어리둥절해서 완전히 굳어 버렸다. 이본이 다소 걸걸한 목소리로 외쳤다. "이 흉측한 구조물을 싹 치워서 당장 내 집에서 떠나요! 두 번 다신 얼씬할 생각 말고!"

작업자들은 어떻게 해야 할지 무슨 말을 해야 할지 알 수 없었다. 자기들은 분명히 일하라고 고용돼서 여기 온 것이고, 맡은 일을 성실히 수행하고 있었을 뿐이다. 그들은 이본의 말에 아무 대꾸도 안 했지만 이본은 개의치 않았다. 집으로 돌아와 이본을 보니 아주 흡족한 표정이었다. "저 사람들한테 말했으니 됐어!" 나는 이본이 바랐던 것은 자기 의사를 주체적으로 표현하려는 욕구와, 자기 말을 사람들이 경청해 주기를 바라는 욕구를 충족시키는 것이었다고 생각한다.

그날 대화를 나누면서 이본이 원하는 것이 공사를 중단하는 것이 아니었음을 알 수 있었다. 공사가 필요했던 이유를 이해하지 못하는 것은 맞았지만, 알고 보니 이본이 신경 쓴 일은 그 일이 아니라 자신이 그 집의 주인임을 인정받는 것이었다. 존재를 인정받고 존중받는 것. 결국 그 헐어 빠진 비계는 상관도 없는 일이었다.

나는 바로 나가서 일하는 사람들에게 이본이 어떤 상태인지, 대화를 통해서 알게 된 것을 말해 주었다. 대답으로 돌아온 말은 "안되셨네요."였다. 그들이 느낀 것은 이본에 대한 동정심이었다.

이본의 상황에 대해서 전혀 적절하지 않은 반응이었다. 이본은 어느 모로 보아도 결코 '안된' 사람이 아니었다. 일단, 이본은 고통을 전혀 느끼지 않았다. 도리어 건강 상태는 상당히 좋은 편이었다. 재정적으로도 안정돼 있었다. 비참한 상태는 더더군다나 아니었다. 일꾼들에게 당장 꺼지라고 자기 입으로 말한 자신을 얼마나 대견해하고 있었는데!

우리는 일하는 사람들에게 지금 무슨 작업을 하는 것인지 이본에게 주기적으로 보고해 주시면 좋겠다고 부탁했다. 설명해 줘도 다 알아듣지는 못하겠지만, 중요한 것은 지붕 작업이 아니라 이본 자신의 존재를 인정받는 것이니까. 사람들로부터 인정받은 뒤로 이본은, 여전히 그 비계가 왜 자기 집에 있는 건지 주기적으로 잊어버리고 난생처음 보는 물건인 것처럼 굴곤 했지만, 감정적인 반응은 크게 안정된 모습이었다. 그들이 와서 하는 작업 보고가 실로 이본의 인정 욕구를 충족시켜 준 듯했다.

인정받으려는 욕구가 있다는 사실이 이본을 허약하거나 결핍 있는 사람으로 만드는 것은 결코 아니다. 오히려 욕구를 표현하는 것은 자기 안에 삶을 이끌어 갈 힘이 살아 있음을, 결코 자포자기하지 않음을 보여 주고 독립성을 보여 주는 행동이다. 자기 욕구와 자신이 소중히 여기는 가치를 의식함으로써 이본은 더 강하고 힘 있는 존재가 될 수 있었다.

'고통받는 가엾은 사람'과 '정상인'을 구분 짓는 엉터리 경계선을 무너뜨리기 위해서 우리는 치매가 치매관계 안의 두 사람 모두에게 영향을 준다는 사실을 인식해야 한다. 치매인을 돌보는 가족이나 친구 또는 요양보호사가 짊어지는 부담이 더 무거운 경우도 있다. 이들의 삶이 치매 당사자의 삶보다 더 힘겨울 수 있는 것이다. 치매에 걸린 사람은 이제껏 누려 보지 못한 만족감을 느끼며 하루하루 즐거운 나날을 보내고 있을 수도 있다. 이는 경축할 일이다. 하지만 한편으로는 치매인의 행복이 곧 행복한 치매관계로 이어지는 것은 아니라는 사실도 염두에 두어야 한다. 그들을 돌보는 배우자나 다른 가족 구성원 혹은 친구는 심신이 지쳐 있을 수 있다. 감정적으로 체력적으로 재정적으로 사회적으로 혹은 여러 차원에서 동시에 과도한 부담감과 압박감이 몰려와 감당하기 어려운 과부하 상태를 겪고 있을 수 있다. 이 과부하가 걸린 느낌을 돌봄을 받는 사람은 이해하지 못할 수도 있다. 치매를 겪는 사람은 장보기며 청소며 개인위생 관리며 식사 등 일상에서 해야 할 모든 일에서 자유로운 경우가 많기 때문이다. 이렇듯 치매는 치매를 겪는 사람을 돌보는 사람들에게 간접적으로 영향을 미치므로 쌍방 모두의 욕구를 배려할 때 비로소 진정으로 행복한 치매관계가 형성될 수 있다.

치매인의 행복이
곧 행복한 치매관계로
이어지는 것은
아니다.

치매 그 자체는 고통의 원인이 아니다.

그렇다기보다는 욕구(때로는 아무도 알아차리지 못하는)를 충족시키지 못했을 때 그 결과로 고통스럽거나 건강하지 못한 상태가 되는 것이다. 자기 욕구를 적절히 충족시킬 수 있는 능력이 이 질환으로 타격을 입을 수 있으며, 그 정도가 심각한 경우도 있다. 하지만 뇌의 물리적 또는 정신적 상태가 그 자체로 불행의 유일한 원인이 되는 일은 결코 없다.

4

삶에 전념하기

인생을 안다는 것은 지금 자신이 어떻게 느끼는지를 익숙하게
아는 것이다. … 그럴 때 우리는 '뒤섞인 감정'의
달갑지 않은 소용돌이를 관용으로 지켜볼 수 있을 것이며,
나아가서는 여유롭게 웃는 마음으로 지켜볼 수도 있을 것이다.
—스티븐 레빈, 미국 시인

사람들은 치매에 대해 이야기할 때 '산 죽음'이라거나 '불치병', '사
형선고' 같은 표현을 많이 쓴다. 그런 표현은 맞지 않을뿐더러 의미
있는 삶을 만들어 나가지 못하게 만든다. 치매와 함께 잘 살아갈
수 있다는 진짜 가능성을 생각조차 하지 못하게 만든다. 아니, 그
런 표현은 세계 곳곳에서 실제로 일어나는 일을 부정하는 것이다.
전 세계 수많은 사람들이 자기 뇌 상태와는 무관하게 스스로 충만
한 삶을 살 수 있음을, 적어도 의미 있는 삶을 살 수 있음을 깨닫고
실현해 나가고 있다.

우리에게 필요한 것은 삶을 부정하는 것이 아니라 더욱 풍요롭게 만들어 줄 언어다. 마셜 B. 로젠버그는 이 언어를 비폭력대화라고 부른다. 폭력의 반대말은 평화다. 비폭력대화는 평화를 가져오며 단절된 부분을 다시 잇는 언어다. 죽음과도 같은 단절로부터 인간적 연결을 되살리는 언어, 분리감을 치유하며 우리에게 삶을 되돌려 줄 언어다. 이것이 비폭력대화를 삶의 언어라고 부르는 이유다.

삶의 언어

우리는 세상에 태어난 순간부터 끊임없이 생명을 지속하는 작용을 진행하고 있다. 이 작용은 자기 욕구와 가치를 충족시킴으로써 이루어진다. 신체적 욕구와 실존적 욕구의 충족 사이에는 어떠한 균열도 존재하지 않는다. 건강한 신체는 활력을 주며, 추구하는 가치관을 이행했을 때 오는 만족감은 또 다른 면에서 살아 있다는 감각을 전해 준다.

우리는 삶이 우리에게 요구하는 것을 행하며 살아가는데, 욕구가 충족되지 않으면 결코 편안할 수가 없다. 소변이 마려워 화장실에 가고 싶을 때는 육체적으로 안절부절못한다. 존중받고자 하는 욕구나 소속되고자 하는 욕구가 충족되지 않을 때는 내면적으로 안절부절못한다.

욕구가 충족되지 않았을 때 느끼는 괴로움에서 욕구가 충족되었을 때 느끼는 쾌감까지 아우르는 것이 인간의 감정이다. 무언가를 갈망할 때 혹은 마음이 채워졌을 때 감정이 일어난다. 욕구가 충족되었을 때 우리는 편안함을 느낀다. 꽉 찬 느낌, 채워진 느낌을 받는다. 그것은 희망차고 기쁨에 넘치고 평화롭고 고마운, 보름달 같은 느낌이다.

희망찬

기대에 부푼, 궁금한, 자신감 있는, 힘이 솟는, 찬란한, 용기를 얻은, 활기찬, 열심인, 몰두한, 열정적인, 몰입한, 기대되는, 매혹된, 영감을 받은, 호기심이 생기는, 끌리는, 흥미로운, 관심이 가는, 낙관적인, 마음이 열리는, 매료된, 고무된, …

기쁜

감탄스러운, 재미있는, 활발한, 쾌활한, 흥분한, 놀라운, 경이로운, 아찔한, 즐거운, 기운 나는, 황홀한, 짜릿한, 신나는, 설레는, 기분이 들뜨는, 행복한, 기운 나는, 열정이 넘치는, 기쁜, 빛나는, 기꺼운, 희열에 넘치는, 기쁨에 겨운, 두근거리는, …

평화로운

흐뭇한, 고요한, 개운한, 편안한, 만족스러운, 상쾌한, 차분한, 충만감이 드는, 여유로운, 느긋한, 긴장이 풀리는, 안심되는, 기운을 차린, 회복된, 충족된, 안전한, 든든한, 진정되는, 잠잠해진, 평온한, …

고마운

애정 어린, 고마운, 다정한, 친근한, 감사한, 격려를 받은, 사랑스러운, 뭉클한, 솔직한, 뿌듯한, 정겨운, 상냥한, 감격스러운, 믿음이 생기는, 따뜻한, …

반대로, 욕구가 충족되지 않았을 때 우리는 불만스럽고 불편함을 느낀다. 앞에서 말한 만화에 등장한 초승달처럼 우리는 공허함을 느낀다. 낙담하고, 동요하고, 불쾌하고, 단절된 느낌.

단절된

쓸쓸한, 냉담한, 부끄러운, 심심한, 냉정한, 기가 죽은, 서먹한, 피로한, 당황한, 울적한, 꺼림칙한, 실망한, 무딘, 외로운, 무감각한, 민망한, 슬픈, 신경 쓰이는, 무관심한, 고독한, …

낙담한

괴로운, 상심한, 풀이 죽은, 의기소침한, 참담한, 기진맥진한, 우울한, 상심한, 속상한, 마음이 아픈, 무기력한, 마음 내키지 않는, 침울한, 노곤한, 피곤한, 유감스러운, 지친, …

불편한

화난, 오싹한, 미운, 역겨운, 언짢은, 당혹스러운, 격분한, 분개한, 좌절스러운, 정떨어지는, 섬뜩한, 조바심이 나는, 격노한, 열받는, 주저하는, 원망스러운, 심술 난, 초조한, …

심란한

긴장한, 뒤숭숭한, 불안한, 어수선한, 안절부절못하는, 떨리는, 의심스러운, 겁에 질린, 혼란스러운, 무서운, 깜짝 놀란, 미심쩍은, 두려운, 골치 아픈, 불편한, 용기를 잃은, 짜증나는, 신경이 곤두선, 걱정스러운, …

희망찬

고마운

기쁜

평화로운

사무치는

연약한

심란한

불편한

단절된

낙담한

내면이 죽은 것 같은 느낌, 얼어붙은 느낌, 무감각한 느낌이 든다는 것은 살아 있다는 징후이다. 왜냐면 살아 있는 사람만이 느낌과 욕구가 있기 때문이다. 우리는 때로 아무런 느낌도 없다고 생각하는데, 그러면 상처를 받지 않을 테니 어쩐지 이런 게 좋다고 여겨진다. 하지만 아무런 느낌도 없는 것은 우리 안에 살아 있는 힘을 모르는 상태일 뿐이다. 그 힘은 우리가 알아차리지 못하거나 인정하지 않더라도 계속된다. 아무것도 느껴지지 않는 상태는 우리가 살아 있는 한은 일어나지 않을 일이다.

스스로 감정적으로 육체적으로 더 많은 것을 느끼도록 열어 놓을수록 우리는 내면 깊숙이 자리 잡은 갈망과 감정이 어떻게 연결돼 있는지 더 잘 이해할 수 있다고 비폭력대화센터 국제인증지도자이자 『공명하는 자아*Your Resonant Self*』의 저자 사라 페이튼은 말한다. 다시 말하면, 내면 깊이 살아 있는 유익하고 건강한 특성을 발견하기 위해서 우리는 자신이 느끼는 감정을 살필 수 있어야 한다. 그런 감정과 느낌이 우리 안에서 무엇이 충족되고 무엇이 충족되지 않는지를 알려 주는 지표가 된다.

도리가 내가 자기 몰래 음모를 꾸민다고 비난한다고 생각했을 때, 나는 도리의 신뢰를 갈망하고 있었기 때문에 짜증스러웠다. 이 상황에서는 신뢰가 나에게 가장 중요한 요소임을 깨달았다. 처음에는 내가 중요하게 여기는 이 가치가 없거나 부족하다고, 즉 도리와 나 사이에 신뢰가 존재하지 않는다고 보았다. 그러다가 더 큰 관점, 전체를 보는 시각을 떠올렸다. 달은 언제나, 일부가 어둠 속에 잠겨 있을 때조차, 완전한 하나의 전체로 그 자리에 있다는 사실. 이 관점을 통해 나는 우리 관계 안에 신뢰를 회복하는 방향을 의식적으로 선택할 수 있었다. 구체적으로 표현하고 소중히 여김으로써, 즉 도리에게 나의 선한 의도에 믿음을 가져 달라고, 도리의 욕구를 내가 중요하게 여긴다는 것을 신뢰해 달라고 말함으로써.

어둡고 공허한 초승달의 위상에서 충만한 보름달의 위상으로 옮겨 가는 방법은 여러 가지가 있다. 우리 안에 살아 있는 것을 살펴 지각할 수만 있다면, 공허한 느낌이든 만족한 느낌이든 상관없이, 욕구가 충족되었든 충족되지 않았든 상관없이, 우리는 더 빛나는 충만의 단계로 나아갈 수 있다. 지구의 그림자 속에 있던 달이 태양 쪽으로 위상이 변화하듯이. 또한, 욕구를 의식할 때 우리는 자신이 선택하는 방향을 바르게 평가하고 조정할 수 있게 된다. 살아 있고 의식 있는 모든 존재가 그러듯이.

『다시 생각하는 치매*Dementia Reconsidered*』를 쓴 탐 키트우드는 치매를 겪는 사람들의 행복하지 못한 상태를 조사하는 지표 연구에 헌신해 왔다. 그는 치매를 겪는 사람들이 기분, 정신 작용, 다시 말해 느낌을 많이 드러낸다는 사실을 발견했다. 안타깝게도 그 작용은 삶을 지향하는 것이 아니라 삶에서 멀어지는 경향을 띨 때가 많다. 치매를 겪으면서 세상을 등지는 사람들도 있다. 그들은 관심과 열정을 잃고 냉담해진다. 슬픔과 비탄에 잠긴 시간이 길어지면서 타인과 주변에 대한 흥미를 잃고 점차 사람들로부터 동떨어지게 된다. 따분함과 희망 없음 징후를 보이는 사람들이 있는가 하면 고도로 어수선한 상태, 분노와 절망을 겪는 사람들도 있다.

하지만 죽은 사람은 결코 절망을 느끼지 못한다. 겉보기에는 아무리 죽은 듯 생기 없는 사람이라도 그들 나름으로는 충만함과 환한 빛에 대한 갈망을 느끼고 있다. 치매를 겪는 사람이 정말로 '끝난' 것이라면 쓸쓸함도 불안함도 느끼지 못할 것이다. 이러한 느낌을 드러내는 것이 오히려 충족되지 못한 욕구가 살아 있음을 보여 주는 지표가 된다. 이 점을 짚어 내고 이야기할 수 있게 해 주는 것이 욕구를 중시하는 삶의 언어, 비폭력대화다. 신경 결함이니 장애니 하는 삶을 부정하는 언어는 치매에 가려 보이지 않는 사람을 더 보기 어렵게 만들 뿐이다.

삶을 부정하는 언어, 생생한 욕구를 부정하는 언어가 많은 사람을 우울증이나 분노로 치닫게 만든다. 치매 판정이 사람들 생각 속에서 사망선고로 번역되는 경우를 왕왕 보게 된다. 스멀스멀 기어올라 와 (기억과 지각 등의 많은 기능을) 하나하나 앗아 가는 죽음 말이다. 치매를 겪는 사람과 함께 있으면 마치 이미 죽은 사람인

듯 존재가 없는 것처럼 느껴질 수 있다. 집이나 요양 시설에 찾아가면 언제든 그들을 만날 수 있는데도 사람들은 자주 방문하지 않는다. 치매가 없는 사람들은 치매를 겪는 사람들이 사는 곳에는 삶이 없다고 말하곤 한다. 이 사람들은 스스로가 얼마나 무지한지 모른다. 없는 것은 삶이 아니라, 삶을 보고 느낄 줄 아는 감수성이라는 사실을.

우리는 욕구불만의 고통을 외면하는 데 익숙하다. 하지만 치매를 겪는 사람들은 이 고통을 공공연히 표출하며, 이것이야말로 그들이 살아 있음을 보여 주는 공공연한 단서다.

간접적으로든 직접적으로든, 느낌의 형태로 표출되는 삶의 욕구를 무시하는 사람들은 대개 자기 느낌을 무시하며 살아가는 사람들이라는 뜻이다. 자신의 감정을 받아들이는 법을 배우면 치매를 겪는 사람도 자신과 같은 감정을 지녔음을 알아차릴 수 있다. 치매임이 확인되면 치매가 있는 사람이건 없는 사람이건 슬픔을 느끼며 낙담하는 경우가 많다. 치매가 누군가에게는 불치병을 의미하고 다른 누군가에게는 돌봄의 책임을 의미하지만, 모두가 가슴이 철렁 내려앉는다. 느껴지는 고통이 클 때 머릿속이 하얘지는 것은 흔한 경험이다. 고통으로부터 스스로를 분리하는 것이다.

하지만 마음을 닫으면 다른 누군가와 연결되는 것이 불가능하다. 연결은 마음속에서 일어나는 일이다. 서로 마음이 연결돼 있을 때, 행복할 때도 고통 속에서도 연민과 공감을 주고받을 수 있다.

삶의 언어인 비폭력대화는 고통을 없애 주지는 않으나 그 고통을 달콤하고 풍요로운 것으로 만들어 주는 소통의 길을 열어 준다. 비폭력대화는 마음 깊이 느껴지는 고통의 진실을 외면하지 않으면서도 서로의 마음을 연결시키는 소통 방법이다.

욕구를 충족하는 방법은 무궁무진하다

모든 사람을 항상 행복하게 만드는 것은 가능하지 않다. 만약 가능하다면 나는 아직 배우지 못했다. 하지만 타인과 마음으로 연결되는 것이 가능하다는 것은 안다. 모든 사람의 욕구를 소중히 여기는 의미 있는 관계를 만드는 길을 모색하는 것은 충분히 현실적인 일이다. 하지만 우리 대다수는 욕구 충족을 두 가지 그릇된 가정으로 바라본다.

첫째, 욕구 충족이란 원하는 바를 얻는 것이라는 생각이다.

둘째, 한 관계 속 두 사람의 욕구는 충돌할 수밖에 없다, 혹은 충돌할 가능성이 높다는 생각이다.

항상 원하는 것을 얻는 것은 불가능한 일이며, 살면서 이를 깨닫는 데는 시간이 그다지 오래 걸리지 않는다. 소원 성취를 바라는 것이 어린애처럼 보일까 봐 욕구를 아예 포기해 버리는 사람도 있다. 자기 욕구가 불협화음을 가져올 수 있는 관계 안에서는 특히나 더 그렇다. 상대방 욕구를 중점에 두거나 상대방이 추구하는 가치와 원칙에 맞춰 살려고 노력하는 것이 더 합당하고 더 배려하는 접근법으로 느껴질 수 있다.

요양보호사들은 대개 자신이 보살피는 사람의 욕구가 자기 욕구보다 더 중요하다는 믿음을 고수한다. 이 믿음은 대부분 어린 시절에 욕구를 직접 표현했을 때 좌절당하거나 심지어는 혼났던 경험에서 생겨난 것이다. 타인의 욕구가 더 중요하다는 믿음은 자기 욕구를 보살피지 못하는 상태로 나아가기 마련이다.

로젠버그는 여성들에게는 일찍이 '사랑한다는 것'은 곧 '단념하는 것'이라는 메시지가 주어진다는 점을 강조한다.

자신의 욕구를 알아채고 드러내는 것에 대해 가혹한 잣대를 들이대는 사회에서는 그렇게 하는 것이 두려운 일이 될 수 있다. 특히 여성들은 비판에 민감하다. 이 세계는 지난 수백 년 동안 여성의 사랑을 희생의 이미지로, 타인을 돌보기 위해 자신의 욕구를 부정하는 이미지로 그려 왔다. 여성은 타인을 돌보는 것을 최우선의 의무로 여기는 동시에 자신의 욕구는 무시하도록 사회적으로 학습되어 왔다.

요양보호사들에게서는 성별을 막론하고 스스로를 오로지 주고 베푸는 사람으로 여기는 모습을 흔히 볼 수 있다. 막상 자신은 고갈된 채 공허함에 시달릴지라도. 치매를 겪는 사람의 욕구를 충족시켜 주기 위해 애쓰는 와중에 자신의 삶은 부정해야 한다면, 그 상황이 얼마나 짜증스러울지 생각해 보라!(단정적인 표현, 양해 바란다.) 욕구를 분명하고 직접적으로 표현할 수 없어 속으로 끙끙 앓거나 불평하던 경우가 내게는 더러 있었다. 이 이상한 행동은 자신의 욕구를 감추는 동시에 상대방에게는 드러내기 위해 설계된 듯하다. 그 상대방이 행간을 읽어 주기를 기대하면서 말이다. 우리는 이런 식으로 욕구를 무시하고 타인에게 베푼다고 생각하면서 대신 자신의 삶을 비참하게 만들고 있다는 사실은 깨닫지 못한다. 그러면서 자신이 불행한 것을 다른 누군가의 탓으로 돌린다. 그런 관계 속에서 살아간다는 것은 근사한 일이 못 된다.

타인을 보살피는 사람이 자신에게 중요한 것을 묵살하고 넘어가는 것, 혹은 그저 입을 다물어 버리는 것도 도움이 되지 않는다. 자신의 욕구를 보살피지 않고 지내다가는 결국 지칠 대로 지쳐 나가떨어진다. 이런 관계는 지속 가능하지 않다. 지속은커녕 명을 재촉한다. 자신의 욕구를 부정하고 자신에게 중요한 일을 무시하려고 하다가는 관계가 빈곤해진다. 그런 태도는 관계의 질을 저하시키며, 결과적으로는 당신이 헌신하고자 했던 바로 그 사람의 가치와 질마저 떨어뜨리고 만다. 자기 욕구에 귀 기울일 줄만 알았더라면 상대방도, 상대방과의 관계도 오히려 향상되었을 텐데 말이다.

서로의 삶을 풍요롭게 만들려면 치매관계에 더 넓은 시각으로 접근하는 것이 필요하다. 더 넓은 시각에는 돌보는 이와 돌봄을 받는 이, 쌍방의 욕구가 함께 포함된다. 자기 욕구와 상대방 욕구를 살펴보면, 마치 공동재산처럼 많은 부분이 공통된다는 것을 알 수 있다. 이 공통된 욕구에는 존중, 따뜻함, 이해, 안전, 안정감, 재미 등이 있을 것이다.

"이 욕구 목록에 하나 빠진 게 있군요." 내 워크숍에 참가했던 한 여성이 인간의 보편적 욕구 자료를 읽고 나서 반쯤 농담으로 말했다. "나한테는 흡연 욕구가 있는데, 여기 목록엔 없어요. 하지만 나한테는 그게 분명히 있다고요!"

나는 흡연으로 무엇을 얻는지 물었다. 흡연으로 충족되는 욕구가 무엇인지에 주목해 보자는 의도였다. 흡연은 돈이나 집처럼 결코 그 자체로는 목적이 되지 못한다. 그저 무언가를 얻기 위한 수단일 뿐이다. 돈은 우리에게 안전감을 줄 수 있고, 집은 소속 욕구를 충족시켜 줄 수 있다.

어떤 무언가가 나에게 만족감을 줄 것이라는 관념을 고수하는 경향이 우리에게 있는 것은 그 기저에 자리 잡은 욕구가 중요하기 때문이다. 담배 한 모금이나 계좌에 들어 있는 거액의 현금에서 우리는 분명 무언가를 얻는다. 이 여성 참가자의 인생에서 흡연이 하는 역할에 대해 토론해 보니, 흡연이 실제 욕구라는 믿음을 고수하는 한 담배를 끊기는 매우 어려우리라는 점에 둘 다 동의를 했다.

그 여성은 성인이 된 장애인 큰아들과 둘째, 셋째 아들을 혼자서 키우는 가장으로서, 해도 해도 끝나지 않는 집안일에 시달리는 처지였다. 어머니로서 본분을 굉장히 중요하게 여겨 불평 한마디 없이 모든 일을 혼자 해내면서 편히 쉬는 것조차 스스로 용납하지 않지만, 하나의 예외가 담배였다. 집 밖으로 나가 담배 한 개비 피우면서 바깥공기 한번 쐴 시간이라도 있어야 (비참하게 들릴지는 몰라도) "겨우 살맛이 난다."는 것이 그의 표현이었다. 이 흡연 시간이 죄의식 없이 쓸 수 있는 유일한 휴식 시간, 스스로를 돌볼 수 있는 유일한 시간인 셈이었다. 그 여성이 담배에 중독된 것은 흡연이 자기만의 공간과 자유, 기분 전환 욕구를 충족시킬 수 있는 방법이기 때문이었다.

그에게 이 습관을 지속하는 것이 얼마나 중요한지 이해가 될 것이다. 담배 없이는 휴식과 자유의 느낌을 누릴 수 없었을 것이며, 삶에 대처하기 어려울뿐더러 심지어는 견디기 어려운 상태였던 것이다.

자유나 휴식 같은 욕구와 흡연 같은 수단 방법의 차이에 대해 설명하면서 그 여성은 말이 줄었고, 어쩌면 약간 짜증이 났을지도 모르겠다. 자신이 고수해 온 무언가가 실제로 필요한 것이 아니며, 분명 자신이 원하는 것이라고 믿던 그 무언가가 실은 반드시 도움이 되지 않을 수도 있다는 점을 이해하기는 결코 쉽지 않다. 내 워크숍에 참가했던 그 여성에게는 중요한 욕구를 충족하려는 수단방법이 있었다. 그런데 그 방법이란 폐 속에 시커먼 연기 구름을 남기는 것이었다. 그에게는 이를 깨닫는 것이 정신이 번쩍 들면서도 어쩌면 불편한 경험이었다.

하지만 인간에게는 공간과 자유에 대한 보편적인 욕구를 충족시키는 방법이 수없이 많으며, 저마다 각자의 방법이 있다.

워크숍에 참여했던 그 여성을 얼마 뒤에 다시 만났는데, 기쁘게도 아들들과 함께 개를 키우기로 했다고 들려주었다. 개를 키우면 규칙적으로 집 밖으로 나가 산책을 해야 하고, 그러면 공간과 자유에 대한 욕구를 충족하면서도 흡연 중독으로 인해 위태로웠던 건강과 독립 욕구도 지킬 수 있다. 그는 자신의 욕구를 더 알맞은 방법으로 충족시킬 수 있었고, 그럼으로써 그동안 자신에게 그다지 도움 되지 않았던 결핍과 충동도 극복할 수 있었다.

진정한 욕구를 찾아내기 위해 노력하고 이를 진지하게 받아들일 때 우리 앞에 무수한 가능성이 펼쳐진다. 내가 비폭력대화의 스승으로 삼는 한 사람인 키르스텐 크리스텐센은 욕구를 충족시키는 방법은 백인백색이라고 말하곤 했다. 그러면서 다만 자신에게 진정으로 중요한 욕구와 그것을 충족하기 위해 채택하는 수단 방법의 차이를 명확히 분별해야 한다는 것을 강조했다.

자신에게 필요한 것이 **무엇이냐**와 그 욕구를 **어떻게** 충족시키느냐를 혼동하면 심각한(정말로 심각하다는 뜻이다) 결과를 빚게 된다.

나는 가치 없는 존재다, 나는 나를 있는 그대로 받아들이지 못한다, 하는 식의 부정적인 혼잣말은 나를 내 욕구로부터 단절시키는 자멸적인 기제로 작동한다.

바깥공기 한 모금과 자유가 필요해서 담배를 피우러 나간다면 이 사람은 진정한 욕구와 정반대되는 것을 얻을 것이다. 평화를 위해서 전쟁을 벌인다면 진정으로 갈망하는 바를 성취하기 어려운 것과 같은 이치다.

결핍, 수단 방법과 욕구를 명확하게 구분하는 것이 핵심이다. 자신의 갈망에 부응하고 그것을 충족시킬 수 있을 방법을 선택한다면 타인에게도 그것이 가능하도록 도움을 줄 수 있게 된다.

치매는 한 사람의 욕구와 가치에 영향을 미치지 않는다. 치매든 아니든 사람에게는 자유와 선택, 안전, 유머, 우정이 필요하다. 이러한 욕구들이 우리 마음을 서로 연결해 주는 실마리가 되어 사람들과 관계를 만들어 나가는 토대가 된다. 다시 말해서 욕구는 사람들을 멀어지게 하는 것이 아니라 오히려 한데 결합시켜 준다.

여기에서 잘못된 둘째 가정이 떠오른다. 한 관계 안에서는 두 사람의 욕구가 충돌할 수밖에 없다, 혹은 충돌할 가능성이 높다는 생각 말이다.

> 욕구는 사람들과 관계를 만들어 나가는 토대가 된다. 욕구는 사람들을 멀어지게 하는 것이 아니라 오히려 한데 결합시켜 준다.

우리 대부분은 자신이 모든 사람의 욕구를 충족시켜 줄 수는 없다고 믿는다. 이 가정이 우리를 '너 아니면 나'라는 사고방식에 가둔다. 자기를 부정하며 타인에게 베푸는 사람, 아니면 자기를 우선 챙기는 이기주의자. 요양보호사가 이 둘 중 하나가 될 수밖에 없다는 양자택일적 접근법도 이 그릇된 가정에서 비롯한 것이다. 이 얼마나 불가능한 선택인가!

상대방을 경시하거나 부정하지 않고서도 자기 욕구를 충족할 수 있는 방법이 수없이 많다는 사실을 아는 것만으로도 크나큰 도움이 된다. 내가 이 점을 가족과 함께 살던 어린 시절에 깨달았더라면 얼마나 좋았을까. 치매로 복잡해진 관계만이 아니라 가족들 사이에서 일상적으로 벌어지는 수많은 갈등을 해결하는 데도 큰 도움이 되기 때문이다.

여동생과 나는 유년기와 십 대 초반 내내 한방을 썼는데, 십 대 소녀 둘에게는 한방에 사는 것은 말할 것도 없고 한집에 사는 것만도 벅찬 일이었다. 두 딸의 싸움을 지켜보는 부모님도 힘들었겠지만, 서로를 자극해서 꽤나 꾸준히 이 요란한 드라마를 연출하던 우리 둘에게도 힘겹기는 매한가지였다. 우리에게 더 나은 소통 기술이 있었더라면, 한 사람의 승리가 곧 다른 사람의 패배는 아니라는 것을 생각할 수 있었더라면 얼마나 좋았을까.

> 모든 사람에게
> 욕구가 있음을 인정할 때
> 우리는 자기를 부정하며
> 타인에게 베푸는 사람 아니면
> 자기를 우선 챙기는 이기주의자,
> 이 둘 중 하나가 될 수밖에 없다는
> 양자택일적 접근법에서
> 벗어날 수 있다.

우리는 방과 후 시간 동안 각자 다른 욕구로 빈번하게 싸웠다. 여동생은 당시에 새로 등장한 방송 매체인 MTV를 시청하며 즐거움과 재미 욕구를 충족하고자 했다. 반면에 나는 번잡스러운 학교에서 돌아온 뒤에는 조용히 쉬면서 책 읽는 것으로 휴식과 공간 욕구를 충족하고 싶어 했다. 한 사람의 욕구는 재미와 오락, 한 사람의 욕구는 휴식과 공간이니 어느 모로 보아도 상충하는 욕구라고 생각될 것이다. 우리도 그렇게 생각했고, 그래서 싸웠다.

자신에게 정말로 소중한 것을 성취하기 위해서 그런 식으로 싸운다는 것은 꽤나 상상력 부족한 방법이었다. 게다가 둘 중 어느 쪽도 결국에는 욕구를 충족시키지 못하고 끝나곤 했다. 여동생은 재미 욕구를 채우지 못했고(유쾌하지 못한 형용사만 잔뜩 듣고), 나 역시 휴식 욕구를 채우지 못했으니 둘 다 손해인 상황이었다.

　그때는 동생이 세상에 없었으면 좋겠다고 생각했다. 동생이 문제라고! 동생만 없으면 모든 게 좋을 텐데! 실제로도 모든 게, 동생이 태어나기 전까지는 좋았다고 생각했다.

　동생이 태어나지 않았더라면 얼마나 좋았을까 빌던 때를 생각하면, 이 소원이 이루어지지 않아 얼마나 다행인지 너무나 안도한다. 소원을 빌 때는 조심해야 한다는 교훈을 주는 이야기는 허다하다. 나는 소원을 이루기 위해서 선택하는 방법도 마찬가지로 조심할 필요가 있다고 말하고 싶다.

　자기 마음을 모르는 채로 욕구를 충족하겠다고 애쓰는 것은 무척이나 가망 없는 노릇이다. 우리가 선택하는 방법은 상황에 대한 부정확한 지각을 기반으로 하는 경우가 많은데, 관련 있는 나머지 모든 사람에게 애먼 딱지를 붙이고 그들 탓으로 돌리다가 이르게 되는 결과가 그런 것이다. 그런 맹목적인 상태에서 우리는 자신에게 가장 도움이 될 수단 방법보다는 해로운 갈등과 치명적인 단절만 낳게 될 것을 선택하고 만다. 긍정적인 가능성을 보려면 먼저 우리 마음을 알아야 한다.

　그때 나에게는 (여동생을 무찌르는 것이 아니라) 그저 휴식이 필요했던 것이라는 내 마음을 알았더라면, 싸움을 거는 것보다는 훨씬 더 창의적인 해법을 생각해 낼 수 있었을 터이다. 내가 낮잠 자는 동안에는 헤드폰을 써 달라고 할 수도 있었고, 아니면 부모님 침실로 가서 낮잠을 잘 수도 있었을 것이다. 부모님은 개의치 않았을 테니까. 아니면 여동생이 거실로 가서 텔레비전을 볼 수도 있었을 것이다. 아주 간단한 대안이 그렇게나 많았는데 우리 둘 다 떠올릴 생각조차 못 했다.

> 서로 다른 욕구는
> 결코 상충하지 않는다.
> 서로 다른 욕구는
> 각기 다른 방식으로
> 삶을 풍부하게
> 만들어 준다.

성인으로서, 비폭력대화를 배우는 사람으로서, 그리고 도리를 돌보는 요양보호사로서 내 마음속에서 무슨 일이 일어나고 있는지 명확하게 인지함으로써 점차 나 자신의 욕구를 의식하게 되었을 뿐 아니라 상대방의 욕구도 짐작할 수 있게 되었다. 나는 내가 갈망하는 것은 도리의 신뢰라는 것을 알게 되었고, 도리가 어떤 일에서나 자기 의사가 반영되고 스스로 참여하는 것을 아주 중요하게 여긴다는 것을 알게 되었다. 그런데도 우리 두 사람의 욕구를 모두 충족할 수 있는 방법을 찾아내기까지는 몇 번의 모의시험이 필요했다.

예컨대, 도리가 계속해서 잊어버리는 음악회 표를 커피 테이블처럼 눈에 띄는 곳에 두어 표를 이미 구입했다는 사실을 환기시켜 도리가 마음 놓고 지낼 수 있게 했다. 이 해법은 나에게도 얼마간은 도움이 되었다. 도리가 표에 대해서 고마워하는 한편 내가 자기 모르게 음모를 꾸미고 있다고 비난하는 일이 없어졌기 때문이다. 표가 바로 눈앞에 있으니까! 단, 도리가 더 안전한 어딘가에 놔둬야겠다고 마음먹을 때까지만이었다. 물론 표는 다시 찾지 못했다. 다른 방법이 필요했다. 최종적으로 우리는 알림판을 쓰기로 했다. 음악회 표는 예매와 결제가 다 되었으며 음악회 직전에 수령할 것이라는 내용을 또박또박 잘 보이게 써서 알림판에 붙였다. 이 방법으로 우리 두 사람 다 불신과 적의에서 해방되었고, 생활이 훨씬 더 수월해졌다.

더 큰 그림을 보려면 관계 안 두 사람의 관점을 다 고려해야 한다. 치매관계에서는 치매를 겪는 사람과 돌보는 사람의 관점이다. 그럴 때 비로소 치매와 함께하는 삶에 더 큰 가능성이 열리고, 두 사람의 마음이 연결될 풍부한 기회가 생겨난다.

더 큰 그림이 보이기 시작하면 이제 그 연결을 지켜 갈 기술을 배울 준비가 된 것이다. 그것이 이 책 나머지 부분에서 다룰 이야기이다.

Dementia Together

2부

직접 맛보기

타인을 돌보는 일은 자기 삶을 풍부하게 만드는 기회가 될 수 있다. 돌봄 역할 안팎으로 자기 욕구를 충족할 수 있는 많은 길을 발견할 것이다. 자기 욕구를 인정할 때 우리는 타인과 연결될 수 있는 더 유리한 위치를 얻게 된다.

자기와 연결하기

- 자기공감을 습관으로 삼아 감정의 건강 상태를 매일 점검한다.
- 자기 마음을 살피는 시간을 내고, 그 일을 하는 데 편리한 혼자만의 공간을 찾는다.
- 감각이나 느낌이 일어날 때마다 곧바로 점검한다.
- 감정은 생각하지 말고 느낀다.
- 모든 느낌을 충족된 혹은 충족되지 않은 욕구를 알려주는 단서로 받아들이는 법을 익힌다.
- 자기공감 또는 자신과의 상호작용을 통해서 자기 욕구에 주의를 기울임으로써 내면의 힘을 넉넉히 충전한다.

5
공감 능력 키우기

우리는 여행할 때 스마트폰으로 지도를 찾곤 한다. 하지만 출발점을 알지 못하는 한 최첨단 GPS라도 별무소용이다. 자신이 어디에 있는지 알지 못한다면 우리는 아무 데도 가지 못한다.

마찬가지로 우리는 자기 자신과 연결되지 못하는 한 타인과도 연결될 수 없다. 치매를 겪는 사람을 돌보는 사람은 만족스러운 치매관계를 이루는 데에 필수 요소다. 타인과 연결된다는 것은 자기 자신이 없어질 정도로 그 사람에게 흡수된다는 뜻이 아니다. 건강한 연결이 되기 위해서는 돌보는 사람도 확고하게 한 개인으로 존재해야 한다.

따라서 치매관계 안에서는 돌봄을 맡은 사람 자신도 반드시 셈에 넣어야 한다는 점을 잊지 말라.

결혼식을 준비하면서 남편과 나는 참석이 예상되는 손님 수를 계산해서 그 숫자대로 의자를 배치했다. 하지만 예식이 시작되기 직전에 누군가가 우리 두 사람을 셈에 넣지 않았다고 알려 주었고, 따라서 모든 사람이 앉는 데 필요한 의자 수에서 두 자리가 모자랐다. 그때는 바로 문제를 해결할 수 있었지만, 어떤 상황에서든, 심지어 자기 결혼식에서까지 얼마나 자기 자신을 빼놓기 쉬운지 깨닫는 계기가 되었다. 이번 장은 어떻게 자신을 셈에 넣어야 하는가 하는 문제를 다룬다. 결코 늦지 않았으니 의자 하나를 더 끌어오자.

치매관계의 구성원이 된다는 것은 돌봄을 자기 자신에게까지 확대한다는 것을 뜻한다. 비폭력대화는 우리가 어떤 과정을 거쳐 자기 자신까지 충분히 보살필 수 있는지를 제시한다. 그것은 자기 느낌과 욕구 전체를 어느 하나 빠뜨리지 않고 인지하고 그에 대해 반응함으로써 가능하다. 자기 감정을 느끼고 욕구를 지각함으로써 자신에 대해 더 잘 알아 가는 비폭력대화의 실천을 자기공감이라고 부른다. 나 자신에 대해 더 잘 알고 더 많이 인정할수록 더 뛰어난 연결 전문가가 된다. 연결의 달콤함을 직접 맛보는 것이 분명 연결을 알 수 있는 최상의 방법이다.

자기 보살피기

자기 기본 위생도 챙기지 못해 놓고 시간 부족 탓이라고 정당화하는 사람을 본 적 있는가? 이번 주엔 너무 바빠서 닷새 동안 칫솔질 한번 못 했어! 이런 말을 하는 사람이 정말로 있는가?

나는 그런 말을 하는 사람을 본 적이 없지만, 자기 느낌과 욕구에 주의를 기울일 시간을 낼 수 없다는 말은 곧잘 듣는다. 그들에게는 자기 연결과 느낌을 보살피는 위생, 즉 비폭력대화에서 '자기 공감'이라 부르는 데에 내줄 시간이 없다.

자기를 보살피는 것은 이기적인 행동이 아니다. 자신에게 공감하는 시간을 확보하는 것이 다른 사람과는 상관없는 사적인 용무라고 생각할지도 모르겠지만, 이는 분명 다른 사람과도 관계가 있다. 그것은 우리와 관계 맺는 모든 사람에게 영향을 미치는 일이다. 위생적이지 못한 몸 상태가 가까운 사람들에게 어떤 영향을 미칠지 생각해 보자. 감정적 위생 결핍도 가장 가까이 있는 이들, 가장 소중한 이들에게 영향을 미친다. 자신과 어떤 관계를 맺고 있는지, 얼마나 욕구가 충족된 상태인지가 타인과 공감하며 소통할 수 있는 역량에 영향을 미친다. 또한 삶을 풍요롭게 만드는 방법을 떠올릴 수 있는 상상력에도 영향을 미친다. 상상력은 기지가 있다는 신호이며 공감할 줄 아는 마음이다.

그러므로 자기공감 연습은 이를 닦고 자기 몸을 청결히 유지하는 것과 마찬가지로 일과에 포함하여 일상적으로 실행해야 하는 활동이다.

자기공감 연습하기

자기공감은 언제 어디서나 연습할 수 있지만, 내 경우에는 잠시 조용히 나만을 위한 순간을 마련하는 것이 나와 다시 연결하는 데 도움이 된다고 느꼈다. 내 욕구를 살피기 위해서 상대방에게 뭔가 구실을 댈 필요는 없지만, 때로는 대화를 멈추거나 방에서 나가 혼자 생각할 시간을 가지는 것이 도움이 된다. 자기공감과 개인위생에는 비슷한 점이 또 하나 있으니, 둘 다 화장실을 이용할 수 있다는 것이다. 내 비폭력대화 스승인 엘리자베스 잉글리시가 지도하던 그룹 사람들에게 화장실을 다녀오겠다고 잠시 쉬는 시간을 갖자고 한 일이 있었다. 엘리자베스는 나중에 나에게 이 휴식을 이용해서 자기와 연결하고 자신에게 공감하는 시간을 가졌다고 얘기해 주었다. 화장실은 사적인 공간으로 편리한 대안이 된다. 커피 휴식 같은 단순한 생활 습관, 대중교통을 이용하는 이동 시간, 개를 산책시키는 시간도 자신과 다시 연결될 수 있는 좋은 방법이다.

자기공감을 일과로 삼는 것이 중요한 것은 우리 자신이 중요한 사람이기 때문이다. 우리는 우리 자신에게 중요하며, 우리가 돌보는 사람에게 중요하고 중대하며 없어서는 안 되는 존재다. 당신이 없다면 어떤 연결도 가능하지 않다. 당신이 곁에 있어 주지 않으면 누구와 연결되겠는가? 자기공감 연습은 앞으로 닥쳐올지 모르는 거센 폭풍을 다스릴 때 자신을 붙들어 주는 고정 장치가 될 것이다. 그러면 당신은 타인과 마음속 깊이 연결됨으로써 그들에게 하나의 고정 장치가 되어 줄 것이다.

자신과 가장 직접적으로 연결된 사람은 자기 자신이다. 그러므로 자신에게 가장 속 깊게, 이 세상 그 누구보다 더 공감해 줄 수 있는 사람도 자기 자신이다. 자기 내면에 주의를 기울이는 자기공감 연습은 자기 욕구를 충족할 수 있는 가장 효과적인 방법 가운데 하나이자 자기를 돌보는 강력한 방법으로, 집에서 혼자 연습하기에도 안전하다.

사라 페이튼은 저서 『공명하는 자아』에서 우리는 자기 내면과 단절될 때 어디에서 왔는지 알 수 없는 감정이 갑자기 폭발하는 경험을 할 수 있다고 말한다. 정체를 알 수 없는 감정적인 혼란이 느껴질 때면 점차 압박이 쌓이다가 어느 순간 갑작스럽게 도저히 설명할 수 없이 폭발해 예측 불가능한 짜증이나 블랙홀 같은 절망감, 걷잡을 수 없는 정신적 고통을 겪거나 주체할 수 없이 흐느끼게 된다. 이럴 때 사람들은 자기 옆에 서서 이 절망을 자기 눈으로 지켜보면서도 이해가 되지 않는다는 느낌을 받는다.

믿기 어려울지도 모르겠지만, 이런 감정적 격발은 건강한 반응이다. 우리 몸이 자기를 보살펴 달라고 요구하는 것이다. 비폭력대화를 연습할 때 우리는 모든 느낌을 충족된 혹은 충족되지 않은 욕구라는 정보를 담은 단서로 받아들이는 법을 익힌다. 불편한 느낌은 자신과 연결이 끊어졌다는 신호일 수 있다. 뜬금없이 일어나는 감정은 없다. 난감함을 느낀다면, 방향을 잃고 내가 지금 어디에 있는지, 즉 내 내면의 '위치'가 어디인지 알 수 없기 때문이다.

나는 요양보호사들이 극심한 감정적 위기를 겪으면서 더는 돌봄 역할을 수행할 수 없게 되는 경우를 익히 보아 왔다. 그러한 붕괴는 대개 기분과 감정을 방치한 채로 오랜 기간 쌓아 온 결과물이다.

우리 모두는 자기 내면세계를 더 잘 알아야 하고 그것과 더 친해져야 한다. 이 세계의 풍경은 끊임없이 표면으로 떠오른다. 우리가 내면을 잘 알게 되고 그 지형과 친숙해진다면, 그곳을 자기 놀이터로 삼을 수 있게 된다. 반대로, 탐험하지 않고 그대로 떠나 버렸다면 곳곳에 감정의 덫이 잠복해 있어 겁나고 위험한 세계로 느껴질 것이다.

그러니 찬찬히 안을 들여다보자. 이 장소가 나의 내면의 집이라고 생각하고 다시 보자. 그 안을 느껴 보자. 우리 마음의 눈이 그 내면 환경과 친해져야 시각에 초점이 돌아온다. 캄캄한 다락방에 들어갔을 때 잠시 지나야 시각이 그 공간에 적응하는 것과 같은 이치다. 어느 정도 시간이 지나면 사물이 보이기 시작하고 감정이 느껴지고 욕구가 지각되기 시작할 것이다. 이렇게 우리는 자기 내면 공간과 친해지기 시작한다. 자기공감은 이 내면의 세계에 익숙해졌을 때 비로소 가능해진다. 이 세계를 억압된 무의식으로부터 되찾아 올 때 자기 내면의 유산을 되찾을 수 있으며, 우리의 삶도 부유해진다.

"하지만 뭘 어떻게 해야 할지 모르겠다."가 시작하기에 좋은 지점이다. 왜냐면 알지 못하는 마음은 열린 마음이기 때문이다. 첫 단계는 자신을 마치 처음 만난 사람처럼 조금씩 알아 가는 것이다. 자기 욕구를 제대로 돌보려면 자신을 잘 알아야 하기 때문이다. 우리 대부분은 자신과 충분히 친해지지 못한 채 살아간다. 따라서 우리는 자기 내면과 그렇게 친하지 못하다. 어쩌다 한번 길을 찾았다가도 내면세계를 잘 알지 못해 길을 잃고 만다. 상처 입었던 사건이나 고통스러운 상황에 수반되는 강한 느낌에 압도되어 버릴 수도 있다. 한번 들어갔더라도 어떻게 나와야 하는지 모르고, 어떻게든 마침내 벗어나서는 그 문을 영영 닫아 버릴지도 모른다.

스스로 자기는 감정적이지 않은 사람이라거나 "감정 같은 것은 잘 다루지 못한다."고 생각하는 사람이 있을 것이다. 어쩌면 감정은 비이성적이어서 충동적으로 행동하거나 나중에 후회할 일을 하게 만든다고 생각하는 사람도 있을 수 있다. 어쩌면 우리 내면은 생각에 지배되고 있고, 오직 생각뿐일 수도 있다. 심지어는 감정을 머리로 생각하기도 하는데, 감정을 느끼는 법을 배우지 못했거나 망각했기 때문이다. 그리하여 실제 감정들을 비롯해 달갑지 않은 그 밖의 요소들은 우리가 자주 찾지 않는 어떤 다락방에 보관되어 있다. 그래서 내면을 들여다보면 아무것도 보이지 않고, 그러니 거기에 볼 것은 없다고 단정하게 된다. 스스로 느끼는 것을 알아차리지 못한다면 자신의 진정한 욕구가 무엇인지 단서조차 얻을 수 없다. 이는 우리가 내면에서 일어나는 사건들을 업데이트하지 못한 채 살아가고 있다는 뜻이다.

자기 내면에 관한 최신 정보를 업데이트하려면 가장 내밀한 감각과 감정에 더 관심을 기울여야 한다. 스스로 묻자. 내 몸에서 무엇을 느끼는가? 지금 내 기분은 어떤가? 답이 언어로 만들어져 나오지 않더라도 상관없다. 중요한 것은 자기 내면에 대해 호기심을 품는 것이다. 그 호기심이 자기 욕구에 대한 탐색으로 이어질 수 있기 때문이다. 여기에서 내가 관심 갖는

> 우리는 감정을 머리로 생각하는데, 감정을 느끼는 법을 배우지 못했거나 망각했기 때문이다.

것은 무엇인가? 그것에 대해서 무엇을 하고 싶은가?

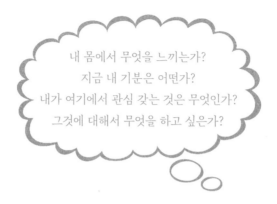

내 몸에서 무엇을 느끼는가?
지금 내 기분은 어떤가?
내가 여기에서 관심 갖는 것은 무엇인가?
그것에 대해서 무엇을 하고 싶은가?

치매관계에는 쌍방이 필요하다는 점을 기억하자. 자기 자신에 대한 공감이 절대적으로 필요한 것은 그것이 관계 안에서 연결을 되살릴 수 있기 때문이다.

단절이 발생하면 결별의 균열로 인한 냉랭함이나 격렬한 상심, 불타는 분노가 일어날 수 있다. 내가 고든의 요양보호사로 일할 때 그의 아내 제니는 남편에게 차갑게 거리를 두었다. 나는 제니가 남편과 친밀하게 지내면서 허물없는 대화를 나누면 자신으로서는 감당하기 어려운 불같은 분노와 원한이 날아올까 봐 두려워하는 것이 아닐까 생각했다. 가령, 고든이 방으로 들어가면 제니는, 아마도 무의식적이었겠지만, 거의 곧바로 방에서 나왔다. 그렇게 거리가 생긴 것은 두 사람의 활동 범위가 더 이상 겹칠 수 없었기 때문이다. 그렇게 두 사람은 함께가 아니라 따로 자기만의 외로운 궤적을 그리며 맴돌았고, 오랜 세월 쌓인 감정의 거리가 이 온화한 부부의 관계에 단절을 가져왔다.

때아닌 단절로 두 사람이 관계 안에서 활기를 잃고 멀어지는 것은 사람 마음이 겪을 수 있는 가장 큰 고통 가운데 하나일 수 있다. 이 고통은 신체 고통과 달리 알약과 주사로 치료할 수 없다. 산해진미를 차려 놓은들 이 단절은 되살리지 못한다. 닫힌 마음 안으로는 아무것도 들어가지 못한다.

관계의 활기와 연결감을 되살리려면 가장 아픈 부분, 즉 우리 마음에 의지해야 한다고 말하면 상식에 반하는 소리로 들릴지도 모르겠다. 마음 통증은 다양하게 발현된다. 마음이 찢어지는 듯한 통증을 느끼는 사람이 있는가 하면 아무것도 느끼지 않는 사람도 있는데, 이것도 또 다른 형태의 통증이다. 이는 마음이 죽은 척하는 것으로, 고통을 회피하거나 분리하고 합리화하고 텅 빈 상태가 되는 것이다. 그래서 통증을 느끼는 대신 아무것도 느끼지 않는다.

낭만적 사랑에 대한 환멸이나 비참하게 끝난 연애 사건의 허무함을 이야기하는 것 같은가? 치매 진단을 받은 사람이나 그 배우자나 자녀에게 마음이 아픈지 아닌지 물어보라. 스스로 물어보라. 아프던 마음이 닫히고 아무것도 느끼지 않으려고 들기 시작하면 관계가 무너지기 시작했다는 뜻이다.

이런 상황은 치매가 영향을 주기 전에 시작된 것일 수도 있다. 많은 사람에게 일어나는 일이다. 지금까지 한동안 마음이 '서비스 중지' 상태였다면, 치매 판정이 어느 정도 고통이나 두려움 혹은 분노를 유발할 수 있다. 고통은 앞으로 일어날 수 있는 최악의 사태가 아니다. 단절이 주는 이 고통은 우리의 심장박동이다. 치매 판정이라는 방아쇠는 삶을 반짝 되살리는 불꽃이다. 무방비 상태로 약해진 느낌, 마음 찢어지는 아픔을 느끼고 싶지 않아서, 필사적으로 다시 마음을 닫아 버리고자 하는 바로 그 순간에조차.

단절의 고통이 곧 심장박동이 된다.

무방비 상태의 마음, 상처받기 쉬운 약한 마음은 자기 진심에 철저하게 정직할 수 있는 사람이라는 뜻이며, 이 능력은 진짜 강점이 될 수 있다. 우리는 더 강해져서 고통스러운 감정을 느긋하게 받아들일 수 있다. 왜냐면 마음은 아프겠지만, 이 아픔은 우리를 해칠 수 없기 때문이다. 이 감정들은 느껴지는 그대로 인식해야 하며, 그러면 된다. 이 느낌들이 우리의 마음이 진정으로 갈망하는 것이 무엇인가를 말해 줄 것이다.

자신이 어떤 사람이든 자신으로 살자. 우리가 자신으로부터 벗어나려고 하는 것은 본래의 자신이 편하지 않고 친하지 않기 때문이다. 하지만 앞서 말했듯이 "자신으로 살자. 나머지 사람들은 이미 주인이 있다." 어떤 다른 사람도 당신이 될 수 없다. 어느 누구도 당신 대신 살아 줄 수 없다.

불편함, 편안하지 않은 감정은 단절의 조짐을 보여 주는 신호다. 자기 몸이 불편하게 느껴질 수 있고, 가슴에 압박감이 느껴지거나 근육에서 팽팽한 긴장감이 느껴질 수 있다. 고통 말고는 다른 아무것도 느끼지 못하는 사람이 있다면, 그는 자신을 위한 시간이 필요하다는 것을 이미 알고 있는 것이다. 그것도 지금 당장. 하지만 때로는 자신이 어떤 상태인지 전혀 지각하지 못할 수도 있는데, 그런 경우에는 자신을 위한 시간이 필요하다는 것을 어떻게 알 수 있는가?

우리 대부분은 머릿속에서 판단하는 생각들이 큰 소리로 들려올 때 이런 신호를 알아차린다. 자신의 가치나 다른 어떤 사람의 가치를 재단하는 생각의 기미를 간파하자마자 자기공감이 필요하다는 것을 안다. '정말 형편없이 못한다.', '자격이 안 돼.', '인간애가 부족해.' 같은 생각으로 자기 자신과 자신의 요양보호 활동을 비난할 수 있다. 나는 고든과 치매관계에서 이런 식으로 생각하는 나를 발견했다. '저 사람은 여자들이 자기 시중이나 들려고 여기 와 있는 줄 알지.' 이것은 놓칠 수 없는 지점이었고, 고든의 사람됨에 대해 단정적으로 생각하고 있다는 것을 깨닫자마자 내가 무언가에 대해 불편하게 느끼고 있다는 것을 알았다. 나는 이 불편함을 이해하기 위해서, 고든의 남성 우월주의 성향을 보여 주는 실례를 조목조목 찾아내기보다는, 이 생각을 내 느낌과 욕구를 알아내기 위한 단서로 삼았다.

돈 받고 일하는 전문 요양보호사에게도, 돈을 받지 않는 가족이나 친척에게도 자신이 보살피는 사람에 대해서 그렇게 험한 생각을 한다는 사실을 스스로 인정하기는 쉽지 않다. 이러한 판단들은 사랑과 돌봄의 반대로 여겨질 수도 있다. 하지만 그 판단 속에는 자기 욕구와 가치, 그러니까 이해와 배려, 존중에 대한 갈망을 가리키는 느낌들이 담겨 있다. 판단하는 생각을 무시하면 목욕물 버리려다 아기까지 버리게 될 우려가 있다. 우리 안의 충족된 혹은 충족되지 않은 욕구를 부인하게 될 수 있다는 얘기다. 우리에게 필요한 것은 부인이 아니라, 자기공감의 시간을 내서 자기가 필요로 하는 것과 할 수 있는 일을 알아 나가는 것이다.

자기공감 훈련의 시작은, 자신의 단정적 사고 경향을 확인한 뒤에 그 사고 회로를 더는 따르지 않고 주의를 자기 몸으로 돌리는 것이다.

지금 상태가 어떤가?

몸에 신경 쓰이는 느낌이 있으면 마음에 새겨 두고 긴장된 신체 부위가 있는지 찾아볼 수 있다. 그런데 어쩌면 신체에서는 아무것도 찾지 못할 수도 있다. 온갖 사념과 잡념, 하고 싶었던 말이나 했어야 했던 말 따위로 머릿속이 복작거리는 것 말고는 아무것도 느껴지지 않아서 말이다.

지금 느껴지는 것이 차가운가 아니면 뜨거운가? 그 느낌의 온도를 몸으로 감지해 보자. 뜨거운 것, 차가운 것, 그 중간 어디쯤 되는 것까지. 차가움은 슬픔과 외로움, 고립감과 연관되는 경우가 많다. 불같은 뜨거움은 분노와 짜증, 좌절의 감정일 수 있다. 미국 코미디언 스티븐 라이트는 우울증이 열정 없는 분노라고 말한 바 있다. 감정이 유달리 더 눈에 띄고 마치 관심을 달라고 요구하는 듯할 때가 있고, 또 어떤 때는 정신 뒤에 숨어 나타나지 않으려 드는 때가 있다. 우리가 할 일은 느낌을 바로잡는 것이 아니라, 그저 있는 그대로 인정해 주는 것이다.

어떤 것이 되었건, 마음에 느껴지는 온도 그대로를 감지해 보자. 드는 느낌이라고는 '하지만 아무것도 느껴지지가 않아!'라면? 그렇다면, 아무것도 느껴지지 않는 것은 어떤 느낌인가? 텅 빈 것처럼 느껴진다고 하는 것도 괜찮다. 느낌을 인정하는 데 꼭 이름이 필요한 것은 아니다. 느낌은, 아이처럼 우리의 관심을 갈구한다. 누가 봐 주는 것을 좋아한다.

우리 관심을 끄는 것, 이것이 느낌 본연의 역할이다. 느낌은 손에 만져지지 않아도 있다는 것을 안다. 느낌은 비어 있고 대신 별의별 생각이 물밀듯이 밀려오는 것이 감지된다면 잠시 멈추고, 느낌이 든다면 어떤 느낌일지 상상해 보자. 나는 아니지만 나 같은 누군가가 지금 내 상황이라면 어떤 느낌을 받을지 상상해 보자는 것이다. 무엇이 떠오르는가?

느낌은 신체 통증과 마찬가지로 아주 중요한 역할을 수행한다. 계속해서 우리에게 정보를 주는 것이다. 신체 통증의 유일한 기능은 우리에게 몸 안의 무언가가 괜찮지 않다고 알려 주어 주의를 기울이게 만드는 것이다. 느낌이 주는 정보도 같은 기능을 하지만, 이 정보가 가리키는 것은 욕구다. 내 안 어딘가에서 균형이 무너진 것이다. 그 느낌이 무엇을 말하고자 하는지 감이 올지도 모르겠다. 내가 이해를 받고 싶구나, 내 가치를 제대로 인정받기를 갈망하는구나, 같은 생각이 들 수 있다. 이런 느낌들은 욕구가 충족되지 않았거나 꿈처럼 요원한 상태와 관련되는 신호다. 기쁨이나 안도감 같은 느낌은 꿈이 이루어져 욕구가 충족되었음을 알게 해 주는 신호일 수 있다.

> 신체 통증의 유일한 기능은 우리에게 몸 안의 무언가가 괜찮지 않다고 알려 주어 주의를 기울이게 만드는 것이다.

어떤 욕구가 지금 주목해 달라고 한다면, 그것은 이미 전부터 존재해 온 것이다. 그 욕구는 우리의 일부다. 마음이 우리에게 말 거는 것이다. 욕구는 우리 본성에 있는 것이며, 우리는 그것을 충족시키는 방향으로 움직이게 되어 있다. 어떤 욕구가 충족되면, 그로 인해 만족스러워진 감정이 자신의 본성이 되기 때문이다. 내가 인정을 갈망한다면 내가 인정을 받을 때, 즉 인정 욕구가 충족될 때 더욱 나다운 나가 될 수 있기 때문이다. 그럴 때 나는 내가 좋은 요양보호사라는 점을 보여주려고 억지스럽게 행동을 조심하지 않고도 자연스럽게 더 친절하고 더 관대하고 더 인내심 있는 사람이 된다.

욕구가 충족되지 않은 상태에서 관대하게 친절을 베풀고 인내심을 유지한다는 것은 굉장히 힘든 일이다. 그 반면에, 욕구가 충족되었을 때는 관대함이나 친절함, 인내심 같은 자질이 자연스럽게, 그리고 아주 다행스럽게도 애쓰지 않아도 우러나온다. 유일하게 의지력이 필요한 때는 주의를 자기 내면으로 돌려 지금 자기가 무엇을 갈망하는지를 살피기 위해 용기를 내는 순간일 것이다.

내면을 살펴 자신이 무엇을 갈망하는지 알아내는 것이 어떤 사람에게는 왜 어려운지, 나는 이해할 수 있다. 그 일이 옳으니 해야 한다고 스스로를 다독여 온 사람이라면, 안에서 어떤 느낌이 드는 것을 성가신 것 혹은 약점으로 여길 터이다. 이런 건 하고 싶지 않아, 하지만 해야만 하는 일이잖아, 이렇게 생각하면서.

이런 혼잣말은 지금 드는 느낌에 대해서는 말하지 않는다. 지금 싫증이 나는가? 소진되었나? 권태로운가? 이런 느낌들은 자신이 하는 돌봄만큼이나 자신에게 중요한 무언가를 가리키는 것일 수 있다. 그리고 나는, 자신이 필요로 하는 것이 자극이 되었건 휴식이 되었건 재미가 되었건 혹은 다른 어떤 것이 되었건, 이를 인정한다고 해서 우리가 타인을 돌보는 데 '게을러'지거나 '무책임'해지는 것이 아니라, 오히려 돌봄 활동에 더욱 헌신할 수 있게 된다는 점을 강조하고 싶다. 자기공감을 통해 느낌과 욕구를 이어 줄 때 우리는 타인의 삶의 질을 향상시키는 데 이바지할 수 있을뿐더러 자기 삶까지 향상시킬 능력을 얻는다.

우리는 자기가 하는 일에 완벽해지려고 애쓰지 않아도 된다. 이상에 미치지 못하는 상황 속에서도 우리는 삶을 향상시킬 수 있는 무언가를 찾아낼 수 있기 때문이다.

결점과 더불어 살아가기

살다 보면 내가 원하는 만큼 인내가 잘되지 않는 날이 있다. 어떤 날은 나 자신이 완벽과는 거리가 멀게 느껴진다. 솔직히 말하자면, 거의 매일이 그렇다. 때로는 내면의 힘이 바닥나 자신을 챙겨야 하다 보니 치매관계 상대방에게 필요한 만큼 도움을 주지 못하는 날도 있다. 이런 날 공교롭게 내가 돌보는 사람도 다소 산란한 시간을 보내고 있다면, 그 사람으로부터 나에게 필요한 공감을 받기는 불가능에 가깝다. 기지는 메말라 가고, 마지막 남은 공감 능력에 간신히 기대는 나날이 이어지다가는 결국 두 사람 다 분노로 폭발하고 말 수도 있다. 타인에게 유쾌하고 의미 있는 도움을 주고 싶다면 스스로를 돌볼 수 있어야 한다.

이 교훈을 나는 도리와 함께하면서 힘겹게 얻었다. 어느 날 도리가 가까운 친구 베스를 방문하고 돌아왔다. 베스는 오랫동안 알츠하이머병을 앓다가 지금은 말기 알츠하이머인을 위한 요양원에서 지내고 있었다. 도리는 이 만남을 무척 불만스러워했다. "베스를 보러 가는 게 더는 의미가 없어요. 나를 알아보지도 못하고 지난번에 우리가 했던 얘기도 기억하지 못하고 도무지 말도 안 되는 소리만 한다고."

도리 말을 들으면서 나는 도리 스스로는 자기 의식 상태를 알고 있을까 생각했다. 아니었다. 도리는 자신과 베스가 같은 질환을 겪고 있다는 사실을 전혀 인지하지 못하는 듯했다. 도리는 스스로를 '치매 걸린 친구'에 반대되는 의미에서 '정상적이고 온전한 사람'으로 여겼다. 도리는 두 친구가 함께했던 시간이 다 잊혔다면서 그 의미 없는 대화에 대해 화를 냈다. "베스는 없어요. 이제 그만 찾아갈까 해요. 시간 낭비일 뿐인걸요." 도리는 이렇게 말했다.

처음에 나는 불편했다. 도리 이야기를 계속 들으면서 불편함과 갑갑함에 화가 치밀어 올랐다. 그 이야기를 생각하면 할수록 더 화가 났다. 내 머릿속에는 이런 생각이 쏟아졌다. 이 이기적인 여자야! 당신도 맨날 잊어버리잖아, 그것도 한 시간 단위로. 그래도 당신 친구들은 무조건 당신 편이라고. 걸핏하면 자기네 이름을 잊어버리고 다른 사람하고 혼동하고, 의사 표현도 똑바로 하지 못하는데도 변함없이 말이야. 그런데 당신은 당신하고 같은 병을 앓고 있는 사람한테 어떤 친구지? 이기적이고 감사할 줄 모르는 사람 같으니라고!

이런 비난은, 바꿔 말하자면, 도리는 너무나 배은망덕하고 못된 사람이니 친구들 지지를 받을 자격이 없다는 생각이었다. 이런 생각으로 불난 데 기름 부은 것처럼 분노가 커지고 있는데, 다행히 도리네 정원사가 찾아왔다. 덕분에 도리와 정원사에게 이야기를 나누시라고 하고 나는 혼자 산책을 나갈 수 있었다.

나는 혼잣말하면서 걸었다. 소리는 크지 않았지만, 빨간 잉크로 써 내려간 분노의 생각들이었고 문장마다 느낌표가 꽝꽝 찍혀 또 다른 분노의 생각으로 꼬리를 물고 이어졌다. 머릿속에 그려지는 도리의 우스꽝스러운 캐리커처는 내가 싸워서 없애고 싶은 의인화의 정점 같은 이미지였다. 판단하는 생각은 타인을 지나치게 단순화된 캐리커처로 만든다. 이런 행동이 나오는 것은 내 안의 분노의 열기와 고통을 치유하기 위한 공감이 필요하다는 확실한 신호였다. 나는 걸으면서 언제든 내 고민을 들어 줄 친구들에게 전화를 걸었다.

처음 전화한 친구는 이렇게 말했다. "도리를 탓하면 안 돼. 그런 말을 하게 만든 건 그 끔찍한 알츠하이머잖니."

판단하는 생각은 타인을 지나치게 단순화된 캐리커처로 만든다.

다음으로 전화한 친구는 말했다. "그렇게 매사 심각하게 받아들이면 이 일 오래 못 한다. 숨 깊이 들이마시고 견뎌 봐."

세 번째로 전화한 친구는 말했다. "무슨 말인지 나도 알아. 나도 전에 그런 고객이 한 사람 있었거든. 무슨 일이 있었냐면…."

친구들은 저마다 좋은 뜻으로 이야기를 해 주었다. 모두가 지성에 의지하여 구조적으로 문제를 분석하고 조언을 주거나 위로해 주었다. 하지만 어느 조언도 내 마음을 움직이지는 못했다. 나에게 필요한 것은 공감이었다.

다른 사람의 공감에 기대는 것이 항상 가능한 것은 아니지만, 그렇다고 연결 욕구가 끝까지 충족되지 않은 채로 가야 한다는 뜻은 아니다. 사라 페이튼은 우리 인간이 관계 속에서 타인과 연결되도록 회로가 짜여 있음을 강조한다. 이 연결되고자 하는 욕구는 신경계가 스스로를 공감의 눈으로 바라보도록 작용할 정도로 우리의 본질적 바탕을 이룬다. 자기공감은 자기 목소리에 귀 기울이게 만든다.

도리와 함께하는 상황에서 내게 필요한 것은 누군가가 내 마음속 이야기를 들어 주는 것이었다. 그런데 나에게는 두 귀가 있었고, 나는 멈춰서 귀 기울였다. 도리가 한 말을 기억하니 온몸에 긴장이 느껴졌고, 그때 내가 한 생각을 떠올리니 분노가 느껴졌다. 하지만 느낌을 생각하거나 설명하려 하기보다는 느껴지는 그대로 느껴 보았다. 큰 소리로 갈망이 들려왔다. 친절함과 배려를 구하는 갈망이었다. 내가 진심으로 중요하게 여기는 두 가지 가치다. 또한 나는 치매를 겪는 사람들이 다른 사람들에게 존재를 인정받고 이해받고 소외되지 않는 것도 중요하게 여긴다.

자기공감은 자기 목소리에 귀 기울이게 만든다.

아, 이걸 깨닫고 얼마나 마음이 놓였던지! 그렇다. 내게는 중요하게 여기는 것이 있다. 친절함과 배려가 내 안에 살아 있다. 나는 이들 가치를 내 존재의 중심으로 지킬 것이다.

자신이 소중히 여기는 가치와 욕구를 분명하게 알 때 모든 것이 분명해진다. 따라서 공감을 경험할 때 우리는 다 괜찮아, 모든 게 좋다, 모든 것이 더할 나위 없이 좋다 같은 말을 하는 경향이 있다. 그렇게 말하면 모든 것이 실제로 다 괜찮은 것처럼 느껴진다. 이런 느낌으로 충만할 때 우리는 충족감을 느낀다. 초승달이 보름달이 될 때처럼.

나 자신에게 주의를 온전히 집중하기 전까지는 이렇게 생각할 수 없었다. 타인이나 나의 행동을 바로잡겠다고 해결책을 찾아 동분서주하기보다는 시간을 내어 차분히 내면을 들여다보기 전까지는.

내가 편안해지자 도리가 실은 무언가 고통을 표현하고 있다는 사실이 눈에 보이기 시작했다. 자신을 알아보지 못하는 베스를 보며 도리가 느꼈을 낙담과 슬픔, 그리고 어쩌면 실망감을 상상할 수 있었다. 어쩌면 자기 존재를 인정받고 싶은 욕구, 연결 욕구, 우정 욕구를 갈망했을 수도 있다. 또, 어쩌면 베스와 연결되고자 하는 갈망을 표현하고 있었을지도 모른다.

이제 도리 이야기를 제대로 들을 수 있었기에 그날 저녁 식사를 하면서 그 일을 놓고 대화를 나눌 수 있었다. 이렇듯 자기 욕구와 가치에 주의를 기울이는 것은 중요한 일이었다. 그렇게 하고서야 비로소 도리에게 마음을 여는 것이 편안해졌기 때문이다.

치매관계에서는 돌봄을 맡은 사람의 건강과 안녕이 아주 중요하다. 하지만 치매를 겪는 사람과 관계를 성공적으로 이끄는 데에는 그들을 돌보는 우리도 필수 요소다. 우리가 공감 능력과 내면의 힘을 키우지 않는 한, 치매를 겪는 사람과의 관계는 결코 성공할 수 없다. 성공적인 치매관계를 위해서는 이 두 요소가 다 필요하다. 정말로.

소리 내어 공감 구하기

가끔은 내면의 힘이 바닥나서 치매관계 상대방으로부터 공감을 구해야 할 때가 있다. 공감과 이해가 필요하다고 표현하는 것이 최후의 수단은 아니지만, 인지 기능에 어려움을 겪는 상대방에게 주변 사람의 상황에 대해서 공감해 주기를 기대하는 것이 지나치게 낙관적인 태도로 여겨질 수도 있겠다. 하지만 나는 클레어와 함께하면서 인지 기능이 손상되었다고 해서 타인에게 공감하는 연결 능력이 훼손되는 것은 아니라는 사실을 배웠다. 그저 시간이 조금 더 걸릴 뿐이다.

나는 매일 옷방에서 클레어가 옷 입는 것을 거들었는데, 하루는 그 방으로 가면서 옷 입는 데 시간이 얼마나 걸릴까, 의문이 들었다.

그렇게 긴 시간이 걸릴 일이라고는 생각되지 않을 것이다. 옷이 있고, 클레어가 있고, 요양보호사인 내가 있고, 두 사람 다 최적 시간 안에 옷 입기를 마치려는 의지가 있다. 하지만 매일매일 옷 입기에 걸리는 시간은 일종의 제비뽑기였다. 10분에 끝나기도 하고 20분, 30분, 40분, 50분, 어떤 때는 한 시간, 가끔은 그보다 오래 걸렸다. 나는 이 시간을 '옷방 사태' 혹은 '인내심이 타들어 가는 지옥'이라고 불렀다. 가지각색 이유가 우리를 이 옷방에 한없이 붙들어

놓곤 했다.

우선, 클레어는 80대 후반이지만 자기 옷차림에 자부심이 있는 사람이었다. 입어서 편안해야 할 뿐만 아니라 스타일도 중시했다. 나는 사람이 인생의 일정 단계에 이르면 활동하기에 편하고 깨끗하기만 하면 족할 것이라고, 더는 겉모습에 신경 쓰지 않으리라고 생각해 왔던 것 같다. 클레어는 확실히 그렇지 않았다. 하루 종일 우리 둘만 집에서 보내기로 계획한 날이어도 옷차림 선택은 변함없이 신중하게 이루어졌다. 무엇을 입든지 거울에 비춰 보았을 때 어떻게 보이느냐가 중요했다. 클레어는 시력이 심각하게 손상된 상태여서 시력을 개선할 방법을 찾기 위해 정기적으로 시력교정사에게 검진을 받고 있었지만, 거울로 자기 모습을 살필 때에는 한 치의 오차도 없었다. 클레어의 판단 기준은 조금이라도 조화롭지 못한 색 조합이나 티끌만 한 얼룩 한 점도 바로 찾아낼 정도로 높았다.

옷방 사태에는 다른 요소가 하나 더 끼어들었는데, 클레어의 결정 능력을 손상시킨 치매가 신기하게도 그 강한 의지만큼은 건드리지 못했다는 점이다. 다시 말해서, 클레어가 자신은 어떠한 결정이든 스스로 내릴 수 있는 사람이며 마땅히 자기 필요에 따라서 적절한 선택을 할 수 있다고 믿었다는 이야기다.

클레어는 생각을 표현하기에 적절한 어휘를 찾는 데도 어려움을 겪었다. 가령 찾고 있는 옷을 설명하는 데 애를 먹곤 했다. 그럴 때면 내가 상상력을 동원하여 스무고개식으로 옷 찾기를 거들었다. 때로는 성공적으로 딱 맞는 단어를 찾아낼 수 있었고, 나아가 원하던 바지를 찾아내는 경우도 있었다. 하지만 그것이 곧 클레어의 옷 입기 과제가 성공했음을 의미하는 것은 아니었다.

클레어의 실제 신체 치수와 클레어가 생각하는 자기 모습 사이에는 괴리가 있었다. 클레어는 나와 만나기 전 몇 해 동안 체중이 크게 불어서 일부 옷은 이제 입을 수 없었다. 안타깝게도 클레어가 아끼던 많은 치마와 바지가 이제는 너무 작았다. 클레어가 좋아하는 옷, 그러니까 입기 편하고 보기에도 좋았던 것으로 기억하는 옷을 찾아냈어도 이제는 맞지 않아 입을 수가 없었다. 그러면서도 새로 산 옷에 대해서는 영 못마땅한 기색이었다. 새 바지들은, 맞는 치수였는데도, 다 너무 커 보인다면서.

클레어는 공격적인 사람이 아니었다. 그런데도 옷방에서 50분이 지나면 심하게 짜증을 내다가 결국에는 단념의 한숨을 내쉬었다. 화가 잔뜩 실린 의미심장한 한숨이었다. 마치 준수한 옷 하나 입힐 줄 모르는 댁이 멍청이 아니면 내가 멍청이라고 말하는 듯한…. 이런 지레짐작이야말로 공감하는 마음으로 번역해야 하는 생각이었다.

처음에는 단순한 해결책, 즉 클레어가 좋아하는 옷을 제안함으로써 내가 상황을 주도해 보려고 했다. 나는 따뜻하고 편안하고 깨끗하고 몸에 잘 맞고 우아한 좋은 옷을 우선으로 생각했다. 다른 옷들은 클레어의 주의를 분산시킬 수 있기에 보이지 않는 곳으로 치웠다. 손님이 오기로 되어 있다든가 하는 서둘러야 하는 상황이면 내가 고른 따뜻하고 편안하고 몸에 잘 맞고 깨끗하고 우아한 좋은 해결책을 받아들였지만, 그런 날은 드물었다.

클레어가 좋아하는 색은 군청색이었는데, 어느 날 내가 색도 잘 맞고 치수도 잘 맞는 옷으로 준비했다.

"네, 그거 좋군요." 클레어가 말했다. "하지만 매번 이 똑같은 것만 계속 입고 또 입잖아요."

(나는 "입고 또 입고"라는 말이 "내가 좋아하는 옷으로 줘요."라는 뜻이라는 것을 알고 있었다.)

"그거 입어 볼 수 있을까요, 그러니까 그… 그…" 클레어는 그 단어를 찾고 있었다. 머릿속에는 어떤 개념을 나타내는 소릿값이 또렷하게 떠오르고 있는데, 내가 알아맞힐 수 있었다.

"바지요?"

"맞아요!"

"이 파란 바지 마음에 드세요?" 한번 시도해 보았다.

"아뇨. 다른 거…"

"군청색?" 나는 색을 선택할 수 있게 대안을 제시하면 클레어가 마음에 드는 것을 찾을 수 있지 않을까 기대했다. 하지만 그날은 운이 따라 주지 않는지, 돌아온 답은 이랬다.

"아뇨."

"검정?"

"그거예요."

아이쿠, 큰일 났네.

나는 클레어가 말하는 검정 바지가 어떤 것인지 알고 있었다. 클레어가 제일 좋아하는 바지. 색이나 상표가 문제가 아니었다. 중요한 것은 익숙함이었다. 클레어는 시력을 잃고 있고 많은 것에 대한 기억도 잃어 가고 있었지만, 자기가 가진 옷만큼은 잘 기억했다. 치매도 그것만큼은 건드리지 못했던 것이다.

"그래요, 그거 어디 있죠?" 클레어가 말했다.

"바로 여기 있어요. 그런데 너무 작아요. 치수가 10이라고 쓰여 있는데, 클레어는 지금 14를 입으시잖아요. 그 검정 바지는 클레어의 지금 신체 치수보다 작아요. 이해되죠?"

"입어 볼게요."

"실망하실 것 같은데요. 시간을 아끼는 편이 낫지 않을까요. 이게 클레어의 현재 치수에 맞는 바지고, 이게 그 검정 바지예요. 비교해 보세요. 치수 차이가 눈으로 확인되시나요?"

"네, 저건 나한테 너무 커 보이는군요. 검정을 입어 볼게요."

(몇 분이 지나서도 클레어는 여전히 그 바지를 입을 수 없었다.)

"저 파란 걸로 입어 보죠." 내가 말했다.

"그건 너무… 너무… 큰데요." (클레어의 무겁고 슬픈 한숨.)

클레어는 그 바지에 무언가 문제가 있었던 것이라고 생각했다. 세탁기에, 그 바지를 세탁한 사람에게 뭔가 잘못이 있었다고. 지난번 그 바지를 입었을 때(근 20년 전에)는 잘 맞았는데 갑자기(클레어가 보기에는, 말 그대로 하룻밤 새) 쪼그라들었다고. 클레어는 그 주에만 이미 네 번을 입어 보았다는 사실도, 맞지 않았다는 사실도 기억하지 못했다. 클레어가 자기 지각 능력이나 이해력, 혹은 기억력이 무언가 잘못된 것은 아닐까 헤아려 보는 경우는 드물었다. 내 머리에 문제가 있을 리가? 철들고 나서 평생 올바른 판단만 해 온 내가 이번이라고 예외일 리가?

어쨌거나 괜찮은 요양보호사로서 나는 인내심을 잘 발휘하고 있었다. 이 말을 들을 때까지는.

"내가 좋아하는 검정 바지를 어째서 입을 수 없다는 거죠? 대체 그 바지에 무슨 일이 생긴 건지 말을 해 줘야 알 거 아니냐고요?!"

좋아, 이젠 내 차례. 이번에는 내가 무거운 단념의 한숨을 쉬었다. 머리가 이글이글 타들어 가는 느낌이었다. 온몸이 뻣뻣하게 굳었다. 비난의 목소리가 들려왔다. 그 바지가 아무짝에도 쓸모없어진 것이 내 탓이라고 비난하는 소리였다. 나는 숨이 얕아지고 맥

박이 빨라졌고, 상황은 끝날 기미가 보이지 않았다. 한편으로 클레어가 지금까지 상당한 시간을 속옷 차림으로 여기 앉아 있었으니 체온이 떨어지고 있으리라는 생각이 머리를 스쳐 지나갔다.

더 큰 문제는, 내 마음도 차갑게 식어 가고 있었다는 것이다.

나는 클레어가 원하는 옷을 스스로 선택할 자유를 존중할 것이냐와 (체온과 관련하여) 클레어 건강을 챙길 것이냐 사이에서 갈등했다. 말 나온 김에 말하자면, 나 자신의 건강도.

나는 절망감이 들면서 더는 인내심을 유지하기가 어려웠다. 특히나 몇 번이고 되풀이되는 장면, 거듭 반복되는 똑같은 갈등이 나를 사포처럼 야금야금 갉아 댔다. 치매를 겪는 사람들이 지난 실수로부터 배우지 못하는 경우가 흔하다는 것을 잘 알면서도 이런 생각이 자꾸만 드는 것은 어쩔 수 없었다. 저 여자는 배울 줄 몰라? 왜 그만 넘어가질 못하는 거야? 하고한 날 맞지도 않는 옷을 입겠다고 드는 저 착오는 제발 좀 그만뒀으면 좋겠네. 하루는 저 검정 바지 타령, 또 하루는 머리도 들어가지 않는 그 꽃무늬 드레스 타령. 하다못해 아침마다 사람 지치게 만드는 이 똑같은 패턴이라도 좀 새로운 걸로 바꾸어 주기를 빌었다.

그러다가 번쩍 정신이 들었다. 잠깐! 그만! 정작 내가 똑같은 실수를 하고 또 하고 있는 것이 아닌가? 계속해서 짜증 내고 또 내고? 클레어가 작아진 옷을 입겠다고 고집할 때마다 나도 똑같은 방식으로 반응하다니, 어이없었다.

이 지겹기 짝이 없는 패턴.

클레어가 맞지 않는 옷더미를 다시 파헤치는 동안 나는 우리 둘이 다 편안해지기를 바라는 마음을 다시 생각해 보았다. 클레어의 혼란스러운 상태가 나를 휘두르도록 놔두면서 동시에 클레어가 자율 욕구를 총족할 수 있도록 도우려는 나의 접근법 혹은 전략은 효과가 없었다. 나에게도, 클레어에게도. 우리의 관계가 단절되기 시작했다. 하지만 내 생각이 이랬으니 어떻게 말을 할 수 있겠는가? 내가 당신을 얼마나 견뎌야 하는지 알기나 해요! 클레어의 비난은 또 어떻고? 댁은 어쩜 그렇게 도움이 안 되죠. 내가 좋아하는 바지에 뭔가 한 거 맞죠? 이젠 맞지가 않잖아요. 그걸 왜 인정하지 않죠?

누구에게도 도움이 되지 않는 부질없는 비난들이었다.

나는 거기서 멈추고 내 상황을 인정했다. "클레어… 저 지금 굉장히 힘들어요." 나는 '나는야 인내심의 여왕이다.' 유의 태도와는 꽤 다른 어조로 말했다. 내가 처음으로 인내심을 잃은 순간이었고, 처음으로 내 감정을 과감히 표현한 순간이었다. 클레어는 나를 유심히 바라보면서 이게 다 무슨 일인지 파악하려고 애썼다. 이렇게 감정을 표현하고 내가 약한 사람임을 드러냄으로써 나는 우리 사이에 형성돼 있던 하나의 패턴을 무너뜨렸다. 우리는 이제 새로운 영역에 들어서 있었다.

"내가 힘든 건 우리가 지금까지 45분가량을 이 방에 있었기 때문이고요, 일이 수월하게 되었으면 하는 마음이 간절하다 보니 욕구불만이 생겨요. 또, 클레어가 감기에 걸릴까 봐 조금 걱정도 되고요." 나는 감정과 좌절감, 그리고 무엇보다도 이 방에 계속 갇혀 있어야 한다는 사실 때문에 느껴지는 불행감을 표현했다.

바로 이 지점이 클레어의 주의를 끌었다. 클레어가 내 말을 들었다. 내가 한 말을 처리하는 데 몇 분이 걸렸다. 내가 한 것처럼 직접적으로 자기 감정을 표현하는 말을 듣는 일이 클레어에게는 드문 일이어서 그랬겠다 생각했다. 클레어는 놀랐고, 내 경험에 따르면 놀라움은 언제나 유리한 조건이었다. 놀라움은 무언가를 열어젖힌다. 우리는 평상시와 다른 말이 들려올 때 멈추고 귀 기울여야 한다. 반응이 놀라움일 때에는 다음으로 무슨 일이 벌어질지 아무도 예측할 수 없다. 패턴에 변화가 생길 때 놀라움과 불확실성이 생겨나고, 이로써 내 욕구 하나가 충족되었다. 반복되는 패턴을 깨고 참신한 것을 만들어 내려는 욕구 말이다.

우리는 지겨운 패턴에서는 확실하게 벗어났지만, 아직 두 사람의 마음이 연결된 것은 아니었다. 나는 클레어가 어떻게 할지 알 수 없었다. 내가 하는 말을 어떻게 들었는지도 다음 말을 듣고 나서야 알 수 있었다.

"우리 둘 다 힘들죠. 나도 알아요." 그러더니 내 등을 토닥이려고 두 팔을 뻗었다.(팔이 닿지는 않지만, 괜찮았다.)

클레어의 움직임은 굼떴지만 의도는 순수했다. 그 순수한 마음이 나에게 쏟아지는 것이 느껴졌다. "걱정 말아요. 우린 해낼 거예요." 클레어의 이 말과 함께 우리는 서로에게 공감하며 포옹했다.

클레어가 바지의 현실에 대해 얼마나 알아들었을지, 내가 알 수 있을까? 아침마다 옷방 실랑이가 얼마나 자주 벌어지는지 클레어가 희미하게라도 알아차린 적이 있을까? 선한 본성 말고 클레어에게 그 공감 어린 반응을 일으킨 것이 무엇이었을지, 나는 영영 알지 못하리라.

다음 날 아침, 그다음 날 아침은 어떻게 되었는지 궁금한 분도 계실지 모르겠다. 뭐, 클레어는 여전히 너무 작은 바지를 입고 싶어 했다. 여전히 블라우스에 생긴 티끌만 한 얼룩 한 점 놓치지 않았고. 그러나 더는 나를 탓하지 않았다. 나를 친구로 여기는 듯했고, 나와 마음이 연결됐던 그 느낌을 기억하는 듯했다. 우리의 옷방 실랑이가 계속되는 와중에도 말이다. 우리 두 사람 모두 훨씬 느긋해졌다. 놀이를 하다가 과열되는 경우와 같다고나 할까. 하지만 그러다가도 결국에는 '이건 그저 놀이일 뿐'이라는 합의된 전제로 돌아올 수 있었다.

6
내면의 힘 키우기

순간순간 삶을 풍요롭게 만드는 즐거움에 몰입하는 만큼…
그만큼 우리는 자신을 사랑하고 보살피는 것이다.
– 마셜 B. 로젠버그, 미국 평화운동가

생명을 지닌 모든 것에 해당하는 본질적인 사실은 모두가 자양을
필요로 한다는 점이다.

사람과 동물, 식물, 모두가 음식을 섭취해야 한다. 어떤 것을 영
양으로 삼느냐는 저마다 선호하는 바가 다르지만 기본 원리는 동
일하다. 얼마나 기본이면 자동차처럼 생명 없는 사물에도 같은 원
리가 적용된다. 자동차가 선호하는 것은 각종 연료다.

나는 사람을 기계에 비유하는 것을 그다지 좋아하지 않았다. 하
지만 생각해 보니 온갖 비유를 들어 가며 우리에게 디지털 장비의

이미지를 갖다 대는 것도 사람의 속성이다. 기계는 우리처럼 작동한다. 우리가 기계와 같은 것이 아니라 기계가 우리와 닮은 것이다.

이를 깨달은 뒤로는 현대의 다양한 발명품에 대한 연구가 궁극적으로는 사람 머리와 가슴에 대한 연구라는 사실이 보이기 시작했다. 인간의 몸과 마음이 어떻게 상호작용하는가를 다루는 심신 문제와 컴퓨터의 소프트웨어와 하드웨어의 관계 사이에 일련의 유사성이 있음을 알 수 있을 것이다. 그중 하나가 어떤 운영체제가 물리적 구성 요소를 통해서 돌아가는 것으로 바라보는 비유이다. 컴퓨터나 스마트폰, 혹은 자동차를 사용해 본 사람이라면 그 기계를 계속 작동하려면 관리가 필요하다는 것을 알 터이다. 충전이든 연료 주입이든 유지 및 보수 관리든 해 주어야 하는 것이다. 기계가 되었건 불가해한 인간의 영혼이 되었건 계속 작동하려면 동력이 필요하다.

요양보호사로 일하면서 나는 내면에 동력을 공급하는 것을 자동차 비유로 설명할 수 있다는 것을 배웠다. 전기자동차를 충전하는 데는 두 가지 방법이 있다. 하나는 충전소로 가서 적절한 시간 동안 놔두는 것이다. 같은 이치로, 우리 요양보호사도 자기공감을 통해서 내면의 힘을 충전할 수 있다.

또 다른 방법도 있다. 달리는 동안 자가 충전이 가능한 전기자동차가 있다. 전기차는 차가 달리는 동안 부품들 간의 상호작용을 통해서 동력을 발생시킬 수 있다.

우리는 자동차가 아니다. 하지만 우리에게는 회복되는 삶의 활력 원천인 내면의 동력이 있다. 이는 양식을 공급받아 성장할 수 있는 힘이지만, 그러기 위해서는 먼저 그 존재를 인정받고 보살핌을 받아야 한다.

욕구에서 동력 찾기

"나 자신을 위해서 바라는 것은 없어요. 치매를 겪는 사람이 요구하는 것을 해 주기 위해서 나에게 필요한 것은 단념했어요." 이렇게 말하는 요양보호사를 종종 본다.

요양보호사 중에는 돌보는 사람과 하루 스물네 시간을 보내는 경우가 있다. 그런가 하면 돌보는 사람을 항상 생각하는 사람이 있다. 어느 쪽이 되었건, 요양보호사라면 머릿속이 늘 자신이 보살피는 사람으로 가득 차 있다. 그런데 같이 보내는 시간이 길다는 것만으로 그 사람과 '유대감'이 형성됐다고 생각하면 착각일 수 있다. 우리는 접촉 빈도로 연결을 대체하곤 한다. 그 사람이 나에게 많이 의지하고 우리가 자주 접촉한다는 사실이 그 사람과 연결되었다고 믿는 근거가 되곤 한다. 하지만 마음으로 연결되지 않는다면,

그 관계는 의존일 뿐이다.

역설적으로 들리겠지만, 누군가와 진정으로 연결되려면 먼저 내가 남에게 의지하지 않고 혼자 설 수 있는 사람이 되어야 한다. 내가 돌보는 사람을 저버린다는 말이 아니다. 그들과 분리된다는 말은 더더욱 아니다. 이는 내 욕구와 상대방 욕구가 별개임을 인정한다는 뜻이다. 내가 아는 한 이것이 치매관계를 진정으로 풍요로운 관계로 만드는 유일한 방법이다. 왜냐면, 연결이 나와 상대방이 서로 독립한 존재임을 잊을 정도로 상대방과 동화되는 것이라고 생각한다면, 나 자신은 물론 그 관계까지 빈약해지기 때문이다.

나는 내가 상대방이 필요로 하는 것과 그 사람에게 좋은 것이 무엇인지 잘 안다고 자신하곤 했다. 클레어와 옷방 실랑이에서 헤어나지 못할 때는 클레어가 감기에 걸릴까 봐 걱정이 되곤 했다. 그래서 되도록 빨리 옷 입기를 마치는 편이 클레어에게 좋겠다고 생각했다. 하지만 그랬을까? 클레어 스스로 감기에 대해 신경이라도 썼을까? 나는 클레어의 욕구와 클레어에게 좋은 것을 내가 잘 안다고, 그래서 일사천리로 옷 입기를 끝내는 것이 클레어에게 최선이라는 확신 아래 행동하고 있었을지도 모른다. 하지만 그것은 일을 효율적으로 하고 싶다는 나 자신의 욕구를 충족하려는 행동이 아니었을까? 나는 옷 입기를 빨리 마치기만 하면 클레어가 행복할 테고 만사가 다 좋을 것이라고 생각했다. 어떻게든 클레어가 내가 최선이라고 생각하는 대로 해 주기만 하면 우리 연결이 더욱 돈독해질지도 모른다고 바랐던 것이다.

내가 일하던 요양보호사 알선 기관에서는 고객 설문 조사를 통해, 요양보호사가 곁에 있을 때 사람들이 얼마나 불편해하는지 꾸준히 보고해 왔다. "아주 훌륭한 분이에요. 오해하지 말아요, 상대방을 배려할 줄 알고 헌신적인 사람입니다. 하지만 말이죠, 아이고, 얼마나 말이 많은지 몰라요! 하루 종일 수다가 멈추질 않아요. 하루 종일 나를 즐겁게 해 주려고 용을 쓰는 것 같더란 말이에요." 돌봄을 받는 이에게는 상대방을 단절하는 것이 최후의 수단일 수 있다. 무슨 수를 써서라도 자신을 행복하게 해 주려는 사람을 단절하는 것은 자기 독립성과 자율성을 선언하는 한 가지 방법이다.

요양보호사 중에는 치매를 겪는 사람이 우울하고 외로우니 곁에 누군가 항상 있어 주면서 즐겁게 해 주고 수다를 떨어 주어야 한다고 믿는 사람들이 있다. 그 믿음이 맞는 경우도 있기는 하다. 요양보호사로서 나는 스스로에게 이런 질문을 던져야 한다. 나는 누구의 욕구를 충족시키고자 하는가? 상대방의 욕구인가, 아니면 나의 욕구인가?

요양보호사는 세상 모든 사람이 가장 선호하는 직업은 아니다. 사명감보다는 생계를 위한 선택인 경우가 더 많은 것도 사실이다. 선택권이 있다면 대다수의 요양보호사는 뭔가 다른 일을 하려 할 것이다. 아니, 그럴까?

스스로 물어보자. 나는 왜 누군가에게 돌봄을 제공하려 하는 가? 그래야 해서 한다는 답이 나온다면 계속해서 묻자. 왜? 왜 그 래야 하는가? 사랑에서 비롯한 선택인가? 존중이나 애정에서? 그 사람들에게 마음이 쓰여서? 아니면 가족에게 이바지하는 방법인 가? 그 답이 무엇이 되었든, 내게 필요해서 또는 내 어떤 욕구를 충 족하는 수단으로서, 둘 중 하나일 것이다.

나의 경우, 입주 및 방문 요양보호사를 본분으로 택한 것은 생 활과 학과 공부를 재정적으로 뒷받침하기 위한 방편이었다. 처음 에는 그랬다. 하지만 5년 동안 지속한 이유는 이 일이 내가 추구하 는 가치와 원칙을 많이 충족시켜 주었기 때문이다. 나는 유능하고 신뢰받는 사람이 되는 것이 즐거웠다. 다른 사람들이 나를 의지하 고 또 그런 사람을 내가 도울 수 있는 상황에 나를 투입함으로써 유능한 사람이 되고자 하는 욕구와 인정받고자 하는 욕구를 채울 수 있었다. 아닌 게 아니라 누군가를 돌보는 일 자체도 돌봄을 받 는 그 사람만이 아니라 돌봄을 행하는 사람의 삶까지 풍요롭게 만 드는 길이 될 수 있다.

하지만 요양보호사 일이 내 모든 욕구를 동시에 충족시킨 것은 아니다. 일을 하다 보면 낙담하고 무력감을 느끼기도 했고, 심지어 는 두려워지거나 약해지기도 했다. 나에게 선택이나 공정함, 평온함 등의 다른 욕구도 있음을 인정하고 나서야 요양보호사 외의 영역에서 그러한 욕구를 충족시킬 다른 방도를 모색할 수 있었다. 그 다른 방도란, 간접적이기는 해도, 내가 속한 치매관계의 질을 향상시키는 것이었다.

내가 필요로 하는 것이 무엇인지를 알게 되니 내면에 동력이 생겼다. 그렇다. 자기 느낌과 욕구에 책임을 지려면 용기가 필요하다. 다른 사람이나 다른 일을 핑계로 대지 않고 책임을 진다는 것은 소심한 사람이 할 수 있는 일이 아니다. 자신이 느끼는 행복은 다른 사람 책임이 아니라는 것을 깨닫기 위해서는 명료한 사고가 필요하다.

나는 클레어가 옷방에 들어가면 고집을 피우고 비협조적으로 군다는 생각에 매여 있었다. 내 생각을 고수할수록 클레어의 동작은 더 느려지고 일을 효율적으로 해내려는 욕구는 채우기가 힘들어졌다. 더 솔직한 접근법을 택했더라면 어땠을까. 내 짜증의 단서를 추적하고 내가 느끼는 감정을 받아들이고, 효율적인 일 처리를 내가 중요하게 여긴다는 것을 인정했더라면 어땠을까. 짜증 형태로 튀어나오는 것은 클레어의 고집이 아니라 나의 욕구였다. 나는 내가 효율적이지 못하며 내가 좋은 요양보호사의 요건이라고 생각하는 인내심과 참을성이 부족한 사람일까 봐 두려워서 짜증을 내고 있다는 사실을 스스로 인정하는 것이 무서웠다. 자기 느낌과 욕구를 받아들이는 첫걸음은, 내 안에 살아 있는 느낌과 욕구를 인정하기를 내가 조금은 두려워한다는 사실을 스스로 시인하는 것이다.

타인을 돌보는 일에는 용기 있는 마음이 요구된다. 마음의 훈련법인 비폭력대화는 이를 도울 수 있는 한 과정이다. 기술이나 방법이 아닌 '과정'이다. 비폭력대화는 자기 자신의 건강한 상태를 자신이 책임져야 할 몫으로 여기기 때문이다. 그러기 위해서 우리는 자기 욕구를 늘 인식하고 자기 마음을 믿는다. 다시 말하면, 욕구를 충족하기 위해서 상황을 있는 그대로 관찰하고, 느낌과 욕구를 지각하고, 필요한 부탁을 할 수 있는 능력을 키운다.

명료한 **관찰, 느낌**과 **욕구** 알아차리기, 욕구를 충족해 줄 **부탁**하기가 비폭력대화 과정을 이룬다.

시간과 함께 치매가 진행되면서 치매를 겪는 사람은 점차 자신을 돌보는 사람과 떨어질 수 없는 사이가 되지만, 그럼에도 두 사람은 여전히 개별적인 존재이다. 내 욕구는 나의 것이라는 사실을 인정할 때 상대방과 훨씬 더 잘 연결할 수 있다.

이어지는 이야기는 나 자신의 욕구를 인식했을 때 그것이 어떻게 나와 고객 모두에게 이롭게 작용하고, 결과적으로 우리의 관계가 더욱 풍요로워질 수 있는지를 보여 주는 사례들이다. 매번 나에게 동기부여가 된 것은 이 일을 통해서 내가 상대방을 위해 무언가를 한다는 생각이었지만, 궁극적으로 나에게 깨달음을 주고 유익하게 작용한 것은 이 일이 나 자신의 욕구를 채우기 위한 활동임을 인정한 것이었다. 이런 깨달음은 대개 고객으로부터 얼마간 자극을 받은 뒤 얻을 수 있었는데, 그런 뒤에 내게 알맞은 방법, 즉 내 욕구가 우리 치매관계를 향상시키는 데 이바지할 수 있는 방법을 찾아낼 수 있었다.

결국 관계 안에서 문제의 주범은 자기 욕구를 인지하지 못하는 것이다. 자기 욕구를 알고 인정할 때 그것을 평화롭게 충족할 방도를 찾아낼 수 있기 때문이다.

방법 수정하기

이본과 함께 매일매일 거의 하루 온종일을 집 안에서 지내다 보니 이런 일상이 싫증나고 따분하게 느껴질 때가 있었다. 이본은 집에 대해서 애증이 엇갈린 감정을 갖고 있었는데, 약간의 변화를 주면 이본도 좋게 받아들일지 모르겠다고 생각했다. 이본의 절친 가비가 함께 즐거운 시간을 보내면 좋을 것 같다고 동의해 주었다. 가비와 나는 죽이 맞았고, "재미는 우리 모두에게 중요한 요소이며, 이본에게는 정말로 신선한 공기와 재미있는 시간이 필요하다."는 데 합의가 되어 드라이브를 나가기로 했고, 이본도 동조했다.

내가 우리 셋이 함께 놀러 가면 얼마나 신날지 이야기할 때 처음에는 이본이 내 얼굴에서 읽히는 기쁨에 진심으로 공감한다고 느꼈다. 하지만 지나서 생각해 보니 이본은 재미있는 시간을 위해서 드라이브 간다는 생각을 정말로 이해한 것 같지 않았다. 이론상 '재미'를 싫어할 사람은 없다. 하지만 그 재미를 무엇이 채워 주느냐는 사람마다 크게 다르다.

하늘도 응원해 주는 듯한 햇빛 찬란한 날, 이본을 차에 태우고 휠체어를 트렁크에 싣고 활짝 웃으며 출발했다. 가비와 나는 한껏 신이 나 있었다. 재미난 여가 시간이 될 줄 알았던 이 행사가 이본에게는 〈백 투 더 퓨처 2〉(30년 후의 미래로 이동하는 그 영화 말이다.)처럼 느껴진다는 것을 깨닫기까지는 얼마 걸리지 않았다. 1960년대가 현재인 이본의 시간에서 이 드라이브는 미래 영화 촬영장을 목격하는 경험이었던 것이다. 이게 무슨 장난인가? 게다가 영화 〈백 투 더 퓨처 2〉와는 달리 이 영화는 코미디가 아니었다. 전혀. 이본은 자주 걷던 그 굽이진 비탈길에 집들이 빽빽이 세워진 모습을 보는 것이 즐겁지 않았다. 인구가 과밀한 이 동네에서 사람마다 차 한 대씩 있는 거냐! 이본이 생각하기에 그건 잘못이었다. 모든 게 틀렸다. 이본의 세계는 50년 전이고, 현재의 세계는 비현실적인 공포 영화였다. 낯설고 이질적이고 불쾌하고 과밀한. 이본이 생각하는 재미와는 거리가 먼.

그 인상적인 여행을 통해서 가비와 나는 욕구를 충족시킬 목적으로 무언가를 할 때에는 이본이 그 일을 어떻게 받아들일지부터 상상해 봐야 한다는 것을 배웠다. 그리고 1960년대의 관점에서 세계를 바라볼 수 있을 만큼 상상력을 확장해야 한다. 나에게 재미있는 시간을 보내고자 하는 욕구가 있다면, 그 욕구를 인정하고 그것이 나에게 중요하다고 말해야 한다. 이본이 재미를 느낄 수 있도록 돕고 싶다면, 이본의 관점에 서야 한다. 내게 맞는 방법으로 내 욕구를 충족하려고 하면서 이본을 행복하게 만들어 줄 수는 없다. 이본의 갈증을 달래 주겠다면서 물은 내가 마시는 격이다. 재미, 변화, 즐거움은 우리 모두에게 있는 인간의 보편적 욕구이기는 해도, 어떤 욕구가 내 안에 살아 있다고 해서 다른 사람도 똑같이 그런 것은 아니다.

나는 …에 마음을 쓴다.
나에게는 …가 중요하다.
나는 …를 가치 있게 여긴다.
나는 …에 대한 욕구가 있다.

나는 재미있는 시간을 보내고 싶어서 피아노로 곡 하나를 연주하는 법을 익혔어요. 한번 들어 보실래요?

재미있는 시간을 보내는 것이 내게 중요하다는 점을 깨달은 뒤로, 이본이 정신적으로 건강하고 활기찬 생활을 할 수 있도록 돕고 싶은 마음도 들었다. 이본이 피아노 음악을 좋아한다는 것을 알고 있었는데, 나도 피아노를 배우고 싶었다. 이본 집에 피아노가 있어서 새로운 배움 모험을 위한 환경은 완비된 셈이었다. 나는 한 유튜브 채널의 가르침에 따라 여드레 동안 매일 연습했다.

　　이것이 나를 세계에서 가장 위대한 연주장으로 데려다줄 음악 교육이 아니었던 것은 나도 안다. 하지만 배우는 것 자체가 너무나 큰 즐거움이었고, 그것만으로도 열심히 연습한 보상이 되었다.(한 주를 통째로 바칠 가치가 있었다!) 그러던 어느 날, 이제 준비가 되었다는 생각에 이본과 가비를 내 연주회에 초청했다.

　　나는 준비가 되었을지 몰라도 세계는 아니었다. 흐트러짐 없는 표정으로 차분히 앉아 웬 피아니스트를 흉내 내는 나를 지켜보던 가비에게는 어마어마한 분량의 열린 마음이 필요했으리라. 가비 생각이 귀에 들리는 듯했다. 이 늙은이 귀에 자비를 베풀어 주소서! 하지만 이본은 마법에 걸린 듯 메트로놈 대신 손가락으로 박자를 맞추어 내가 박자를 지킬 수 있도록 해 주었다.(박자는 무슨? 가비라면 이렇게 물었을지도 모른다.) 그러고는 박수가 있었고, 환히 웃는 얼굴이 보였다. 함께 웃는 웃음도 비웃어 대는 웃음도. 중요한 것은 우리 모두가 웃고 있었다는 사실이다.

이본은 그날의 피아노 연주에 대해서 아무것도 기억하는 것 같지 않았지만, 그래도 기분 좋은 상태였다. 기억은 없어도 젊어지는 느낌을 경험했던 것 같다. 치매에서는 느낌이 현실에 더 충실하며, 기억은 현실을 왜곡하고 부정확하게 전달한다. 그날 저녁 이본의 현실은 환했다. 하지만 한 가지 걱정되는 점이 있는 것 같았으니, "피아노 손봐 줄 사람한테 전화 좀 하라고 꼭 알려 줘요. 음이 심각하게 안 맞는 것 같아!"였다.

치매는 느낌이 현실에 더 충실하며, 기억은 현실을 왜곡하고 부정확하게 전달한다.

자기 욕구 인정하기

사실은 자기 욕구를 충족하기 위한 방법이면서, 상대방 욕구를 해결하려는 것이라고 위장해 봤자 성공하지 못한다. 치매를 겪는 상대방이 아무리 많은 능력을 상실했다 해도 자신에게 이익이 되는 것과 상대방에게 이익이 되는 것은 구분할 줄 안다.

도리는 청각이 급격하게 떨어졌다는 사실을 오랫동안 인지하지 못하다가 보청기를 착용하기 시작했다. 자신이 보청기를 착용하고 있다는 사실을 가끔은 기억했는데, 그럴 때면 보청기를 무척이나 애지중지했다. 잃어버리면 안 된다는 생각에 애면글면했지만 착용한 채 샤워를 하고 있다는 사실을 꽤나 자주 망각했고, 아니면 어디에 두었는지 잊어버리곤 했다. 내가 알기로는 이미 분실했거나 어쩌다가 고장 낸 보청기가 두 쌍이었다. 그런 까닭에 입주 돌봄을 하게 된 오랜 친구는 도리에게 잠자리에 들기 전에 보청기를 빼 달라고 부탁했다.

그 친구가 휴가 간 몇 주 동안 내가 도리와 함께 지내기로 했다. 밤이 되면 보청기를 내가 보관해야 한다는 당부를 받았는데, 보청기가 없어진 것이 매번 이 시간대였기 때문이다.

"도리, 보청기를 저한테 주시겠어요?" 내가 물었다.

"왜요? 그걸 당신이 뭐하게요?"

"제가 대신 보관해 드리려고요."

"아뇨, 그럴 필요 없어요. 잘 준비가 되면 내가 벗어 놓을게요. 지금은 아직 잘 준비가 안 됐답니다."

"준비 다 되면 제가 다시 올까요?"

"아뇨, 괜찮아요."

"저기, 지금 저에게 주시면 제가 잘 세척해 둘게요. 매일 세척해야 하잖아요. 제가 돕고 싶어요."

"알아요. 내가 할 수 있어요. 난 괜찮아요."

"제가 좀 걱정이 돼서요. 잘못해서 없어질 수도 있고, 어쩌면 착용한 채로 잠드실 수도 있고요."

"지금 내가 내 한 몸 돌볼 줄 모르는 사람이라는 얘기예요? 나는 보청기를 잃어버린 적이 없고, 몇 년째 잘 쓰고 있어요. 도움은 필요 없으니 안심하고 자러 가요."

이제 내가 보청기를 보관하려는 것이 도리를 돕기 위해서인 척하는 노릇은 그만해야 하는 시점이 되었다. 내 행동은 내 욕구, 그러니까 마음 편하게 쉬려는 욕구를 충족시키려는 것이었다. 보청기를 내가 보관하면 도리가 우리 둘 다 다시는 찾을 수 없을 정도로 '안전한' 어딘가에 놔둘지도 모른다는 걱정을 덜게 된다. 도리가 보청기를 다시 잃어버리면 나에게도 손해다. 대화를 할 때마다 내가 목청껏 소리를 질러야 도리가 들을 수 있을 테니까.

나는 보청기가 다시 사라지면 도리가 당황하리라는 것도 알고 있었다. 물론 보청기가 있다는 것을 기억할 때의 얘기겠지만. 결국 도리에게 보청기를 달라고 하는 것이 내 마음이 편하고 싶은, 내 욕구를 충족하기 위한 행동이라는 사실을 인정하고 더는 그것이 도리를 돕겠다는 부탁인 척을 하지 말아야 했다.

나는 내 욕구를 인정하는 순간, 즉 내 부탁이 내 마음의 평화를 위한 것이라는 사실을 인정하는 순간 도리에게는 거절할 권리가 있다는 사실도 깨달았다. 요구한다고 될 일이 아니었다. 도리가 기꺼이 하려 하지 않는 한, 어떻게든 하게 만들려고 조종해서는 안

되는 일이었다.

비폭력대화는 내가 원하는 것을 누군가에게 하게 만들려는 의도에서 구사하는 기술이 아니다. 거기에는 두 가지 근거가 있다. 첫째, 우리는 자기가 하기 싫은 일, 예컨대 설거지 같은 일을 남에게 하게 만들려고 별의별 상상을 다 하지만, 스스로 똑같은 상황을 당하고 싶어 하는 사람은 아무도 없다. 당신이라면 그런 일을 당하고 싶은가? 현란한 말솜씨에 조종당해서? 둘째가 더 중요한데, 누군가를 조종하는 것이 정말로 가능하다고 해도, 그렇다면 그 사람과의 관계는 생명력 없는 기계적인 관계일 뿐이다. 정말로 살아 있는 관계가 아니라 무의식적인 무릎반사의 연속 같은 것 말이다.

도리는 자유로운 사람이고, 마음이 편하고 싶은 내 욕구를 채워 주겠다고 보청기를 내줄 생각이 없었을 수 있다. 이것도 있을 수 있는 상황 가운데 하나였다.

내가 도리에게 마실 물을 주려고 주방으로 갔다가 오니까 도리는 잠잘 채비를 끝마쳤다. 나는 다시 얘기를 꺼냈지만, 이번에는 진심을 말했다.

"도리, 저, 보청기 있잖아요…."

"그게 왜요?"

그 순간, 도리가 15분 전 우리의 대화를 벌써 잊은 것은 아닌가, 생각이 들었다.

"그러면 제가 마음이 더 편해질 것 같아서 그러는데, 밤에는 제가 보관하게 해 주시겠어요?"

"그래서 당신 마음이 편할 수 있다면, 얼마든지요. 가져가요. 그런데 어디다 뒀더라? 벌써 가져갔나요?"

"아니에요. 아직 착용하고 계신 것 같은데요."

"아유, 그렇군요. 여기 있어요, 가져가요. 이걸로 당신이 마음의 평화를 얻었으면 좋겠군요."

정말로 그랬다. 하지만 그날 밤 우리가 얻은 것은 마음의 평화 하나만이 아니었다. 우리 사이에 신뢰가 쌓였고, 말로 표현한 욕구를 통해서 마음이 연결되었고, 아니라고 말할 자유가 있음을 확인했고, 관계가 돈독해졌다. 이 일이 항상 쉬운 것은 아니지만, 대개는 우리가 생각하는 것보다 쉽다. 욕구를 터놓고 표현하는 것은 하나의 선택 사항이다. 그렇게 해 보니 나와 내가 돌보는 사람 모두에게 도움이 되었다고 느껴질 때가 종종 있을 터이다. 솔직한 표현을 통해서 우리가 중시하는 욕구와 가치가 우리 내면의 힘을 키워 줄 터이며, 이것이 곧 치매관계의 향상이라는 결과를 낳을 것이다. 좋을 때도, 나쁠 때도.

7
가슴 아픔, 죄책감,
슬픔 맛보기

아픔이 있는 곳,
우리의 마음도 그곳에 머문다.
- 안나 카미엔스카, 폴란드 시인

치매에 대해 긍정적으로 생각할 수 있는 관점이 있는가 하면 부정적인 사고방식도 있는데, 긍정적인 쪽보다는 부정적인 쪽을 뒷받침하는 근거가 더 많아 보이기도 한다.

비관주의와 싸우기 위해서 많은 이가 어떠한 상황에서도 꿋꿋이 치매에 대해 긍정적인 태도를 유지하고 비관적인 생각을 저지하기 위해서 노력해 왔다. 스웨덴의 비폭력대화센터 국제인증지도자이자 저술가인 리브 라르손은 긍정적 사고가 종종 우리 삶에 존재하는 고통과 슬픔에서 도피하는 데 쓰인다고 말한다. 하지만 나는 부정적 사고가 자연스러운 삶의 고통을 견딜 수 없는 가혹한 고난으로 바라보게 만듦으로써 상황을 실제보다 더 나쁘게 만든다고 생각한다. 라르손은 긍정적 사고가 부정적 사고와 마찬가지로 왜곡된 관점을 보여 준다고 생각한다. 모든 것을 흑백으로만 나누는 사고방식은 오색찬란한 우리 삶을 제한할 뿐이라고.

나는 치매에 대한 정직한 접근법은 그 쓴맛과 단맛을 있는 그대로 느끼는 것이라고 믿는다. 이 접근법으로 우리는 쓴맛을 부정하지도, 단맛을 과장하지도 않고서 모든 맛을 받아들일 수 있다. 인생을 있는 그대로 맛보기 위해서는 용기가 필요하다. 바버라 에런라이크는 『긍정의 배신: 긍정적 사고는 어떻게 우리의 발등을 찍는가』*에서 "긍정적 사고와 실존적 용기 사이에는 크나큰 차이가 있다."고 말한다.

치매를 겪는 인생에 쓴맛이 따라온다는 데에는 의심의 여지가 없다. 치매 돌봄에는 괴로움과 무력감이 뒤따르는 경우가 많지만, 가슴 아픔과 죄의식, 슬픔 같은 어려운 감정의 경험이 반드시 치매관계를 망가뜨리는 것은 아니다. 이들 감정은 어차피 치매관계의 일부다.

인생의 모든 맛을 있는 그대로 음미할 수 있는 능력을 키운다

* Barbara Ehrenreich, *Bright-Sided: How the Relentless Promotion of Positive Thinking Has Undermined America* (한국어판: 전미영 옮김, 2011년, 부키)

면, 살을 에는 듯한 고통스러운 경험 속에서도 때로는 달콤함을 즐길 수 있다는 사실에 놀랄지도 모르겠다. 삼키거나 소화하기 어려운 것이라고 굳이 당의를 입히려 들지 않고 그저 정직하게 대면하면 되는 것이다.

정직함은 본질적으로 포용하는 태도, 있는 것을 있는 그대로 받아들이고 인정하는 태도다. 자신에 대해서, 자기 상태에 대해서 현실적으로 진실하게 받아들이는 태도다. 여기에서 가장 중요한 것은, 자신에게 진실한 것이다. 자신에게 투명하게 솔직한 태도에 자기공감의 온기가 더해졌을 때 타인과 연결될 수 있는 단맛의 조건이 조성된다. 우리가 살면서 경험했을 힘들었던 많은 사건도 상대방과 공유할 때는 두 사람의 결속을 다지는 요소가 될 수 있다.

> 정직함은 본질적으로 포용하는 태도, 있는 것을 있는 그대로 받아들이고 인정하는 태도다.

치매관계에서는 상대방으로부터 단정적으로 비난받고 원망받는 상황, 실패한 느낌, 책임 부정을 흔히 접할 수 있다. 안타깝게도 치매를 겪는 사람 스스로 말을 조심하거나 태도를 개선해 주기를 기대하기는 어렵다. 이런 유형의 반응을 제어하는 능력은 십중팔구 치매로 인해 떨어졌을 터이다. 따라서 나는 요양보호사로서 한 걸음 물러나 더 큰 시각으로 상황을 바라보는 역할이 내게 맡겨진 임무라고 생각한다. 이 책 1부에서 살펴보았듯이, 우리는 전체를 보는 데 주의 력과 상상력을 쏟을 수 있으며, 치매가 우리 삶에 던지는 것에 건강하게 대응하는 쪽을 선택할 수 있다. 우리가 가슴 아픔과 죄의식, 슬픔 같은 감정을 어떻게 음미하느냐가 두 사람 모두에게 관계의 질을 풍요롭게 만들어 줄 수도 있다. 이렇듯, 자기 자신에 대한 돌봄이 우리가 마음 기울이는 사람에 대한 돌봄이기도 하다.

애초에 마음을 기울이지 않았다면 아픔이나 슬픔도 느끼지 않을 것이다. 이렇게 상처받을 수 있는 약한 상태야말로 진정한 돌봄의 진수이자, 두 사람의 연결을 솔직하고 현실적인 것으로 만들어 줄 수 있는 자질이다. 대니얼 J. 시걸은 사람을 돌본다는 것은 그들에게 마음을 쓰는 것이라고 말했다. 따라서 치매를 겪는 누군가에게 마음을 쓸 때면 슬프고 비통한 감정이 어느 정도는 그 관계의 일부가 될 것이다. 치매관계는 이러한 쓴맛 나는 요소를 수용할 수 있다. 관계가 견고할수록 남는 여운은 더 달콤할 것이다.

내 상처 너머의 목소리에 귀 기울이기

"다른 사람들이 어떻게 생각하는지는 신경 쓰지 말아요. 정말입니다. 오래 살 수 있습니다." 마셜 B. 로젠버그가 즐겨 하던 말이다.

나는 이본과 함께하던 어느 날 이 말을 떠올릴 기회가 있었다. 나는 주의를 어디에 집중할지, 즉 이본의 말이냐 마음이냐를 내가 선택할 수 있음을 깨달았다. 이본의 마음속에 살아 있는 것이 무엇이냐에 주의를 기울일 수 있을 때 내 마음은 더 크게 자라났다. 나와 이본, 두 사람을 다 담을 수 있을 만큼 크게. 어느 한쪽에만 맞는 크기가 아니라 두 사람 모두에게 적합하게.

이본은 모르는 사람들에게는 연약하고 허약한 사람으로 보였다. 사람들은 첫눈에는 이본의 강한 성격을 알아보지 못했다. 이본은 쩌렁쩌렁 고함을 칠 수 있는 사람이었다. "이 비열하고 멍청한 인간들아, 누가 날 여기에 가둬 두랬어? 당장 경찰 부를 거야!" 이본은 그날 이렇게 소리쳤다. 그리고 실행에 옮겼다.

나는 다른 방에 있다가 이본이 경찰에 전화하는 소리를 들었다. "여기 사람들, 아주 사악하고 나빠요. 범죄자들이라고요! 이 폭군들이 나를 이 끔찍하고 끔찍한 집에다 가둬 놨다고요!"

이런 말을 들으니 나는 마음속에서 분이 치밀어 올랐다. 자기가 원하는 대로 해 주고 편안하게 해 주려고 내가 그동안 그렇게 애를 썼건만! 이본이 과거와 현재를 혼동할 때가 있다는 것은 익히 알고 있었지만, 그래도 나에 대해 **비열하다**느니, **멍청하다**느니, **사악하다**느니 따위의 형용사로 묘사하는 소리를 들으니 충격과 실망이 이만저만이 아니었다.

이본은 왜 저런 말을 할까? 나는 자문해 봤다. 나에게 왜 그러는 걸까?

걱정도 들었다. 경찰이 이본 말을 믿으면 어떡하지? 어쨌거나 이본은 연약하고 힘없는 사람이니 누구라도 무고한 사람이라고 여길 것이다. 그러니 여기서 악당은 당연히 내가 될 터였다. 나를 납치 혐의자로 체포하면 어떡하지? 사람들이 뭐라고 생각하겠어?

게다가 내 평판은 어떻게 되는 거지? 내가 정말로 좋은 요양보호사였다면 필시 이본이 경찰에다 저런 무시무시한 소리를 하지는 않을 거라고들 생각하겠지. 경찰은 내 이름이 언급되는 보고서를 써서 올릴 테고.

'왜'와 '어떡하지'를 자문하는 고문이 나를 깨우는 신호였다. 나에게 자기공감이 필요한 시간이라는 신호. 나 자신을 위해서, 나 자신을 달래 주기 위해서 나는 이본의 전화 통화에 귀 기울이는 것을 중단하고 주의를 내면으로 돌렸다. 내 안의 긴장과 불안이 감지되었다.

나는 느껴지는 감정을 억누르지 않고 내 안에 그대로 받아들였다. 내가 얼마나 속상한지, 분개했는지, 걱정스러운지를 인정했다. 내가 귀 기울이자 이 감정들은 그 아래 있는 욕구가 무엇인지 알려주었다. 나는 신뢰와 인정을, 그러니까 사람들이 내가 하는 일을 지켜봐 주고 내 가치를 합당하게 평가해 주기를 바라고 있었다.

내가 신뢰와 인정을 바란 것은 내 안에 사람을 신뢰하고 무언가의 가치를 볼 줄 아는 능력이 있기 때문이었다. 이를 깨닫자 이 자질들이 내 안에서 살아났다. 전체가 다 보이지는 않더라도 실체는 온전하게 충만한 달처럼. 내 안에 있는 자질을 조명하자 불안이 사라지는 것이 느껴지기 시작했고, 다시 정서적으로 건강해지는 것이 느껴졌다.

이렇게 시각을 가다듬으니 상황이 달리 보이고 달리 들리기 시작했다. 이본이 하는 말조차 다르게 들렸다. 처음에는 이본이 어째서 계속 '여기 사람들'이라고 하는지, '비열한' 요양보호사들이라고 하는지 혼란스러웠다. 이 집에 이본 말고는 나밖에 없는데? 전에 일하던 요양보호사들을 말하는 건가? 내가 이본 머릿속에서 여러 사람이 된 걸까?

하지만 곧 알 수 있었다. 이본이 하는 말은 나를 가리키는 말이 전혀 아니었다. 이본 자신의 감정을 표현하고 있는 것이었다.

"이 비열한 사람들, 이자들은 나에게 관심도 없어요. 이자들 관심은 내 돈뿐이라고요!" 이본이 이렇게 말했을 때도 이제 더는 사람 마음에 상처 주는 비난으로 들리지 않았다. 내 귀에 들려오는 것은 다른 무언가였다. 무서워요. 나는 안전한가요? 나를 보살피는 이 사람들을 신뢰해도 될까요? 이본이 "저 사람들 가 버렸으면 좋겠어요!" 하고 말했을 때 내 귀에 들린 말은 이것이었다. 다시 독립적인 사람이 되고 싶어요. 결정은 내가 내릴 수 있으면 좋겠어요.

이본의 말이 아니라 욕구에 초점을 두니 행동도 새로운 눈으로 보는 것이 가능했다. 확실히, 몇 분 동안 자기공감 시간을 가지고 다시 바라보니 상상력도 빠르게 되살아났다.

그 전에는 되지 않던 것이, 그때부터는 이본에게 무슨 일이 일어나는지 공감하며 귀 기울일 수 있었다. 내가 짐작한 바로는, 이본은 그날 오후 졸았고, 졸음에서 깨어난 뒤로 자기 집을 알아보지 못했다. 아마도 두려움을 느꼈을 테고, 도움과 지지가 필요하다고 느꼈을 것이다. 이본은 살면서 어떤 두려운 일이 일어났을 때나 위험에 처했다고 느껴질 때는 911에 전화를 하면 된다는 것을 학습했을 터이다. 그러니 이본이 얼마나 곁에 있는 사람들로부터 지지와 확신을 받고 싶어 하는지 상상이 가고도 남았다. 한편으로는, 자기 삶을 완전히 주도하며 하루 일과는 스스로 결정하고 싶은 욕구, 다시금 자립적이고 자율적인 사람이 되고자 하는 욕구도 있었을 것이다.

나에게는 충분히 납득이 가는 일이었고, 이본 입장을 상상하면 할수록 이본과 마음이 통하는 것처럼 느껴졌다. 내가 이본 방으로 돌아가기 전 문 앞에서 기다리고 있을 때도 기분은 훨씬 좋아졌다. 신기하게도 이본에게 공감하는 마음으로 귀를 기울일 수 있는 것만으로도 내 배터리는 재충전되었다.

이본이 전화 통화를 끝내고 수화기를 내려놓을 때는 방으로 침착하게 들어갈 수 있었다. 지금부터 무슨 일이 벌어질지는 여전히 알지 못했어도!

"아유, 이제 오시네! 내가 얼마나 무서웠는지 알아요?" 이본이 말했다. "어디 갔었어요?"

내가 다가가서 이본 손을 잡고 말했다. "이제 다 괜찮아요. 스트레스 받아서 도움이 필요하셨을 것 같아요. 이제 제가 왔어요." 그러자 내 손에 의지하는 이본의 얼굴 가득 고마워하는 표정이 번졌다.

이 일로 얼마나 마음이 편해졌는지 모른다. 우리 둘 다에게 그랬으리라고 나는 생각한다. 나를 향한 온갖 불평불만을 듣고도 이런 순간이 가능했던 것은 지속되는 것에, 먼저 내 안에서 지속되는 것에, 다음으로는 이본에게 지속되는 것에 귀 기울였기 때문이다. 그리고 다소 어려움은 있었어도 공감하는 마음으로 들을 수 있었기 때문이다.

혹시 궁금해하실 분을 위해서 말씀드리자면, 경찰은 오지 않았다. 나중에 이본의 가족에게서 들으니 경찰 기록에 이본의 전화번호가 있었다. 이본으로부터 그런 전화를 받은 것이 처음이 아니었던 것이다. 하지만 그날 밤 서로에게 말벗이 되어 줄 수 있었다는 것이 이본에게도 나에게도 무척이나 다행하고 기쁜 일이었다고 믿는다.

죄책감 벗어나기

죄책감은 재미난 감정이다. 한편으로는 흔히 초콜릿이나 텔레비전 코미디 방송과 연관되지만, 그러면서도 우리를 웃게 만들기는커녕 비참하고 긴장하게 만든다. 그런데도 구글 검색에서 우리가 가장 죄책감을 느끼는 반응으로 3위권에 드는 항목은… 느긋한 휴식이다. 우리에게는 느긋하게 쉬는 시간이 필요하다는 것을 알지만 죄책감이 자동 작동 프로그램처럼 우리 안에 입력되어 있는 듯하다. 우리를 따라다니는 갖은 비난의 소리로부터 벗어나기 위해 한가한 시간을 가지려 할 때 이 감정이 더 유난해지는 것을 보면.

비폭력대화 활동가 프랜은 디아만티나라는 친구 곁에 있으면서 드는 죄책감을 내게 털어놓았다. 디아만티나는 사설 요양원에 살고 있는데, 사춘기 시절에 프랜에게 큰 영향을 준 친구였다. "그 시절 내가 힘든 일을 겪어서 부모님도 어떻게 도와야 할지 모를 때 디아만티나가 저를 지켜 주었거든요. 이제 제가 친구를 지켜 줘야 할 차례예요." 프랜이 말했다.

친구나 어머니, 아버지나 혹은 다른 어떤 사람에 대해 죄책감을 느낄 때가 있을 터이다. 그럴 때면 그 사람과 충분한 시간을 보내지 못했다거나, 그 사람이 나를 돌볼 때는 인내심이 훨씬 더 강했다거나, 나에게 가장 가까운 가족인데 나를 가장 필요로 하는 이때 생판 모르는 사람에게 돌보게 해서는 안 된다거나 하는 생각이 들 것이다. 죄책감에 휘말리지 않고 느긋하게 쉬려고 애써 보았자 마음속에서는 이런 생각의 악순환이 끊임없이 이어지면서, 배터리 수명을 고갈시키는 백그라운드 앱처럼 우리 에너지를 갉아먹는다. 다 잊고 편히 쉬어 보겠다는 것은 언감생심이다. 그런데 이렇게 힘은 힘대로 다 쓰고도 결국에는 보살피고 싶은 사람에게 더 도움이 되지도 못한다!

물론 죄책감으로 인해 치매를 겪는 사람과 강한 유대를 맺으려 더 애쓰고 조금이라도 더 자주 방문하려고 애쓰기도 한다. 하지만 이것으로 족한가? 이것이 우리의 판단하는 생각이 요구하는 기대에 부응하는가? 죄책감에 시달리면서

> 죄책감은
> 진실하려는
> 노력에 훼방을 놓는다.
> 연결되고자 하는 노력을
> 죄책감으로
> 비틀어 놓는다.

우리가 보살피는 사람과 진정으로 함께하고 있다고 할 수 있는가? '옳은 일을 해야 한다.'는 명제에 매달려 취하는 행동 때문에 스스로는 고갈되고 죄책감을 느끼게 만드는 상대방은 기피하게 만드는 비극을 우리는 얼마나 자주 접하는가?

회피는 죄책감이 동기가 되었을 때 종종 일어나는 일이다. 괴로운 속을 웃는 낯으로 덮으려 해 보지만, 치매는 우리가 타인과 자신에게 행할 수 있는 상냥함과 진실함을 시험한다. 거기에 죄책감

까지 끼어들어 이 진실하려는 노력에 훼방을 놓는다. 타인과 연결되고자 하는 노력을 죄책감으로 비틀어 놓는 것이다. 연결은 지금 이 순간의 것이다. 과거나 미래에 대한 근심으로 마음이 산란해지면 지금 이 순간 바로 우리 앞에 있는 것과는 멀어질 수밖에 없다.

프랜은 이윽고 자기 느낌을 들여다보았다. 디아만티나가 자신에게 얼마나 소중한지, 친구를 두고 외국으로 여행 다니면서 자기 삶을 지속하는 것이 얼마나 힘들었는지. "마음이 깊이 저려 오지만, 괜찮아요. 이런 아픔에는 익숙하거든요." 이렇게 말하는 프랜의 두 뺨으로 눈물이 흘러내렸다. 프랜은 무겁디무거운 죄책감 밑에 파묻혀 있던 감정, 가슴 아픔과 슬픔, 고마움, 다정함에 흠뻑 젖어 들었다. 상심이 자신을 짓누르도록 놔뒀더라면 프랜은 우울에 빠져들었을 터이다. 하지만 싹을 틔운 감정들이 이윽고 죄책감의 무게를 딛고 솟아올랐고, 프랜은 이를 자신과 디아만티나 둘 모두에게 소중한 것이 풍성하게 피어날 토양으로 활용했다. "디아만티나는 강하고 독립적인 여성이었어요. 나한테 자기는 근사한 인생을 산 것 같다는 말을 자주 했죠." 프랜은 둘의 우정을 돌아보다가 두 사람 다 독립성과 활력, 모험을 중요하게 여긴다는 사실을 깨달았다. "디아만티나라면 이렇게 말했을 거예요. '프랜, 가서 네 인생을 멋지게 살아.' 요즘 그녀를 만날 때면 나에게 이렇게 말하려는 것 같아요."

프랜에게는 디아만티나를 정기적으로 방문하는 것이 여전히 일상의 일부였지만, 아무리 멀리 여행을 떠날 때라도 이 소중한 친구와 연결을 이어 나갔다. 윌리엄 제임스의 말을 살짝 바꾸어 보면, 우리는 바다에 떠 있는 섬들과 같아, 겉보기에는 따로따로 떨어져 있는 것처럼 보이나, 깊은 곳에서는 연결되어 있다.

서로 연결되어 있다는 믿음은 상대방을 진심으로 보살피고 자기 욕구—그것이 휴식이 되었건 모험이 되었건—에 주의를 기울이게 해 준다. 살면서 자연스럽게 겪게 되는 고통은 누구라도 우회할 수 없다. 변화와 변신에는 고통이 수반되는 법이다. 그런 고통은 아기를 낳거나 이가 나올 때, 월경 때 겪는 고통처럼 자연스러운 것이다. 이 고통을 겪는다는 것이 우리가 무언가를 잘못했다거나 관계에서 무언가가 잘못되었음을 의미하지는 않는다. 살면서 자연스럽게 만나는 과정일 뿐이며, 오히려 성장을 의미할 때도 많다. 하지만 죄책감에 산 채로 파묻힐지, 아니면 이를 뚫고 성장할지는 자기 자신에게 달린 일이다.

삶의 고통을 자연스럽게 경험하면서 죄책감, 슬픔, 후회의 무게를 견뎌 본다면 이를 삶의 자양으로 삼을 수 있다. 자신이 처한 자리가 암흑처럼 느껴질 때, 이를 무덤으로 잘못 해석하는 경우를 많이 본다. 당신이 거기에 심어진 식물이라고 가정해 보자. 모든 씨앗은 어둠 속에서 자라다가 움트면서 밝은 곳으로 올라온다. 현실의 고통 속에 단단히 뿌리를 내렸다면 이를 뚫고 올라올 수 있으며, 이 과정을 통해서 자신과, 그리고 타인과 훨씬 더 깊고 확고하게 연결될 수 있다. 이 과정을 겪고 나서야 우리는 비로소 고통 너머에 존재하는 세계에 진심으로 관심을 기울일 수 있다.

상처받은 마음 느끼기

치매는 상실로 경험될 수 있다. 능력과 기능의 상실. 지금까지 유지해 왔던 관계의 상실. 각자의 역할이 부모와 자녀였던 관계라면 이제는 누가 어떤 역할을 하는지가 더 이상 명확하지 않다. 이와 비슷하게, 연인이 되었건 형제자매가 되었건 친구가 되었건, 두 사람 사이에는 각자의 역할 속에서 역학 관계가 형성된다. 치매라는 연극에서는 대본이 사라지거나 뒤죽박죽으로 뒤엉킨다. 사람들이 "아버지가 아들이 됐다."거나 "내가 언니의 엄마 노릇을 하고 있다."거나 "남편이 이제 내 환자가 됐다."고 말하곤 하는데, 치매 때문에 역할이 바뀌고 관계의 성격이 달라졌음을 보여 주는 표현이다. 이제는 새로운 관계로 접어든 것이며, 거기에는 건강한 치매관계로 발전해 갈 수 있는 가능성이 있다. 하지만 우리가 스스로 과거의 상실과 상심을 직접 경험할 때까지는 이 새로운 관계의 진정한 가치를 제대로 알기 어렵다. 현재를 만나기 위해서는 반드시 이 경험을 스스로에게 허용해야 한다.

공교롭게도 우리가 욕구를 충족하고자 할 때 경험하는 한 가지 감정이 바로 상실감이다. 욕구가 충족되면 축하할 것이요, 욕구가 충족되지 않으면 슬퍼할 것이다. 어느 쪽이 되었든, 축하를 통해서든 아니면 애도를 통해서든, 우리는 자기 욕구를 인정한다.

> 우리는 축하 또는 애도를 통해서 자기 욕구를 인정한다.

요양보호사 역할을 수행하면서 나는 많은 욕구를 충족할 것이며, 어쩌면 채워지지 않는 욕구도 그만큼 많을 터이다. 내 안에 채워지지 않은 욕구, 충족되지 않은 갈망, 부응하지 못하는 가치가 있음을 인정하는 것은, 솔직하게 받아들이기 원리에 바탕을 둔 비폭력대화 프로세스의 일부이다.

슬픔은 자기공감의 한 유형이다. 슬픔의 목적은 우리 안에 살아 있는 것과 다시 연결되는 것이다. 그것이 죽음과 연관되는 슬픔일지라도. 그리워하는 관계를 잃거나 그리운 사람이 수십 년 전에 사망한 경우라도, 애도는 언제 해도 늦지 않다. 애도는 미룰 수는 있어도 결코 취소는 할 수 없다. 현재 내 안에 살아 있는 그 무언가에 응답함으로써 욕구를 채우고 연결을 되살릴 수 있다. 여전히 아픔이나 슬픔이 느껴지거나 심지어는 체념의 마음이 들지라도 바로 그것이 마법의 불꽃이 된다. 과거에 응답할 때 우리는 지금 여기에 살아 있는 것을 찾게 되며, 현재의 느낌과 욕구에 공감으로 주의를 기울이게 된다. 애도는 과거에 관한 것도 미래에 관한 것도 아니기 때문이다. 그 아픔이 얼마나 오래되었건, 그것을 치유함으로써 우리는 삶을 새로운 마음으로 받아들이게 된다. 그리고 단절의 아픔이 치유될 때 강한 안도감과 받아들여진 느낌을 얻는다.

지금 이 순간, 나는 오래전에 세상을 떠난 마리아 할머니를 떠올린다. 치매 겪는 사람들을 돌보면서 배운 태도와 방법으로 마리아 할머니를 대할 수 없었다는 사실에 후회와 슬픔이 느껴진다. 그때 그런 기술이 있었더라면 할머니와 얼마나 단단한 치매관계를 형성할 수 있었을까. 마음이 슬픔으로 채워지는 것이 느껴질 때 나는 다른 사람의 삶에 의미 있는 도움을 주는 것이 내게 얼마나 중요한지를 깨닫는다. 나에게는 기여하려는 욕구가 있는 것이다.

나는 과거를 바꿀 수만 있다면 얼마나 좋을까 생각하다가 나에게 이 욕구가 있음을 깨달았다. 하지만 이 욕구는 과거에 관한 것이 아니다. 현재의 삶을 위한 열망이다.

나는 지금 이 순간 느껴지는 슬픔을 수용하면서 내 욕구에 눈을 뜨곤 한다. 내 친구 이언 매킨지는 슬픔의 가치를 인정하자는 운동을 펼치고 있다. 그는 행복을 찾아 동분서주하는 것은 대개 슬픔으로부터 달아나는, 즉 많든 적든 슬픔을 피할 수 없는 우리

삶으로부터 달아나는 행동이라고 말한다.

치매에는 슬픔을 느낄 일도, 상실을 겪을 일도 부지기수다. 사랑하는 이가 치매를 겪으면서 관계의 성격이 극심하게 바뀌는 경우, 사람들은 혼란을 느낄 수 있다. 친척 혹은 친구인 그 사람이 겉모습은 그대로인데 도저히 '진짜 그 사람'이라고는 믿어지지 않는 것이다. 그 사람의 행동이 전과 같지 않다면, 행동뿐 아니라 성격까지 바뀐 경우가 많다. 우리는 자기도 모르게 이런 말을 하게 된다. "내가 알던 그 사람 어디 간 거야?"라거나 "예전의 그 사람이 아니야."라거나 "차라리 죽는 편이 낫겠다."라거나 "몸뚱이만 남아 있지 나머지는 다 아니야."라거나. 이들 표현은 치매에 걸린 사람에 대해 말하고 있는 것 같아도, 그 사람에 대한 생각이라기보다는 자신에 대한 생각에 가깝다. 그런 식으로 우리는 생각 뒤에 있는 느낌을 표현하고, 치매로 인한 상실을 애도하고 있는 것이다.

이런 상실 앞에서 우리는 낙담하거나 슬픔에 잠기거나 우울에 사로잡힐 수 있다. 아니면 화가 나서 노발대발하거나 무력감을 느낄 수도 있다. 상실감은 다양한 색조를 띠며, 차가운 체념에서 뜨거운 분노까지 온도 차도 크다. 슬픔은 느끼는 사람의 것, 느껴지는 대로 느끼라.

슬픔은 우리를 고통과 쾌락의 미묘한 경계선으로 데려갈 것이다. 이는 상처받기 쉬운, 약한 상태다. 하지만 슬픔을 그대로 **느끼지** 않고 **생각하려** 든다면 고통을 더할 뿐이다. 생각은 지금 느끼는 슬픔을 다룰 수 없다. 그때 떠오르는 생각은 이런 식이 될 것이다. 왜 이 사람한테 이런 일이 일어난 것인가? 이건 부당한 일이다! 혹은, 이 슬픔을 빨리 극복하지 않으면 안 돼. 어서 추스르고 일상을 회복해야 해.

상실에 대해서 불평하거나 머리로 이해하거나 이른바 '올바른' 방식으로 슬퍼할 때는, 지금 이 순간 자기 안에 살아 있는 것과 대면하지 못한다. 과도한 생각은 오히려 주의를 흐트러뜨리는 행위로, 상실감을 덜기는커녕 더 큰 고통을 야기한다. 슬픔은 고통을 증식시키기 위한 과정이 아니라 고통과 연결되기 위한 과정이다. 고통은 말로 제거할 수 있는 것이 아니다.

기쁘지도 슬프지도 않은 느낌, 유쾌함과 불쾌함 사이의 느낌이 있다면, 그것이 사무침이다. 사무침은 건강하게 슬퍼할 때 경험하는 것이다. 건강한 애도의 결과로 얻은 그런 순간에는 삶에 대해 우울해하지도 않고 좋아서 펄쩍 뛰지도 않는다. 사무침을 느낄 때 우리는 삶의 슬픔도 고통도 어려움도 흥미로운 아름다움도 포용할 수 있게 된다. 이것이 평온의 경험이다.

사무치는

비폭력대화센터 국제인증지도자 캐슬린 맥퍼런은 부모님 두 분 모두 치매를 겪으면서 이중의 상실을 경험했다. 캐슬린은 부모님으로부터 무한히 지지받으면서 자기가 언제 넘어져도 든든하게 받쳐 주는 안전망이 있다는 느낌을 받으며 성장했다. 상황이 바뀌면서 이제 자신이 부모님에게 힘이 될 차례가 되었음을 깨달았다. 역할이 뒤섞이고 책임은 새로운 방식으로 분할되었다. 상황 변화와 역할 교체에 적응하는 과정에서 캐슬린은 부모님의 뿌리와 관련된 상실감도 인지하게 되었다.

부모님은 기억을, 가족에 대한 기억과 과거에 있었던 일이며 조상에 얽힌 이야기에 관한 기억들을 잃어 가고 있었다. 부모님 자신에 대한 기억만이 아니라 캐슬린이 집안 전통에 대해서 느껴 온 기억까지 잃으면서, 가족이라는 공동체 안에서 함께하던 기억과 추억이 크게 빈곤해졌다. 아버지와 어머니의 기억의 총합으로 존재하던 한 세대의 기억이 통째로 지워진 것이다. 이 상실을 애도하면서 캐슬린은 자기 안의 깊은 슬픔과 대면하고 채워지지 않는 소속 욕구와 대면했다.

슬픔을 대면하는 애도 과정을 통해서 캐슬린은 아버지와의 관계에서 자신이 외로움을 경험하고 있음도 인지했다. 캐슬린이 좋아하는 것에 아버지가 뜨거운 관심을 보였던 기억, 아버지와 가졌던 열띤 대화와 토론에 대한 기억이 이제는 상실감의 여운으로 남게 되었다. 아버지는 치매가 악화되면서 외향적인 성격을 점점 잃어 갔고, 딸의 활동에 대해 호기심에 차 던지곤 하던 질문도 더는 나오지 않았다. 아버지와 무언가를 공유하는 부녀 관계의 소중함이 캐슬린이 정겨운 마음으로 애도한 또 하나의 가치였다.

생애 초기에 형성된 관계를 잃는다는 것은 우리 마음속에 즐거운 추억으로 남아 있는 활동과 대화를 잃는 것이다. 현재의 자신을 형성하고 장차 되고자 하는 자아상이 형성되는 데 절대로 빠질 수 없는 요소라고 여겨 온 삶의 방식을 통째로 잃는 것이다. 이는 우리가 상상해 온 미래까지 상실하는 것을 의미한다. 누군가가 기억을 하나씩 떠나보낼 때 우리는 그 사람과 함께했던 과거에 안녕을 고한다. 그런 까닭에 우리가 알던 사람이 이제는 가고 없다는 생각을 하게 된다. 하지만 가고 없는 것은 예전의 관계다. 우리가 애도하는 것은 예전에 우리가 가졌던 관계다.

치매를 겪는 사람이 변한 것은 맞다. 하지만 예전의 그 사람이 아니라기보다는 예전의 상태가 아닐 뿐이다. 그들은 달라진 것이고, 그 점은 우리도 마찬가지다. 달라진 관계에서도 두 사람이 다 필요하다. **예전의 두 사람이 아니라 새로워진 현재의 모습으로.** 치매관계는 예전 관계의 최신 버전인 셈이다.

대부분의 경우가 몹시 슬프다는 것은 말할 것도 없다. 슬픔과 상실감이 너무나 커서 생각보다 긴 시간이 걸리며, 어느 정도 기간을 정하고 싶어도 뜻대로 되지 않을 것이다. 애도에는 시간이 필요하며, 배려가 필요하다. 타인의 애도를 지켜보는 것도 자신이 스스로 느끼는 것만큼이나 고통스러운 일이 될 수 있다. 불교 승려 셴펜 후캄은 애도에 대한 태도가 자기공감의 태도를 말해 준다고 말한 바 있다. "가까운 이를 잃고 슬퍼하는 사람에게 '산 사람은 살아야 한다.'거나 '이제 그만 잊으라.'고 하는 사람은 냉담하게 구는 것이다. … 십중팔구는 자신이 두려움과 조바심, 부족함을 느끼고 있어서 이렇게 말하는 것이다. … 자신이 가까운 이를 잃었을 때 냉담하게 굴었던 사람이라면, 타인에게도 냉담할 공산이 크다."

달리 표현하자면, 연결에서 맛볼 수 있는 달콤함은 고통스러운 경험을 하고 난 뒤에 비로소 느낄 수 있다. 내 경우에도 자신과 연결을 경험하고 나서야 타인과 진정으로 연결되는 것을 느낄 수 있었다. 자신과의 연결은 온갖 기복과 변동이 나타날 수 있는 치매관계를 보람된 관계로 만들어 준다. 두 사람 모두에게 안정감과 구심점을 제공하는 든든한 고정 장치 구실을 하는 것이다.

연결의 달콤함을 한번 맛보고 나면 더 깊고 더 많은 연결을 갈망하게 될 것이다. 이러한 갈망이 있을 때 우리는 타인으로부터 더 많은 것을 받아들이는 법을 배울 수 있다. 그들이 무엇으로 우리 삶을 풍요롭게 만들어 주든지 상관없이.

Dementia Together

3부

마음으로 듣기

누군가를 돌보는 일에는 창의성을 발휘할 기회가 끊임없이 발생한다. 공감하는 마음으로 상상력을 발휘할 때 우리는 말 이상의 것을 듣는 법을 배울 수 있다. 연결에는 언어가 필수 요소가 아니기 때문이다. 연결은 음악이나 침묵을 통해서, 접촉을 통해서, 혹은 그저 그 자리에 함께 있어 주는 것만으로도 일어날 수 있다.

치매 겪는 사람과 연결되기

- 그들의 세계에 대해서 궁금해하기: 거기에서 사는 건 어떤 느낌일까?
- 궁금한 것 묻기 연습: 지금 이 사람에게 중요한 것은 무엇일까?
- 그들이 치매를 겪고 있음을 인지하고, 그들의 느낌과 욕구 인정하기
- 걱정이나 분노, 공격성으로 표현되는 욕구불만을 해소하기 위한 창의적인 대안 찾기
- 오랜 기간 반복되어 온 행동을 새로운 무언가를 시도할 기회로 인식하기
- 대화의 깊이를 더해 갈 수 있는 질문 던지기: 그건 어땠어요? 재미있었어요? 무서웠어요? 좀 더 얘기해 주시겠어요?
- 시간 여유를 가지고 상대방의 리듬 존중하기
- 말을 통해서 또는 말없이 연결되기

8

호기심 갖기

그리고 춤추던 이들은
음악이 들리지 않는 이들의 눈에는 미치광이로 보였다.
—프리드리히 니체, 독일 철학자

우리는 감각기관에 나타나는 세계를 당연하게 받아들인다. 광경, 소리, 냄새, 맛, 감촉 등등 감각기관에 나타나는 정보가 우리가 세계를 보는 방식임은 자명한 일이다. 하지만 치매가 있는 사람에게는 이들 감각기관이 다른 정보를 전달할 수도 있다. 치매가 없는 사람들은 치매가 있는 사람들이 경험하는 세계가 어떤 것인지 이해하기 위해 의도적으로 상상력을 발휘할 필요가 있다.

문자 그대로도, 비유적으로도 그렇다. 문자 그대로의 의미로 말하자면, 깊이를 지각할 수 없다면, 눈앞의 표면이 평평한지 층계

인지 알 수 없다면, 세계가 어떻게 보이겠는가? 비유적으로 말하자면, 자신을 둘러싼 세계에 대해 사고하고 움직이고 지각하고 이해하는 능력을 훼손하는 질환과 함께 살아간다면 어떻게 느껴지겠는가?

나도 그것이 어떻게 느껴질지 알지 못하지만, 치매를 겪는 사람이라도 다른 치매인을 대신해서 말해 줄 수 없다. 치매는 아주 개인적인 질환이다. 그들이 세계를 어떻게 지각하는지, 그들이 관심 갖는 것이 무엇인지 말해 줄 수 있는 사람은 치매를 겪는 당사자 한 사람뿐이다. 그들이 자기 자신과 자신이 겪는 치매에 관한 전문가라는 사실을 알고 나면 그들의 경험에 한층 더 관심이 갈지도 모르겠다.

그들은 움직임이 어색할 때가 있을 것이고 불가능한 요구를 해오거나 비이성적인 발언을 할 때도 있을 것이다. 하지만 주의 깊게 들어 보면 무엇이 그들의 삶을 보람되게 만들어 주는지, 그들이 어떤 음악에 맞추어 춤추고 싶어 하는지 말하고 있음을 알 수 있을 것이다. 상상력을 발휘할 때 우리는 당나'귀'라는 어휘에서 '귀'라는 어휘를 찾아낼 수 있다. 마음으로 귀 기울인다 함은, 상대방이 하는 말을 경청하는 것일 뿐만 아니라 그의 진심에 귀 기울이는 것이다. 무엇이 그들을 움직이게 하고 무엇이 그들을 노래하게 하는지 귀를 기울이자.

타인의 세계에 대해서 묻기

나처럼 비폭력대화를 가르치는 사람들은 우리 삶을 풍요롭게 만들어 줄 관계, 타인과 공감하며 소통하는 관계를 형성하는 최상의 방법은 현실을 있는 그대로 중립적으로 관찰하는 것에서 시작된다고 말하곤 한다. **관찰**은 비폭력대화를 시작하기 위한 첫 과정이며, **느낌**, **욕구**, **부탁**의 과정으로 이어진다. 이 네 요소가 우리가 자신과 연결하고 타인과 연결하기 위해서 실천하는 비폭력대화의 네 단계가 된다. 치매를 겪는 사람과 소통하려면 여기에 공감적 상상력을 추가해야 한다.

잠깐 생각해 보자. 어떤 상황이든 있는 그대로 중립적인 입장에서 관찰하려면 감각기관 가운데 하나를 사용하게 될 터이다. 무엇을 보았는가? 자신이나 상대방이 한 행동이나 말 가운데 어떤 것을 기억하는가? 무엇을 들었는가?

내가 살면서 경험한 사람들과의 대화를 생각해 보면, 대부분이 중립적인 입장에서 관찰할 때 더 명확하게 소통할 수 있었다. 가령 이런 말이다. "나는 네가 설거지를 하겠다고 말한 것을 기억해." 평가나 분석이 들어간 말은 이런 식이다. "넌 맨날 일은 다 나한테 시키지." 하지만 치매를 겪는 사람과 소통할 때는 아무리 단순한 상황을 아무리 중립적인 입장에서 관찰한다 해도 그 사람의 경험과

합치되지 않을 수 있다.

알다시피 관찰은 기억과 물리적인 감각 기능에 의존하며, 아울러 대화 상대방이 그것이 객관적인 현실이라는 데 동의해 주느냐에 기댈 수밖에 없다. 내가 개수대에서 설거지하지 않은 그릇을 보았다고 말할 때는, 상대방이 언급된 시점에 실제로 개수대에 설거지하지 않은 그릇이 있었다는 데 동의할 것으로 기대한다. 내가 대화 상대방이 앞서 설거지를 하겠다고 말했던 것을 기억한다고 말할 때는, 상대방이 그것이 자기가 한 말이라며, 특히 그날 저녁 일을 반드시 기억할 것을 기대한다.

치매관계에서는 중립적인 관찰이 적합한 만남의 장소가 될 것을 기대할 수 없다. 치매를 겪는 사람은 내가 기억하는 것을 기억하지 못할 수 있고, 내가 보고 듣고 느낀 것을 보고 듣고 느끼지 못할 수 있다. 그렇다면 이 사람은 내가 기대하는 대로 행동하지 않을 가능성이 아주 높다. 그 결과, 상대방의 '중립적 관찰'이 관계 속 두 사람 가운데 어느 한쪽에 문제 행동을 유발하는 자극제로 작용할 가능성이 매우 크다. 설거지를 하리라고 예상했던 사람이 빨래를 시작할 수 있다. 그 사람은 앞서 설거지를 하겠다고 했던 일에 대해서 물으면 정말로 깜짝 놀랄 수 있다. 설거지라니? 개수대라니? 대체 무슨 말 하는 거죠?

그러니 치매관계에서는 '중립적 관찰' 대신 '공감적 상상'을 시도해 보자. 공감적 상상은 상상이 아니라 실재를 알아내는 것에 초점을 두어야 한다. 공감적 상상은 타인의 생각을 읽고는 모르면서도 그 사람이 어떻게 생각하고 느끼는지 안다고 단정하는 것이 아니다. 공감적 상상이란 타인에게 일어나고 있을 일에 진정으로 관심이 있으며, 그들이 자기 느낌과 욕구에 대해서 무엇을 경험하고 있을지 존중하는 마음으로 이해하려고 노력하는 것을 의미한다. 즉, 그들의 세계에 호기심을 갖는 것이다.

> 공감적 상상은
> 누군가가 무엇을 경험하고
> 있을지 존중하는 마음으로
> 이해하려고
> 노력하는 것이다.

사람들이 기이한 행동을 보일 수 있다. 전기 주전자를 가스레인지에 올린다거나, 설거지통에 넣어야 할 그릇을 세탁기에 넣는다거나. 하지만 호기심을 갖고 본다면 이 기이해 보이는 행동이 그들 세계에서는 충분히 말이 된다는 것을 알 수 있을 것이다. 전기 주전자가 없었던 1960년대의 현실 속에서 살고 있는 이본의 세계에 내가 있다고 상상해 보면, 그것은 매우 이성적인 행동이 된다. 마찬가지로, 고든 같은 사람은 식기세척기를 세탁기로 혼동할 수도 있는 것이다.

그들 시각으로 세계를 보는 법을 익힐 때 연결은 훨씬 더 쉬워질 것이다.

"여기 사람들 있잖니, 머리가 완전히 돌았어." 시언이 휴게실에 있는 다른 사람들이 엿듣지 못하게 낮은 목소리로 아들에게 말했다. 하지만 머리 옆으로 손가락을 빙글빙글 돌리는 동작은 숨길 수 없었다. "돌아도 아주 단단히 돌았다니까!" 시언이 말하자 아들은 빙그레 웃었다.

시언은 웨일스의 치매 요양원에서 생활하는 알츠하이머병 환자다. 시언이 생각하기에 그 요양원에서 제정신인 사람은 자기 하나다. 아닌 게 아니라 치매 같은 정신적 질환을 진단받은 사람들은 일반적으로 스스로를 미쳤다고 여기지 않는다. 우리가 스스로를 미쳤다고 여기지 않는 것과 하등 다를 바 없이.

그들이 충족하려는 욕구가 무엇인지 알고 싶은 마음이 생기면, 능력이나 장애 여부와 상관없이, 그들의 건강하고 온전한 면을 발견할 수 있다. 중국 철학자 장자는 진정한 공감이란 자기 온 존재로 듣는 것이라고 말했다. 그러한 공감은 온 마음을 다해서 상대방 안에서 온전한 것에 귀 기울인다. 이러한 공감 기술을 습득하면 우리는 누구하고도 건강한 관계를 형성할 수 있다.

유쾌한 치매관계를 만들기 위해서는 다음과 같은 요소가 필요하다. 적절한 접촉, 상상력 한 자밤, 그리고 큰 마음이다.(마음이 충분히 크지 않은 것 같아 걱정된다면, 안심해도 된다. 마음은 얼마든지 키울 수 있다. 마음이 있기만 하면 된다. 그거면 된다.) 치매관계가 버겁게 느껴질 때가 있다 해도 공감할 수 있을 때 마음이, 우리 자신의 마음과 우리가 보살피는 사람의 마음이 활짝 열릴 것이다. 남들한테는 둘 다 정신 나간 사람들처럼 보일지라도.

내 친구 루스의 어머니 제인은 치매가 생겨 24시간 돌봄이 필요해지면서부터 요양 시설에서 지내 왔다. 그 밖의 면에서는 아주 건강하고, 정신 능력에서도 아무런 어려움도 의식하지 못한다. 왜 자기가 요양원에 들어갔는지 이해하지 못하고 아마도 자신이 가족에게 귀찮은 존재이기 때문일 것이라고 생각한다. "말썽 일으키지 않겠다고 약속할게, 그저 집으로 데려다주기만 하렴. 절대 방해되지 않게 다락방에서 지낼게." 제인은 딸 루스에게 말했다.

루스는 마음으로 듣는 능력을 뜻하는 자기공감을 습관으로 키워 왔다. 쉽지는 않았지만, 때로는 가슴이 무너질 것 같은 어머니의 호소를 해석하려 들거나 반박하거나 혹은 요양원이 어머니한테는 훨씬 나은 환경이라고 설득하려 들지 않고 차분히 주의 깊게 들을 수 있었다. 다만 어머니가 무엇을 갈망하는지 호기심을 갖고 귀 기울였다. 다시 말해서 루스는 어머니가 하는 말에 깃든 욕구에 귀를 기울였다.

쉬운 일은 아니다. 하지만 아무리 의미 없게 느껴지는 말이나 행동이라도 그것은 반드시 파고들어 볼 가치가 있는 중요한 무언가를 겨냥한다. 호기심 어린 마음을 지키기 위해서는 상대방을 괴롭히는 것이 어떤 것이다 함부로 단정하거나 결론 내지 않고, 자연스럽게 평온을 유지하는 자세가 필요하다.

스페인의 비폭력대화 활동가 이마놀이 치매가 중해져 더는 혼자 생활이 불가능해진 남자 친척이 가족에게 돌아간 이야기를 들려주었다. 이 친척은 이제 그를 잘 보살펴 주고 욕구를 잘 챙겨 주는 사람들과 함께 지내고 있다. 하지만 그의 욕구가 무엇이었길래 낮밤을 가리지 않고 하루 종일 새로 옮긴 집 근처를 어슬렁거리며 돌아다녔을까?

치매를 겪는 사람들은 뚜렷한 목적 없이 이리저리 돌아다니는 것으로 알려져 있다. 집 안에서 이 방 저 방 다니기도 하고 동네를 배회하기도 한다. 의미 없고 정신 나간 행동으로 보일 수도 있다. 하지만 그들이 과감히 돌아다니는 곳이 어디인지 관심을 갖고 지켜보면 거기에는 아주 구체적인 목적이 있음을 알 수 있을 터이다. 아주 특정한 욕구를 충족시키고자 하는 것이다. 그것이 무엇인지 알고 나면 우리는 그들이 그 욕구를 충족할 수 있는 방법을 찾도록 도와줄 수 있다.

이마놀의 가족은 그 친척이 무얼 찾아다니는지 궁금해졌다. 그래서 주의 깊게 지켜보던 어느 날, 그가 찾고 있는 것이 위층 침실로 올라가던 층계라는 것을 알아냈다. 지금 그가 살고 있는 집은 방갈로이건만. 그는 있지도 않은 층계를 찾아다니느라 분주했으나 헛수고였다. 자신의 집, 자신의 공간을 찾고 있었던 것일까?

이본도 집에 데려다주면 좋겠다는 말을 자주 했다. 심지어 집 안에 앉아 있는 순간에도. 내가 휠체어에 태워 밖으로 데리고 나가 집으로 가는 길을 안내해 달라고 하면 안정을 되찾곤 했다. 우리는 어디 다른 곳으로 간 것이 아니라 그저 출발했던 곳으로 돌아간 것뿐이었다. 나는 우리 사이에 이루어진 연결이 이본에게 편안한 느낌을 주었으리라고 믿는다. 공감을 통해 형성된 연결, 그러니까 진짜 욕구에 대한 이해를 통해 형성된 연결이 독립성에 대한 이본의 강한 욕구를 충족시켜 주었으리라고. 나는 그것이 진짜 집이 주는 따뜻하고 아늑한 느낌일 것이라고 생각한다. 그리고 그것이 바로 이본이 찾아다니던 것이라고 생각한다.

어느 시점에 이르러 이본의 가족은 집이 더 이상 이본에게 좋은 수단이 아니라고 결정했다. 결국 그들은 이본을 입소자로 받아주는 요양원으로 옮겼다. 하지만 이본은 그곳을 집으로 받아들이지 않았다! 그저 휴양지 정도로 취급했다. 이본은 자신이 거기서 뭘 하고 있는지 알 수 없어 했지만, 몇 가지 단서로 자신이 휴가 중이며 호텔에 묵고 있다고 생각하게 되었다. 훌륭한 객실 담당 직원과 요리사 들이 있으니 집에서 지내는 것보다 훨씬 좋다고 느꼈다. 게다가 휴가가 꽤 오랫동안 지속되고 있다고 느끼지 않았는데, 왜냐면 이본에게는 매일이 새로 시작되는 첫날이었기 때문이다. 이본에게 필요한 모든 것이 제공되니 만족스러웠고, 모든 욕구가 충족되었다.

가족들에게는 예상치 못한 반전이었다. 이본이 얼마나 독립성이 강한 사람인지 아는 가족들로서는 이본이 요양원을 좋아하리라고는 미처 예상 못 했던 것이다. 하지만 치매를 겪는 사람들의 욕구가 충족되는 방식은 때로 사람의 허를 찌른다. 주변 사람들의 반응은 이렇게 되곤 한다. 내가 이 방법을 생각해 내지 못한 것도 놀랄 일은 아니지. 아니, 이걸 내가 무슨 수로 상상했겠느냐고!

조앤 쾨니그 코스테는 저서 『알츠하이머병 가족에게 다가가기: 치매 가족과 건강하고 행복하게 살아가는 법』*에서 환자와 돌보는 이 모두의 정서적 건강을 위해서는 돌보는 이 쪽이 환자가 살고 있는 현실을 인정하고 그 현실 안에서 대화해야 한다고 강조한다. "환자의 현재 '장소'나 시간에 함께하라. 환자가 언제 어디에 있든 그곳에서 그가 누리는 기쁨에 함께하라." 누군가를 움직이게 하는 것이 무엇인지, 그 사람을 살아 있게 하고 춤과 노래로 채우는 것

---

* Joanne Koenig Coste, *Learning to Speak Alzheimer's* (한국어판: 홍선영 옮김, 2014년, 부키)

이 무엇인지 알고 싶어 할 줄 알게 된다면 함께하자고 초대받을 수도 있다!

소리 내어 추측하기
_____

치매를 겪는 사람이 주변 상황에 대해서 문제없이 말하는 경우에도 현실에 대한 지각은 우리와 크게 다를 수 있다. 이를 이해하기 위해서 공감적 상상에서 시작해 보자. 그들이 주변 상황을 어떻게 보고 느끼고 듣고 맛보는지 추측하는 것이다. 그런 다음 자신이 추측한 것을 토대로 그들이 지각하는 세계와 그에 대한 경험에 대해서 더 알아 간다.

타인의 내면에서 일어나는 일을 추측할 때는 틀릴까 봐 걱정하지 않아도 된다. "틀린 음을 연주하는 것은 문제가 되지 않으나, 열정 없이 연주하는 것은 변명의 여지가 없는 일이다." 루트비히 판 베토벤의 말이다. 마찬가지로, 누군가의 기분을 잘못 추측하는 것은 중요하지 않으나, 그 사람이 어떤 기분인지 상관하지 않는 태도는 변명의 여지가 없는 일이다. 연주할 때도 타인을 돌볼 때도 열정은 마음에서 나오는 것이다. 이렇게 열정을 가지고 임할 때 우리는 사람을 깊이 감동시킬 수 있다.

따라서, 열정을 갖고 상대방과 소통하는 데 마음을 쓰는 것으로 시작하여, 상대방의 느낌과 욕구를 공감하는 마음으로 추측한다. 지금 상황이 상대방에게 어떤 영향을 줄 것이며, 상대방이 지금 상황을 어떻게 받아들일지 당신이 추측하는 바는 그에게 어떻게 작용할 것인가? 그리고 이 과제를 더 쉽게 수행하게 해 줄 언어를 가지고 있다면, 상대방에게 곧바로 물으면 된다.

중요한 것은 그들의 경험에 진정한 관심을 표하는 것이다. 더러는 당신이 그들의 목소리, 그들의 표현 수단이 되어 줄 수도 있다. 치매 단계가 깊이 진행되면 언어 구사 능력을 상실할 수 있지만 언어를 파악할 능력은 잃지 않는 경우도 많다. 그런 경우에는 우리가 하는 말을 이해할 수 있으며, 우리가 공감하는 마음으로 했던 어떤 추측이 정확했는지, 어떤 추측이 그들의 느낌이나 욕구 또는 부탁을 표현해 냈는지를 가리키는 반응을 보일 것이다. 그리고 이 과정 자체가 두 사람 모두에게 상대방과 가장 마음 깊이 연결되는 경험이 될 것이다. 엘리자베스 잉글리시가 즐겨 말하듯이, 상대방에게 이해받는 것을 거부할 사람은 없다.

"당장 의사를 만나야겠어!" 클레어는 다급하게 말하곤 했다. "어째서 이렇게 오랫동안 나를 진찰하는 사람이 없는 거죠? 병원에 예약을 잡아야겠어요."

사실 클레어는 그 주에 주치의를 만났다. 따라서 사실이 아닌 말이었지만, 클레어에게는 그것이 현실이었다. 나는 클레어에게 바로 얼마 전에 담당의를 만나고 온 것을 증명할 수 있다고 반박하는 대신, 그 불평이 정말로 의미하는 바는 무엇일까 생각해 보았다. 무슨 말을 하고 싶은 것일까?

클레어의 진의를 알아내고 싶은 마음이 충분히 무르익으면 그때 물으면 된다. 그 순간 클레어에게 가장 중요한 것이 무엇일까 상상해 보고 내 추측이 맞았는지 묻는다. 나는 클레어에게 치매가 있다는 것을 알기 때문에 그 말에 대해서 왈가왈부하거나 사실 여부를 따지지 않을 것이다.

나는 내가 돌본 사람들과의 치매관계를 통해서 치매 덕분에 내가 타인에게 더 열린 마음이 될 수 있다는 것을 배웠다. 호주의 비폭력대화 국제인증지도자 폴레트 브레이나라이도 내 생각에 동의했다. 폴레트의 아버님은 치매를 겪고 있는데, 폴레트는 치매 판정이 나오자 아버지 돌봄을 맡은 자신이나 다른 형제자매들에게 상황이 더 명확해진 면이 있다고 했다. 치매라는 것을 서로가 알기에 아버지가 당황스러운 말이나 행동을 해도 잘못된 통념을 고집한다거나 누구 생각이 맞느니 틀리느니 다투지 않고 슬기롭게 대처할 수 있었다는 것이다.

그 사람이 치매가 있음을 인지하고, 그들의 느낌과 욕구를 인정한다.

『난 멀쩡해, 도움 따윈 필요 없어!』*에서 저자 하비어 아마도르는 정신 질환으로 인해 우리와 생각이 다를 수 있는 타인과 소통할 때는 경청하고 공감하는 것이 무엇보다 효과적인 도구라고 말한다. "주장의 힘보다는 관계의 힘에 기댈 때 우리는 설득에 성공할 것이다."

치매를 겪는 사람과 연결되려면 그 사람이 질환이 있음을 인지하고, 그들의 느낌과 욕구를 인정해야 한다. 첫째, 단순하고 평범한 언어를 선택한다. 연구를 통해서 밝혀진바, 언어는 단순할수록 덜 추상적이고 더 구체적이다. 이 책 뒷부분에 비폭력대화 지도자들이 오랜 기간 검증해 온 인간의 보편적 욕구 목록을 실었다. 예를 들면, 사람에게는 인정받고 기여하고 포함되고자 하는 욕구가 있다. 치매가 있는 사람과 소통할 때는 그들의 욕구를 '포함' 같은 추상적 개념으로 말하기보다 그 사람이 하고 싶을 것 같은 친근한 일로 표현하는 쪽이 더 효과적이다. 말하자면, 당신을 포함시켜주기를 바라는가 묻는 대신 대화에 참여하고 싶은가 묻는 것이다. 나아가 어떻게 하면 도움이 되겠는지 물을 수도 있다. 예를 들면, "사람들이 말을 더 천천히 하면 좋으시겠어요?" 하고 물으면 된다. 또, 기여를 바라는가 묻는 대신 어떠어떠한 일에 도움을 주고 싶은

---

* Xavier Amador, *I Am Not Sick, I Don't Need Help!* (한국어판: 최주언 옮김, 2013년, 한국심리치료연구소)

가 물으면 된다.

누군가에게 무엇이 중요한지 물을 때 그 사람이 이해하기 쉬운 언어를 사용한다면, 그 말이 그의 귀에는 음악으로 들릴 수도 있다.

치매 친화적 공감 사례

애정: 한번 안아 드릴까요? 다른 사람이 손잡아 주는 걸 좋아하세요?

자유: 어떤 것이 잘 어울리는지 직접 결정하고 싶으세요?

애도: 얼마나 슬픈지 알려 주시겠어요? 너무너무 슬프세요?

참여: 우리가 하는 일에 의견을 주고 싶으세요? 지금 진행되는 일에 같이하고 싶으세요? 사람들이 천천히 걸으면 좋으시겠어요?

존중: 사람들이 관심을 기울여 주기를 바라세요? 사람들이 당신을 고려해 주면 좋으시겠어요?

(공감과 욕구를 추측하는 치매 친화적 공감 언어 목록은 이 책 311쪽 부록 B를 참조하라.)

둘째, 그들의 리듬을 존중한다. 치매를 겪는 사람에게 무슨 일이 일어나고 있는지 알고 싶다면, 그들의 느낌과 욕구에 주의를 기울여야 한다. 그들에게 공감하는 마음으로 손을 내밀어야 한다. 하지만 누군가의 욕구를 공유한다는 것은 사적인 영역으로 들어가는 문을 여는 것과 같다. 따라서 들여보내 주지 않는다면 그 뜻을 존중해야 한다는 점을 염두에 두어야 한다. 공감하려는 시도를 반기지 않을 수 있다. 그날 또는 그 순간에는 그럴 수 있다. 하지만 자신에게 관심을 기울인다는 것은 알아볼 터이며, 그 점이 중요하다. 그 일이 하나의 사실로 기억되지 않더라도 마음으로는 감지될 것이다.

> 자신에게 일어나는 일에 관심을 기울인다는 것은 알아볼 것이다. 그 일이 하나의 사실로 기억되지 않더라도 마음으로는 감지될 것이다.

끝으로, 치매에서는 느낌이 현실에 더 충실하다는 점을 명심하자. 반면에 기억은 현실을 왜곡하고 부정확하게 전달한다.

"몇 달이나 의사를 만나지 못했어요. 왜 나를 병원에 데려가지 않은 거죠?" 클레어가 말했다.

클레어는 나에 대해 말하고 있었다. 클레어의 일지를 관리하고 일상적인 할 일 목록을 정리하는 사람 말이다. 정기 검진 예약을 잡는 사람도 나였다.

따라서 클레어가 "어째서 이렇게 오랫동안 나를 진찰하는 사람이 없는 거죠?" 하고 말했을 때 나는 어떻게 대응해야 할지 결정해야 했다. 나는 그 순간 클레어가 무엇을 느끼고 있는지, 그 순간 클레어에게 어떤 욕구가 중요할지 알아내고 싶었다. 그 대화에 앞서 나는 단순한 언어를 사용해서 추측해야 한다는 것, 클레어가 대답하고 싶을 때까지 충분히 기다릴 준비가 되어 있어야 한다는 것, 이 두 가지 원칙을 마음에 새겼다. 또한, 클레어가 그 주에 이미 주치의와 약속이 있었다는 사실을 쉽사리 인정하지 않으리라는 점도 명심해 두었다.

뭔가 문제가 있으리라고 추정하고 싶은 마음이 굴뚝같을 때도 많다. 가령 클레어가 몸이 좋지 않아 의사에게 묻고 싶은 것이 있나 보다, 추정하는 것이다. 그게 아니라면 클레어가 바로 얼마 전에 만나고 온 그 의사의 약 처방에 의문이 있나 보다, 추정해 보기도 했다.

나는 당황했다. 내가 클레어가 한 말에 대해서 혼자 이러쿵저러쿵 추정하고 있었다는 것이 보일 것이다. 나는 클레어가 몸이 좋지 않든지 아니면 자신이 충분한 주의와 보살핌을 받지 못한다고 느껴 짜증이 났든지, 둘 중 하나일 것이라고 추정했다. 하지만 그 어떤 것도 클레어가 직접 말한 것이 아니었다. 나는 나중에 가서야 클레어에게 무슨 생각을 하고 있는지 직접 물어봐야겠다는 생각이 들었다.

"'당장 의사를 만나야겠어!' 하고 말씀하신 건, 몸이 좋지 않아 치료를 받아야겠다는 말씀인가요?" 내가 물었다.

클레어는 아니라는 뜻으로 고개를 가로저었다. "아유, 아니에요. 그렇게 나쁜 기분은 아니에요."

두 번째 추측을 제시했다. "그러면 저에게 클레어를 보살펴 달라고 요청하시는 건가요?"

"아니, 그런 뜻이 아니에요. 하지만 금방 안 좋아질지도 모르겠군요. 나한테 뭔가 문제가 있는 것 같아서 의사를 만나 보고 싶었어요."

"그러시군요. 제가 이해하고 싶어서 그러니 조금만 참고 들어주세요. 클레어가 하신 말씀은 건강에 문제가 생긴 것 같다는 생각이 들어서 걱정이 된다, 이런 의미인가요?" 클레어가 고개를 끄덕였다. "그러니까, 무슨 문제가 생겼는지 듣고 싶어서 의사를 만나고 싶으신 거죠?"

"나한테 뭔가 문제가 생겼다는 게 느껴져요."

"지금 무슨 일이 일어나고 있는 건지 알고 싶으신 거 같다고 제가 추측해 봤는데, 맞나요?"

"의사가 무슨 일이 일어나고 있는 건지 말해 줄 수 있을 거라고 봐요."

클레어가 상황을 분명하게 알고 싶어 하는 자기 마음을 나에게 털어놓는, 감동의 순간이었다. 나는 클레어가 최근에 의사를 만났던 일에 대해서는 기억이 없다는 것을 알 수 있었다. 의료진은 최선을 다해서 클레어에게 혈관성 치매에 대해 알려 주고자 했지만, 클레어는 의사와 함께 있는 자리에서는 설명을 듣고 이해할 능력이 되지 않았다. 하루 이틀 지난 뒤에는 들었던 설명은 말할 것도 없고 병원을 방문했던 사실도 기억하지 못했다. 그리고 남은 것이라고는 건강에 무언가 문제가 생겼다는 것과 의사가 그 답을 알고 있다는 것, 이 두 가지 희미한 기억이었다. 이렇게 기억이 더 희미해지는 동안 불편한 느낌이 지속되었던 것이다.

여기에서 볼 수 있듯이, 상황을 정확하게 관찰한 다음 클레어에게 의사를 이미 만났음을 납득시키려고 해 봤자 시간 낭비에 지나지 않았을 터이다. 그 상황에 대한 클레어의 이해는 일어난 상황에 대한 정확한 설명이 아니라 상황을 분명하게 알고자 하는 욕구의 직접 표현이었다. 클레어의 느낌과 욕구와 연결되었을 때 그 욕구를 바로 해결할 수 있었다. 그뿐 아니라 내가 세웠던 두 원칙을 잘 지켰다.

그 일이 있은 뒤로 나는 병원에 갈 때마다 진료 시간에 들었던 말과 있었던 일을 내가 기억하는 대로 전부 다 기록했다. 단순한 언어와 큰 서체로. 그러고는 이 문서를 인쇄해서 잘 보이는 곳에 두었고, 클레어는 문자 그대로 몇 시간씩 거기 적힌 내용을 공부하고 수시로 나에게 추가적인 내용을 질문했다. 이 활동으로 클레어는 이해 능력이 향상되었다. 클레어의 욕구를 내가 공감하며 추측함으로써 우리가 서로 연결되기 '전'이었다면 이 문서는 효과가 없었을 터이다. 클레어는 문제 해결이 오로지 의사들에게 달려 있다는 생각에 집착했을 것이며, 날이면 날마다 의사를 만나야겠다고 고집을 부렸을 것이다.

나는 클레어의 말에 깔린 욕구를 정확하게 알아내는 것이 중요하다는 믿음을 밀고 나갔다. 클레어는 클레어 자신을 이해하고 싶어 했고, 나도 그랬다. 우리는 특별한 무언가를 공유했으며, 내가 클레어의 욕구를 받아들이는 법을 배우는 순간, 그것은 선물이 되었다.

이 작고 소중한 선물은 있는 동안 즐겨야 한다. 아이스크림과 같아서 녹아 없어지기 때문이다. 하지만 그 맛은 또 얼마나 달콤한가? 그렇게 덧없이 사라지는 기쁨이 모든 문제를 해결하거나 모든 곤경을 덜어 주지 못하지만, 인간적 욕구의 달콤함을 맛볼 때 우리는 서로 연결된다. 우리에게 필요한 것은 그것을 받는 법을 배우는 것뿐이다.

누군가가 내미는 것을 받는 데 반드시 어떤 행동이 필요한 것은 아니다. 그 자리에서 마음으로 지켜보는 동안 그들 스스로 자신과 연결될 수 있다. 우리가 다만 그 자리를 지키며 그들의 경험에 관심을 기울이는 것만으로도 도움이 된다. 그뿐이다.

비폭력대화센터 국제인증지도자 멜라니 시어스는 한 정신건강센터에서 간호사로 근무한 경력이 있는데, 그때 환자들에게 자신의 공감을 표현하고 또 타인으로부터 공감받을, 다시 말해서 환자 스스로 자기 느낌과 욕구를 인지하고 보살필 기회를 제공하는 공감 도움 모임을 운영했다.

참여자 대부분이 정신적으로 혼란을 겪고 있고 자기 의사를 분명하게 표현하지 못하는 치매 말기 환자들이었다. 그들은 자기 내면세계가 낯설고 험한 이국 영토라도 되듯 걸핏하면 방향을 잃고 헤맸다. 하지만 과거에 심리상담사였던 한 환자가 자기 느낌을 세밀하고 명확하게 기술할 수 있었다. 그에게는 내면세계가 잘 아는 영토여서 그는 마치 집에 있는 것처럼 안정감 있고 여유 있고 편안하게 느꼈으며 유창하게 자기 내면세계를 묘사했다.

멜라니는 치매 진단에 대해 함께 이야기 나누면서 그 여성의 느낌과 욕구와 연결되었다. 그 여성과의 대화가 얼마나 부드럽게 흘러갔는지, 치매 판정이 착오나 어떤 불운한 오해가 아니었을까 의문이 들 정도였다.

하지만 모임이 끝났을 때 멜라니는 그 여성이 자신이 정신과 치료를 받고 있다는 사실도, 현재 병원에 온 환자라는 사실도 이해하지 못하고 있다는 것을 깨달았다. 자신이 어디에 있는지 전혀 알지 못하는 듯했고, 외부 환경을 이해할 능력도 없는 듯했다. 하지만 자기 내면세계를 표현하고 기술하는 능력은 완벽했다. 모든 것이 정서 지능에서 온 차이였다. 정서 지능이 그 환자에게 내면 풍경을 타인과 편안하게 어울릴 수 있는 친근하고 익숙한 곳으로 만들어 주었고, 연결도 가능하게 해 주었다.

우리 대부분이 숙련된 심리치료사 같은 기술을 갖추지 못했지만, 치매가 있는 사람이건 아닌 사람이건 모두 자기 내면과 연결하는 능력을 향상시킬 수 있다. 순간순간 자기를 돌아보는 시간만일지라도.

도리는 대부분의 시간에 자기 뇌 상태에 대해 전혀 인지하지 못하는 것으로 보였지만, 이따금 자신의 치매에 대해 생각에 잠기곤 했다. 도리가 자기 내면세계를 방문할 때 나도 가끔은 동참할 수 있었다. 한번은 무척이나 건조해진 도리 피부에 알로에베라 크림을 발라 주는 피부 치료 시간에 이 방문의 기회가 찾아왔다.

"있잖아요, 나한테 이 일이 일어날 거라곤 생각도 못 했어요."

도리가 큰 소리로 말했다. 마음속에 자리 잡고 있던 생각에 대한 반응 같았다. 내가 함께 있을 때 나온 말이라 나도 물었다. "무슨 말씀이세요, 도리?"

"내가 정신이 혼란스러운 사람이 되리라고는 생각해 보지 않았다고요. 어머니는 그러지 않았으니까요."

나는 '혼란스럽다'는 말이 알츠하이머병을 뜻하는 것이리라 추측했다. 도리에게 치매 판정에 대한 기억이 떠올라 그게 무엇을 뜻하는 것인지 의문을 품게 되었으리라고. 그러더니 어머니가 살아 계시던 마지막 날까지 얼마나 정신이 또렷했는지를 말해 주는 사연을 들려주었다. 어머니는 정신이 한 번도 혼란스러워진 적이 없었다고.

나는 내친김에 과감히 **치매**라는 말을 언급했다. 도리가 말하고 있는 것이 내가 생각하는 것과 일치하는지 확인하기 위해서였다. "도리에게 치매가 있다는 것은 어떻게 알게 되셨어요?" 내가 물었다.

"가끔 심하게 혼란스러워지더군요. 하지만 문제는, 내가 언제 혼란스러운지 언제 아닌지 알 수가 없다는 거예요." 도리가 말했다.

도리는 **치매**나 **알츠하이머**라는 단어를 사용하지 않았다. 도리에게는 **혼란스럽다**는 말이 더 적확하고 정확한 표현이었다. 도리가 이 병을 그렇게 느끼고 있다는 뜻이니까. 이것은 하나의 실험적 용어였으며, 도리가 느끼는 감정을 표현하는 용어이기도 했다.

이 대화를 하면서 나에게 요구되는 행동은 아무것도 없었다. 하지만 내가 도리의 내면세계에 적극적으로 참여하고 관심을 기울이고, 도리가 자기 내면과 연결되는 것을 도울 수 있는 기회였다. 나는 도리의 마음속에서 무슨 일이 일어나고 있는지 계속 호기심을 갖고 지켜보았다.

"생각에 잠기신 것 같아요, 도리."

"맞아요." 도리가 말했다.

도리는 병에 대해 걱정하는 것이 아니었다. 그 순간 도리의 욕구는 자신을 이해하고 자신과 연결되고자 하는 것이었다. 나는 우연히 목격자가 되었다. 도리가 항상 정보나 상황을 완전하게 인지할 수 있는 것은 아니었지만 자신이 혼란스러워지는 것에 대해서는 명료하게 인지했고, 얄궂게도 이로 인해 자기공감 욕구만이 아니라 명료함에 대한 욕구까지 충족시킬 수 있었다. 이로써 도리는 마음이 편해졌고, 그날 남은 시간을 느긋하게 보낼 수 있었다. 가끔씩 도리는 이렇게 말하고 슬며시 웃었다. "어쩌면 그냥 좀 헷갈리는 걸지도 모르지!" 대수는 아니었다. 적어도 그날만큼은.

도리 옆에 마음을 나눌 사람이 함께 있지 않았더라면 이처럼 자신을 돌아보는 생각은 일어나지 않았을 터이다. 치매를 겪는 사람들의 뇌에서는 더는 새로운 기억이 쌓이지는 못하지만, 자신과 세계에 대해서 이미 알고 있는 사항들이 통합되고 완성된다. 돌봄을 맡은 사람은 단순히 그 자리에 있어 줌으로써 이런 통합을 가능하게 해 줄 수 있다. 그 사람의 마음속에 살아 움직이는 것을 기꺼이 들어 주는 사람이 되어 주면 된다. 그들의 경험에 주의를 집중하는, 한 사람의 목격자 말이다.

인간 중심 심리학의 개척자로 꼽히는 칼 로저스는 진료실 바깥에서도 공감적 관계가 형성될 수 있음을 인정했다.

귀 기울여 들어 주는 사람이 심리학이나 정신의학 혹은 의학 방면에 전문 지식이 전혀 없더라도 마음이 편안해지는 치유 효과는 발생할 수 있다. 제아무리 전문적인 훈련이나 높은 학문 수준이라도 상대방에게 공감하며 들어 주는 열린 마음만 못한 것이다.

하지만 요양보호사들에게는 언제라도 이 사람을 돌보는 일이 더는 힘들겠다고 느껴지는 상황이 찾아올 수 있으며, 때로는 자기 자신을 돌보는 것이 급선무인 상황도 찾아온다. 이런 경우에는 치매를 겪는 사람에게 맞는 심리 치료를 할 수 있는 전문가를 찾아보는 것도 고려할 만하다. "본인은 어차피 기

공감적 경청의 목적은 치매를 겪는 사람이 그런 치료를 받았다는 것을 기억하는 것이 아니라, 누군가가 자기 말에 귀 기울여 주는 것을 느끼는 것이다.

억도 못 할 텐데 그런 치료를 받아 봐야 무슨 소용이 있겠어?" 한 친구가 어느 날 물었다. 충분히 품을 수 있는 의문이라고 생각했다. 하지만 내 경험을 돌아보면, 공감적 경청의 목적은 치매를 겪는 사람이 그런 치료를 받았다는 것을 기억하는 것이 아니라, 누군가가 자기 말에 귀 기울여 주는 것을 느끼는 것이다.

폴란드 출신의 노화와 치매 돌봄 전문 상담가 다누타 리핀스카는 저서 『치매를 겪는 사람들을 위한 사람 중심의 심리 상담: 자신에 대해 이해하기 *Person-Centred Counselling for People With Dementia: Making Sense of Self*』에서 비슷한 접근법을 말한다. "치매를 겪으며 살아가는 사람들에게도, 본인이 원한다면, 전문가의 심리 상담 기회를 제공해야 한다고 나는 믿는다. 이 상담이 그들 스스로 자기 삶과 현재의 경험을 이해하는 데 도움이 되기 때문이다."

치매 겪는 사람을 돌보는 사람은 누구든 하나의 역할을 수행할 수 있다. 공감하는 마음으로 귀 기울여 듣고 마음으로 지켜보는 목격자가 됨으로써 말이다. 관심을 갖고 지켜보는 마음에 하찮은 것이란 없다.

9
분노와 혼란에
귀 기울이기

실제 인생의 한 가지 비극이 뭐냐면,
배경음악이 없다는 겁니다.
– 애니 프루, 미국 작가

분노 폭발은 거의 모든 사람이 인생에서 비극적인 사건을 겪을 때 따라 나오는 반응이다. 분노, 고뇌, 혼란은 아무도 그 노래를 더는 견디지 못할 때까지 고래고래 소리치고 울부짖는 시끄러운 감정이다. 화가 난 사람이 당신이 아니라 당신이 돌보는 사람인 경우에는 그 감정들 뒤에 있는 것에 귀 기울이지 않는 한 견디기가 무척 힘들 터이다.

화, 절망, 고뇌는 자극에 타오르는 감정이다. 어떤 감정이라도 오랫동안 무시되고 방치되면 필사적으로 관심을 받으려고 할 것이다. 고통스러우리만치 공허하게 채워지지 못한 상태로 남아 있던 욕구들은 누군가 알아보게 하려고 갖은 수단을 가리지 않을 것이다. 오래 무시된 감정은 스스로에게 불을 지른다.

욕구가 채워지지 않으면 고통스럽다. 우리는 그 고통의 근원을 누군가 다른 사람이나 다른 일에서 찾는 실수를 범하곤 한다. 하지만 그렇게 한다고 욕구가 충족되는 것은 아니며, 절망의 진짜 원인에 한 걸음이라도 가까워지는 것도 아니다. 치매에 화난 사람들은 전쟁을 선포하고 '맞장 뜨겠다'고 덤벼든다. 분노를 외부로, 예컨대 치료법을 내놓지 못하는 과학자들을 향해, 충분한 부양책을 제시하지 못하는 정부를 향해, 서비스가 불충분한 요양센터를 향해 발산할 때 사람들은 정치적 집단행동을 취하기도 한다.

하지만 감정의 진짜 원인을 해결하지 못하는 한 고통은 우리 내면을 계속해서 갉아먹을 터이다. 그뿐 아니라 이는 역효과를 낳는다. 분노가 치매에 대해 무언가 해 볼 수 있는 힘과 능력을 잠식하기 때문이다.

자신을 책망하는 것 또한 조금도 도움이 되지 않을뿐더러 대개는 상황을 악화시킨다. 성난 사람이 고통을 삼키거나 자기혐오로 자신을 공격하다가는 우울의 암흑 속으로 빠져들게 된다. 자기혐오 속에 분노를 내면으로 돌리는 것은 자신을 막다른 골목으로 모는 행위다. 십중팔구는 문자 그대로 그렇다.

분노 문제를 겪고 있는 사람에게는 이 책 2부에서 제시하는 도구가 도움이 될 터이다. 하지만 치매를 겪는 사람이 표출하는 분노, 절망, 혼란에는 어떻게 대처해야 하는가?

분노 뒤의 욕구 발견하기

이본은 일반 건강검진을 받으러 병원에 갔다가 생각보다 훨씬 오래 머물게 되었다. 직원들은 무척이나 친절하게 "자, 얌전히 앉아 있어요, 아가씨."라거나 "아가, 좀 일어나 줄래요?" 같은 말로 이본을 반겼다. 하지만 이본은 그런 말을 가만히 듣고 있을 사람이 아니었다. 이본은 엄연히 자부심 강한 성인 여성이었고, "여기선 우리 모두가 친구랍니다." 같은 말이 사람을 애 취급하는 소리라고 여겼다. 이본은 분노했고, 무진장 화를 냈다. 심지어 자신을 도우려는 간호사를 발로 차려 들었다. 간호사가 가까이 올 때마다 발길질을 해 댔지만, 마구잡이로 휘두르는 바람에 번번이 겨냥한 간호사 대신 병실 침대 옆구리를 걷어차고 끝났다.

이런 일이 예닐곱 번은 있었는데, 이본은 매번 분노에 타올라 있는 힘을 다했다. 폭력적으로 분노를 표출하는 바람에 이본은 다리에 출혈이 심한 깊은 상처를 입었다. 상처 때문에 이본은 간호사들과 더 자주 만나야 했고, 낯모르는 사람들에게 연신 "아가!" 소리를 들어야 하는 병원에 더 오래 입원해 있어야 했다.

사람들이 분노를 미숙하게 표출했다가 자기 몸만 다치는 일은 얼마나 자주 일어나는가? 누군가가 격정적인 감정을 폭력적으로 표출했다가 쌍방이 다 다치고 끝나는 경우가 비일비재하다. 가해자가 피해자만큼이나 큰 고통을 겪게 되는 일도 빈번하다. 그들은 분노가 그처럼 치밀 정도로 이미 고통을 겪고 있었을 터이다.

치매를 겪는 사람들이 화와 같은 격정적인 감정을 경험하는 이유는 단 하나이며, 그 이유는 매우 합당하다. 그들이 화를 내는 것은 성미가 급해서가 아니라 내면에 아름다운 가치를 품고 있으며 이를 인정해 주기를 바라기 때문이다. 그 욕구가 충족되지 않을 때 분노로 알리는 것이다. 분노는 우리를 깨우는 자명종 소리다.

> 치매를 겪는 사람들이 화를 내는 것은 성미가 급해서가 아니라 내면에 아름다운 가치를 품고 있기 때문이다.

이본이 이해하지 못하는 행동을 하거나 가식적인 말투를 쓰는 간호사들에게 분노를 표출할 때는 명확한 이해와 존중을 '몹시' 갈망할 때였다. 이는 이본이 치매가 시작되어 인지 기능에 변화가 오고 타인에 대한 의존이 점점 더 심해지면서 갈망해 왔던 욕구들이다. 간호사들은 분명히 이본에게 무슨 일이 일어나고 있음을, 이본을 존중하지 않는 것이 아님을 열심히 설명했을 터이다. 그들은 이본의 치매에 대해서 알았고, 단적으로 말하자면, 아주 많은 의료 종사자들이 흔히 쓰는 상대를 어린아이 취급하는 말투가 자동적으로 나왔으리라 생각된다. 그런 것이 이본에게는 통하지 않았다. 따라서 이본이든 간호사들이든 그 누구의 욕구도 충족되지 못했다. 양쪽에서 다 알아보지 못하는 욕구가 충족될 리 만무하다. 다행히도 쌍방이 모두 욕구를 알아볼 수 있어야 하는 것은 아니다. 상상력을 살려 상대방에게 무엇이 중요한지 추측만 할 수 있어도 충분하다.

프랜의 친구 디아만티나는 요양원에서 생활했는데, 직원들은 그에 대해 '까다롭고 다루기 힘든 행동'을 보인다고 기록했다. 알츠하이머병을 앓는 사람이 이렇다는 걸 몰랐다는 말인가? '까다로운 행동'과 '분노 폭발'은 알츠하이머병과 흔히 연관되는 증상으로, 어떤 면에서는 치매가 격한 감정의 원천임을 시사하는 것으로 보인다.

비폭력대화는 욕구를 충족하고자 하는 절박함에서 나오는 것이 분노라고 가르친다. 상대방에게 그 욕구를 표현하는 것을 치매가 더 힘들게 만드는 것뿐이다.

디아만티나의 '까다로운 행동'을 촉발한 것은 어떤 욕구였을까? 프랜은 식사 시간에 직원이 다가와 디아만티나의 얼굴에 묻은 음식물을 기계적으로 닦고 가는 모습을 수차례 목격했다. 단지 요양원의 기준을 준수하기 위한 행동이었지만, 그 과정에서 어떠한 소통도 이루어지지 않았다. 디아만티나의 얼굴은 티끌 하나 없이 말끔했으나 마음에서는 분노가 일었다. 그녀는 자기네 기준을 지키겠다고 자신의 얼굴을 이용하는 사람들—디아만티나로서는 모르는 사람들—이 전혀 달갑지 않았다. 이 상황이 반복되면서 분노는 점점 커졌고 배려와 사생활 존중, 선택권에 대한 욕구도 커졌다.

디아만티나의 감정이 폭발해 돌발적인 충돌을 일으키게 된 것도 프랜에게는 놀라운 일이 아니었다. 디아만티나에게 '비협조적'이라는 꼬리표를 붙였던 직원의 행동은 두 사람이 동반 관계라는 느낌을 주기는커녕 정반대였다. 이는 원하는 바와 정반대 결과를 가져오는 수단 방법의 본보기와도 같은 상황이었다. 협력하고 싶다면서 상대방에게 협조 한마디 구하지 않고 얼굴을 훔쳐 대는데, 거기에서 무슨 동반자 의식이 생겨나겠는가?

건강한 자기 안의 욕구와, 그 욕구를 채우기 위해서 하고 싶어

하는 행동을 혼동하는 것은 굉장히 흔한 일이다. 이 혼동, 욕구가 무엇이냐와 그 욕구를 어떻게 충족시킬 것이냐 사이의 간극을 오판한 채로 치매를 겪는 사람이나 아닌 사람이나 모두 자신이 진정으로 갈망하는 바를 결코 가져다주지 못할 무언가를 추구하는 것이다.

돌봄 종사자들이 치매를 겪는 사람으로 하여금 협조하게 **만들려고** 이런저런 시도를 하는 경우가 있다. 치매 환자에게 구속을 가하거나 (많은 국가에서 금지하는) 진정제를 사용하는 등, 호전적인 해법이 여전히 횡행하고 있다. 나는 이것이 많은 치매 요양보호사들이 얼마나 속수무책이라 느끼는지를 보여 주는 징후라고 본다. 자기 욕구나 상대방의 욕구에 세심하게 귀 기울이지 않을 때 우리는 이런 불운하고 잘못된 생각을 떠올린다.

돌봄을 행하는 사람이라면 누구든 자신이 돌보는 사람이 분노를 표출할 때 무력감을 느낀다고 할 것이다. 그들은 상대방이 안정되고 편안하기를 바란다. 하지만 바라는 결과를 얻을 수 있느냐 아니냐는 이 상황을 어떻게 다루느냐에 달려 있다.

구속과 진정제 같은 수단은 본래는 효과가 있어야 하지만 결국에는 역효과만 낳고 끝난다. 치매를 겪는 사람은 대개 이런 방법에 더 폭력적으로 반응하거나, 직원들이 더 많은 시간을 들여서 직접 살피고 지켜야 할 만큼 폐쇄적으로 변하곤 한다. 이런 폭력적인 평정은 '폭력'과 '평화'가 동시에 나타나는, 말하자면 슬픈 모순 상태다. 나는 폭력이 있는 곳에 평화란 있을 수 없다고 믿는다.

폭력적인 평정보다 더 창의적인 해법을 찾으려면 치매가 분노나 공격성의 원인이 아니라는 사실을 고려할 필요가 있다. 불안과 절망이 알츠하이머병을 유발하는 것이 아니며, 다른 어떤 치매도 누군가가 외치는 고통에 찬 비명의 원인이 아니다. 치매를 겪는 사람이 자기 욕구를 분명하게 표현하는 데 더 어려움을 겪을지는 몰라도, 개인의 선택과 배려를 중시하는 마음은 이 질환의 영향을 조금도 받지 않는다. 사람에게는 치매가 있건 없건 욕구가 있다.

욕구를 슬기롭게 표현한다는 것은 비폭력적으로 표현한다는 뜻이다. 비폭력대화는 분노를 비롯한 폭발적인 감정이 우리의 인간적 욕구에서 비롯하는 것임을 명심하라고 가르친다. 누군가의 언어 능력이나 소통 능력이 손상되었다면 우리는 그 사람 스스로 욕구를 인식하고 표현해 주기를 기다릴 수 없으며, 그 분노를 슬기롭게 받아들이는 것이 그 사람을 돕는 방법이다. 소통이란 말하는 것만이 아니라 그 말을 어떻게 듣느냐까지 포함하기 때문이다. 상대방의 분노를 공감하는 마음으로 들어 줄 수 있는 능력이 아마도 가장 비폭력적인 소통의 수단이 될 것이다. 아무도 다치지 않을 테니까.

물론 폭발성 물질은 아주 조심스럽게 다뤄야 하며, 그러려면 자기공감이라는 예방 조치가 필요하다. 마음속에 화를 품고 날카로운 도구를 손에 든 사람을 다룰 때는 각별하고 세심한 주의가 필요하다.

분노를 공감하는
마음으로 들어 줄 수 있는
능력이 아마도 가장
비폭력적인 소통의
수단이 될 것이다.

언젠가 어떤 사람의 분노에 직면한 일이 있는데, 내 안전에 대해서는 두렵지 않았지만 누군가 부상을 당할 수 있는 상황이라는 생각은 들었다. 클레어가 좋아하는 정원 가꾸는 일을 할 때도 자칫 다치지 않을까 걱정스러운 상황이 있었다. 우리는 클레어의 왕국인 정원에 있었는데, 클레어가 어떻게 손에 넣었는지 전지가위를 들고 있었다. 클레어는 시력이 심각하게 손상된 상태였는데, 물건을 확대해서 무엇인지 확인해 보거나 자신과의 거리가 얼마나 되는지 알아차리는 경우는 드물었다. 게다가 클레어는 신체 협응 기능도 일부 상실한 상태여서 전지가위를 들고 있는 모습을 봤을 때는 바짝 긴장하지 않을 수 없었다. 클레어의 안전이 걱정된 것은, 클레어가 상처 입지 않고 가지치기를 할 능력이 되는지 의문이 들었기 때문이다.

나는 이 점을 설명하고 내가 대신 가지를 잘라도 괜찮을지 물었다. 마음 같아서는 클레어의 독립성을 최대한 지지해 주고 싶었지만, 도저히 안일하게 대처해도 될 상황이 아니었다. 그래서 클레어가 나에게 넘길지 말지 생각도 않고 가지를 자르려고 몸을 수그릴 때 내가 다시 나서서 막았다.

"이 전지가위, 제가 지금 받아 놓을게요. 달리 어떻게 클레어의 건강을 지켜야 할지 알 수가 없어서요." 나는 이렇게 말하면서 손을 뻗어 전지가위를 빼앗았다.

클레어의 얼굴이 울그락불그락해졌다. 클레어의 눈에서 분노가 발사되는 줄 알았다. 나에 대해 어떻게 생각하는지 말하고 싶어 죽겠다는 표정이었다. 자기 일에 참견 말라고. 하지만 클레어는 감정이 격해지면 말을 잘 하지 못했다. 예상할 수 있겠지만, 대꾸를 하지 못하니 나를 향한 분노가 극으로 치달았다.

다 내 잘못이라고 인정하거나 내가 생각하는 이유를 온갖 고상한 언어로 설명할 수도 있었을 터이다. 하지만 내가 돌보는 한 어느누구도 다쳐서는 안 된다는 신념으로, 그 순간 클레어의 마음속에서 일어나는 일에 대해 최선을 다해 짚어 보고자 했다. 하나하나, 천천히.

"지금 화가 많이 나신 것 같아요. 정원 일을 마음껏 하고 싶어서 그러신 게 아닐까 생각이 들어요." 나는 잠시 뜸을 들였다.

"아니면, 클레어 스스로 결정하고 무얼 할지 선택하고 싶어서 그러시는 건가요?"

내가 클레어의 손에서 전지가위를 빼앗았기 때문이라거나 그것을 돌려받고 싶어서 그랬으리라는 뜻은 내비치지 않았다.

클레어는 나를 골똘히 보면서 내가 한 말을 생각해 보더니 돌아서서 집 안으로 들어갔다. 나는 어떻게 판단해야 할지 알 수 없었다. 아마도 그 일에 대한 기억이 금세 사라져 버린 것 같다고 생각했지만, 클레어가 그날 내내 나에게 싸늘하게 구는 것이 놀랍지는 않았다. 그 감정은 지속되었고, 나는 무엇이 클레어의 기분을 상하게 했는가 하는 물음이 환영받지 못하리라고 느꼈다.

다음 날, 정원에서 클레어가 뭔가 중요한 일이 기억났다는 듯이 나를 돌아보며 말했다. "어제 그 일은 잘하셨어요."

"전지가위 가져간 거 말씀이세요? 기분이 많이 상하신 줄 알았어요."

클레어는 고개를 저었다.

"아니에요. 내가 생각해 봤는데… 내가 정원 일을 좋아하는 건 맞지만 내가 뭘 다뤄도 되는지 누군가 말해 주는 건 필요해요."

치매는 혼자서 하던 많은 일을 더는 혼자 힘으로 해낼 수 없게 만든다. 그래도 돌보는 사람이 내미는 도움의 손길이 항상 곧바로 환영받는 것은 아니다. 때로는 세심하게 귀 기울이는 것이 우리가 내밀 수 있는 최선의 손길일 수도 있다.

치매를 겪는 사람들에게는 혼란이 분노보다 훨씬 더 보편적인 상태다. 그들은 수십 년 전의 세계에 살고 있는 듯한 모습을 보이곤 한다. 우리에게는 지각되지 않는 것을 보거나 들으며, 오래전에 세상을 떠난 사람들과 대화한다. 치매가 없는 사람들에게는 그 사람들이 현실 세계와 괴리된 것처럼 느껴질 수 있다. 때문에 치매 돌봄을 하는 사람들 가운데 '그들을 현실로 돌려보내는 것'을 강조하는 사람도 있다. 예를 들자면 "이 방에는 악어가 없으니 겁먹지 말아요."라거나 "자, 침착해요, 당신 아버지는 50년 전에 세상을 떠나셨어요. 절대로 당신한테 소리칠 리 없어요." 같은 말로 그들의 생각을 수정하려고 한다. 이런 식의 '현실로 돌려보내는' 시도는 그들에게 우리가 지각하는 세계의 사실을 주입하면서 걱정 말아요, 침착해요, 울 이유가 없어요, 같은 명령을 통해 감정을 조종하려 드는 접근법이다.

사람을 현실로 돌려보낸다는 것은 좋은 생각 같지만, 과연 어떤 현실을 우선순위에 둘 것인가?

우리가 저마다 별개의 동떨어진 세계에서 살아간다고 주장하려는 것이 아니다. 내 말은 우리에게 가장 가깝고 생생하게 살아 있는 세계, 즉 우리 느낌과 욕구가 추구하는 세계에 순응하는 쪽을 택할 수도 있다는 뜻이다. 치매가 있는 경우든 아닌 경우든 우리 대다수는 이 현실, 그러니까 우리에게 가장 가까운 내면의 세계와 괴리된 채 살아간다. 그러니 그들에게 세계관을 바꾸라고 요구할 것이 아니라, 우리 스스로 내면에서 경험하는 세계에 순응할 수도 있는 것이다.

이 관점에서 보면 치매를 겪는 사람들이 우리보다 앞서 있다고 할 수 있다. 그들은 현실 감각을 잃은 것처럼 보일지 몰라도 내면의 현실에는 확고하게 발을 딛고 있는 경우가 많다. 치매를 겪는 이들에게는 대다수 사람들이 중시하는 영역인 사회적 관습, 사실, 수치, 시사 등의 의미가 점점 퇴색한다. 외부 세계에 맞춰져 있던 초점이 내면세계로 이동하는 것이다.

내면세계와 맞닥뜨리는 일이 누구에게나 쉬운 경험은 아니다. 치매를 겪는 사람이 자기 내면세계를 처음 마주하고서 겁을 집어먹는 경우가 있다. 낯설어 어찌할 바를 모르는 것이다. 하지만 도움을 받으면 이 어렵고 때로는 무서운 영토에서 길을 찾을 수 있다. 공감하는 마음으로 주고받는 대화는 어떤 두 세계라도 단단하게 연결해 줄 수 있다.

이본은 유령이 보이기 시작했을 때 대수롭지 않은 일로 넘기고 지나가지 않았다. 이 유령들이 침실로 찾아오는 밤이면 목이 터져라 나를 불렀고, 내가 손을 잡고 있는 동안 머릿속의 걱정거리를 마구 쏟아 놓았다.

"이 집이 뭔가 잘못된 거예요. 정말이라고요." 이본은 이렇게 말하곤 했다. "가서 옆집 좀 불러 봐요. 우리가 이사 오기 전에 누가 살았는지 물어봐요. 어떤 사람들이었는지 알아야겠어요. 이 유령들 말이에요! 그놈들 쫓아 줄 수 있어요?"

이본은 유령이나 초자연적인 것을 결코 믿지 않았다. 하지만 지금 시점에 이본에게 정상이란 무얼까? 이본은 이제 이 집이 저주받았다고 굳게 믿었다. 전부가 집 때문이라고, 이 집이 문제라고 생각하는 듯했다. 아니면, 정말 그럴까? 이본의 내면에서 무언가가 생생하게 살아 움직였고, 그것이 이본이 경험하는 현실이었다.

이본은 애원하는 눈빛으로 내가 당장 달려가 이웃을 불러 주기를 기다렸다.(때는 새벽 2시였다.)

"이본, 무서워요? 그래서 이 집에 대해서 물어봐 주기를 바라시는 건가요?" 내가 물었다.

"이 집에 누가 살았는지 알아야겠어요. 혹시 그래서 그때 이 집을 그렇게 싸게 내놨던 건가⋯ 생각이 드는군요."

"그러니까 여기 살아도 안전하다고 느끼고 싶어서 불안하신 거군요?"

"내가 여기 계속 살면 더 나빠지는 게 아닐지 알고 싶어요."

"아, 그러니까 여기 살아도 안전하다고 안심하고 싶으신 거, 맞아요?"

"맞아요." 이본은 숨을 깊이 내쉬었다. "나 괜찮을까요?"

"제가 이 집에 대해서 어떻게 느끼는지 들어 보시겠어요?" 내가 물었다.

이 질문과 함께 이본에게 잠시 주의를 돌려 내 세계에 대해서 들어 주실 수 있을지 물었다. 이본이 고개를 끄덕이자 나는 지금 내 앞의 현실에 따르기로 했다.

"저는 이 집에 있는 것이 안전하고 해로운 것이 없다고 느껴집 니다."

이본은 이 말을 듣자 내 손을 토닥이고는 숨을 깊이 들이마셨 다. 이본이 마음의 평화를 되찾은 것은 어쩌면 안심하고자 하는 욕구가 충족되었기 때문일 수도 있고, 아니면 신뢰가 큰 역할을 했 을지도 모르겠다. 나는 그날 밤 잠을 푹 잘 수 있었다.

치매가 생긴 뒤로 내면세계를 더 바짝 마주하게 되는 경우가 있는데, 어떤 사람에게는 그것이 평생 처음으로 경험하는 일일 수 도 있다. 어떤 사람들은 자기 내면을 낯설게 느끼고 어찌해야 할지 몰라 혼란스러워하기도 한다.

이 책에서 배우는 인식과 관점, 기술, 그리고 이제 배워 나가는 치매관계는 치매를 겪는 사람들을 편안하게 해 줄 수 있는 상황을 만들어 주는 데 도움이 될 수 있다. 이 책에서 배운 지식은 우리 모두가 각자 살아가야 할 세계가 있음을 느낄 때 경험할 고독감을 극복하는 데도 도움이 될 수 있다.

다른 모든 의미 있는 관계가 그렇듯이, 치매관계는 두 사람이 각자 속한 두 세계의 문 앞에서 이루어지는 만남이다. 완고하게 하나의 세계만이 현실임을 강요할 때에는 타인과 관계를 형성하기 어렵다. 타인의 세계를 받아들일 여지가 없는 사람이라면 타인과 더불어 서로의 건강과 행복에 기여하는 기쁨을 놓칠 수 있다. 나는 어느 누구도 우리 자신을 행복하게 만들어 줄 수는 없지만, 다른 사람 욕구를 채워 주고 자기 욕구를 채울 때 행복이 온다고 믿는다. 이것이 서로에게 공감하며 주고받는 기쁨이다. 서로 다른 세계 사이에서 이루어지는 소통의 기쁨 말이다.

치매를 겪는 사람과 연결되기 위해서 초자연적인 존재를 믿을 필요는 없다. 사람들이 말하는 사후 세계나 귀신 이야기를 믿어야 하는 것도 아니다. 환각에 사로잡힌 사람에게 그것은 망상이라거나 잘못된 경험이라고 설득하려 해 봤자 소용없는 일이다.

그렇게 하기보다는 그들의 느낌과 욕구에 진정으로 귀 기울이면 된다. 우리의 마음속에, 그리고 우리가 돌보는 사람의 마음속에 살아 있는 욕구에 주의를 기울이는 한, 두 사람은 한곳에서 만날 수 있다. 마음속에 살아 있는 현실이 우리가 의지할 수 있는 진짜 현실이다.

이 현실이 비폭력대화 지도자 캐슬린이 아버지와 만난 바로 그 지점이다. 캐슬린은 아버지가 거하는 세계의 문 앞에서 아버지의 욕구에 귀 기울였다. "나는 아버지를 잃어버렸다는 생각이 전혀 들지 않았어요. 치매에도 불구하고 말이에요." 캐슬린은 이렇게 말했다.

아버지의 현실과 동떨어지기 시작했을 때 캐슬린은 아버지가 무언가를 느끼고 있는 것이라고 이해했다. 아버지가 최근에 캔자스로 다시 이사했다고 말했을 때, 비록 아버지가 사는 곳도 이 대화가 이루어지는 곳도 콜로라도였지만, 캐슬린은 아버지가 캔자스에서 가족의 뿌리를 떠올린다는 것을 알고 다정하게 물었다. "캔자스로 다시 돌아가실 일이 신나는 건 거기가 아버지 가족의 뿌리가 있는 곳이기 때문이죠? 가족과 다시 맺어지는 게 아버지에겐 중요한 일이에요? 아버지 마음속에 있는 일이요?" 그러자 아버지가 말했다. "그래! 그래!" 캐슬린에게 공감을 받은 아버지는 딸에게 이해받고 있다고 느끼며 자기 세계에서 일어난 의미 있게 여겨지는 일을 점점 더 많이 들려주고 싶어 했다.

타인의 세계는 우리가 닿을 수 없을 만큼 멀리 있지 않다. 그들에게 중요한 것이 무엇인지 느낀다면 그 순간 그곳에서 그들을 만날 수 있다. 그들이 나누고 싶어 하는 이야기에 귀 기울이고 그 순간 그 자리에서 그들에게 중요한 것에 주의를 기울이면 된다. 그 사람이 중요하게 느끼는 것은 무엇인가? 바로 이 순간 그 사람이 의미 있다고 느끼는 것은 무엇인가?

그렇게 할 때 우리는 사랑하는 사람을 잃어버리지 않아도 될 뿐 아니라 친구를 얻을 수도 있다. 멜라니 시어스는 한 치매 요양원에서 간호사로 근무했는데, '사람들을 현실로 돌려보내는 것'이 친구를 얻는 방법이 아님을 빠르게 배웠다. 오늘 날짜, 대통령 이름, 실제 나이 등등 정해진 문항은 너무 따분해서 사람 마음을 끌지 못한다. 더 재미난 것을 시도하는 사람들도 있는데, 멜라니는 어느 날 한 환자의 방에 들어갔다가 자그마한 차 모임에 초대받았다. 상상 속의 컵과 접시와 케이크가 있는 꽤나 재미있는 모임이었다. 멜라니는 맡은 역할에 몰입하면서 훌륭한 손님이 되었다. 이렇게 서로 주고받는 시간을 통해서 환자는 매우 흡족해했다. 말벗과 파티가 그리웠던 환자의 욕구를 멜라니가 채워 준 것이다.

멜라니가 여기는 요양원이라는 사실을 일깨워 환자를 현실로 돌려보내려고 했다면 이런 시나리오가 가능했겠는가? 글쎄, 두 사람이 아주 유쾌한 파티를 놓쳤으리라는 것만큼은 확실하다.

10

질문하기

모든 기억 행위는
어느 정도는 상상 행위다.
- 제럴드 에덜먼, 미국 생물학자

"이 비폭력대화라는 거, 그게 뭐지?" 올레의 어머니가 물었다.

"기억 안 나세요? 내가 작년에 비폭력대화 국제공인지도자 자격을 받았다고 몇백만 번 얘기했잖아요?" 스칸디나비아에 사는 비폭력대화 국제공인지도자 올레는 이런 말이 아무런 도움도 되지 않는다는 것을 실전으로 배웠다.

지난 2년 동안 올레가 어머니와 나눈 대화의 주된 화제가 올레가 비폭력대화센터에서 하는 활동이었다. 처음에는 어머니가 기억하지 못하는 이유가 잘 듣지 않거나 애초에 관심이 없어서라고 생각했다. 나중에 치매 판정을 받고 나니 어머니가 전에 했던 대화 내용을 망각할 뿐만 아니라 기억력이 떨어졌다는 사실 자체를 인지하지 못하고 있는 것이 분명해졌다.

치매로 인해 대화 나눌 능력을 손상당한다는 것이 얼마나 고통스러운 일인지를 경험하고 낙담하는 사람이 많다. 대화를 나누기 위해서 전보다 더 많은 에너지가 소모되며, 질문도 더 조심해서 선택해야 한다는 사실을 배우는 데는 오래 걸리지 않는다. 기억 안 납니까? 예약이 며칠이죠? 의사가 뭐라고 그랬어요? 이런 일상적인 질문을 할 수가 없다. 그런 질문을 받은 상대방은 기억이 전연 없을 수도 있다. 아니면 한 가지 대답을 해 놓고 그 말만 무수히 반복할 수도 있고, 아니면 똑같은 질문을 무수히 반복해서 던지기도 한다.

나는 도리가 자신과 마찬가지로 치매를 겪는 친구 베스에게 더 이상 대화하려고 해 봤자 무슨 의미가 있겠느냐면서 진저리치는 모습을 지켜봤다. 나는 십 대에 증조할머니와 나누던 대화가 내가 기대하는 방향으로 진전되지 않으리라는 것을 깨닫고는 바로 자리를 떴다. "그때 어떻게 하셨어요?" 같은 평범한 질문조차 자연스럽게 주고받을 수 없는데 도저히 어떻게 해야 할지 알 수 없었다. 치매 돌봄을 하는 사람들은 치매를 겪는 사람을 어떤 질문으로도 곤란하게 만들지 말라는 조언을 듣곤 한다. 자신이 기억하지 못한다는 사실 때문에 수치스러워하거나 스트레스를 받을 수 있다는 것이 그 이유다. 하지만 치매를 겪는 사람은 이러한 대화나 소통이 없어지면 활기를 잃거나 아주 지루해할 수 있다.

공감하는 마음으로 함께한다는 것을 기본 원칙으로 삼고 거기에 몇 가지 주요 사항만 명심한다면 우리는 치매를 겪는 사람과 일상적인 대화를 하면서도 가슴 뛰는 순간을 경험할 수 있다. 상상력을 조금 발휘하고 관습은 치워 버리고 새로운 대화의 영역을 탐험하는 것이다. 우리에게는 미지의 영역이지만 치매를 겪는 사람에게는 꼭 하고 싶은 말이 있는 곳이 바로 그 지점이다.

요지경 같은 기억 탐험

우리 대부분은 기억을 역사라고 생각한다. 우리 뇌 속에 충직하게 보존되어 있는 사실들 말이다. 또한 지난 일은 정확히 우리가 기억하는 대로 일어난 것이라고 생각한다. 하지만 우리 머리는 훨씬 더 창의적이어서 기억하는 모든 것을 자신—우리가 자기 자신이라고 생각하는 그 '나'—에게 유리한 방식으로 살짝 돌리곤 한다. 결국 기억이란 나에게 의미 있는 어떤 것들의 집합이 된다. 세계에 관한 사실들로 이루어진 것이 역사(hi-story)라면, 개인사(me-story)는 나 자신에 관한 면면으로 이루어진다.

　스스로에게 물어보자. 나는 객관적 역사와 주관적인 나의 역사 중에서 어느 역사를 원하는가? 어느 역사가 더 살아 있는가? 우리는 기억을 수집하기 위해서 사는가, 아니면 삶을 경험하기 위해서 사는가? 치매를 겪는 사람의 기억 바구니에는 구멍이 있어서 중요한 사실들이 빠져나간다고 말하는 사람도 있지만, 삶을 경험하는 능력만큼은 결코 예전만 못하지 않다.

> 우리는 기억을 수집하기 위해서 사는가, 아니면 삶을 경험하기 위해서 사는가?

　이 책을 읽을 만큼은 나이가 있지만 그렇다고 아주 많지는 않은 사람이라면 지금까지 살아온 날이 최소한 7,000일은 된다. 만일 60대가 되었다면 약 2만 2,000일을 살아온 것이다. 기억하기에는 지독히도 많은 날이다. 게다가 우리 가운데 그 하루하루를 다 기억하는 사람은 없지 않은가? 3,000번째 날 무엇을 했는지 기억하는가? 여덟 살이 된 지 얼마 지나지 않아서인데? 그날 뭔가 중대한 일이 일어나지 않은 한, 아마도 기억하지 못할 터이다.

　우리가 하루하루 일을 다 기억하지 못하는 것은 치매가 있기 때문이 아니다. 살아온 날 대부분을 잊어버리는 것은 다 기억할 필요가 없기 때문이다. 모든 나날이 우리 '개인사'에 의미 있는 것은 아니다. 어제 당신 뒤에서 운전한 차의 차량 번호를 기억하는가?

정확히 두 달 전 화요일 점심으로 무엇을 먹었는지 기억하는가? 우리는 날짜, 사건, 이름, 그 밖에 모든 종류의 정보를 순전히 필요에 따라 편집한다. 오늘날의 하드드라이브와 마찬가지로 우리 뇌의 저장 용량에는 한계가 있기 때문에 우리가 사는 일상에서 하루하루 캐시메모리를 삭제해 나간다.

하지만 우리가 절대로 잊지 않는 일도 있다. 심지어는 언제까지나 기억하리라고 기대했던 일이 아닌데도. 우리는 중요한 일과 약간의 정보, 그리고 몇몇 아무 일을 기억한다. 뇌에는 자체의 마음이 있어서 뇌 마음대로 기억을 가지고 노는 것처럼 보이기도 한다. 하지만 대체로는 우리를 현재의 자신으로 만들어 준 사건과 정보를 마음의 맨 앞에 둔다. 적어도 스스로는 자신으로 느끼는 자신 말이다.

이 점에서는 치매를 겪는 사람들과 아무런 차이가 없다. 치매를 겪는 사람들도 자신에게 중요한 일, 현재의 자신을 만들어 주었다고 생각하는 일을 기억한다. 하지만 우리가 기억을 편집하는 과정은 여전히 수수께끼로 남아 있다. 기억나지 않는 어떤 사건이나 사실은 무작위로 제거되는 것일까, 아니면 그저 그 사람에게 중요하지 않아서 제거되는 것일까?

나는 기억과 치매에 대해서 배우고자 하는 일반인들을 위한 워크숍을 운영한다. 이 행사에 참여한 헨리는 곡절 많은 인생을 살아

온 60대 남성이었다.

　나는 헨리에게 살아온 이야기를 매번 3분 남짓한 시간 안에 각각 다른 사건을 넣어 세 차례 이야기해 달라고 했다. 헨리에게는 흥미로운 훈련이었는데, 이야기를 한 뒤 그에 대해 돌아보는 시간에 특히나 놀라워했다. 세 차례의 인생 이야기에서 언급하지 않은 것이 무엇인지 생각해 보는 시간에 헨리는 성인이 된 두 자녀 이야기를 한 번도 하지 않았다는 사실을 깨닫고는 화들짝 놀랐다. 어떻게 된 일인가? 그게 뭔가를 의미하는 것인가?

　치매를 겪는 사람이 자녀나 배우자, 형제자매에 대한 기억을 잃는 것은 드문 일이 아니다. 가까운 관계는 언제든 삭제될 수 있다. 혹은 재활용되기도 하는데, 가령 방에 들어온 남편을 아버지나 아들로 생각하는 식이다. 이런 관계가 중요하지 않았던 것은 아니다. 오히려 그 반대일 터이다. 필립 로스가 『미국의 목가』에서 썼듯이 "우리는 어떤 일이 중요하지 않기 때문에 잊을 뿐만 아니라 너무 중요해서 잊기도 한다. … 우리에게는 저마다 하나의 기억과 망각 패턴이 있는데, 그 미로 같은 굴곡이 지문 못지않은 식별 표식이 된다."

　어떤 기억은 남기고 어떤 기억은 지울지 결정하는 이유나 알고리즘과는 상관없이 어떤 기억은 영원히 남는데, 치매 말기가 되어도 이는 변함없이 지속된다. 나는 이런 기억을 한 사람의 '개인사'

라고 부른다. 내가 경험한 바로는, 개인사는 그 사람의 자기감각—자신이 어떤 사람이라고 생각하는지, 무엇이 오늘의 자신을 만들었는지—과 밀접한 연관을 보인다. 우리가 어떤 사람과 아무리 가깝더라도 개인사는 다른 누군가에 관한 것이 아니라 그 사람 자신에 관한 것이다.

이런 이야기는 소중하다. 치매를 겪는 사람에게도 소중하지만 우리에게도 소중한 이야기가 될 수 있다. 우리는 개인사를 통해서 그 사람의 관점으로, 그 사람의 내면세계에서, 그 사람에 대해서 알 수 있다. 치매가 생기기 전에는 몰랐던 사람이라면, 이런 이야기가 그 사람에 대해 알 수 있는 길이 된다. 또한, 오랫동안 혹은 평생 알아 왔던 사람이라도 그 사람에게 가장 중심이 되는 이야기를 통해서 우리는 그 사람의 내면세계를 알게 될 것이다.

나는 이본이 처음 고객이 되었을 때 집안 상황에 대해 듣던 일을 지금까지도 기억한다. 이본에 대해서 묻자 장기간 입주 요양보호사로 일했던 이가 말했다. "이본에게 직접 물어보시죠. 자기 인생 이야기를 직접 해 주고 싶어 할 겁니다." 지금은 누군가의 인생사를 듣고 싶을 때는 항상 본인에게 직접 묻는다. 왜냐면 개인사는 당사자가 직접 해야 할 이야기이며, 그 사람이 원하는 방식으로 이야기할 수 있어야 하기 때문이다.

치매는 사람을 사회적 제약으로부터 자유롭게 만드는 면도 있다. 전보다 훨씬 더 솔직하고 훨씬 더 재미있는 사람이 될 수 있는 것이다. 아마도 자신이 어떻게 행동해야 하는지, 원래 어떻게 살아야 하는 사람이었는지 잊었을 확률이 높다. 그리고 당신이 누구인지도.

"나 기억나?" 프랜이 자주 묻던 질문이다.

프랜은 친구 디아만티나를 맞을 때 이렇게 묻곤 했다. 친구 기억을 조금이라도 되살리고 싶은 마음으로 던지는 것이었지만, 그 질문을 디아만티나는 조금 불편하게 느끼는 듯했다. 외모만으로는 분명 프랜을 알아보지 못하는 모습이었다.

알아보지 못하는 것을 관심이 없다거나 생각하지 않는 것으로 오해하기 십상인 상황이다. '네가 우리 관계를 내가 생각하는 것만큼 중요하게 여겼다면 나를 기억할 테지.'

시간이 흐르면서 프랜은 먼저 디아만티나의 방문을 두드리고 들어가서 **친구처럼** 편안하게 대할 때 두 사람의 관계가 훨씬 좋아진다는 것을 알았다. 친구 같은 행동과 편한 분위기를 통해서 프랜은 디아만티나에게 두 사람이 **분명히 친구 사이**라는 단서를 주었다. 방 안 분위기가 편해지자 프랜은 친구와 마음으로 연결될 수 있었다. 이것이 프랜에게는 놀라운 발견이었으며, 이제는 두 사람이 연결되었다는 믿음이 생겨 더 이상 기억에 대해서는 걱정하지 않게 되었다.

디아만티나는 이제 프랜에 대해서 "친절하고 정 많은 사람"이며 "동료 입소자"라고 설명한다. 같은 요양원 입소자라고 믿게 된 것이다. 이로써 프랜은 연결되고자 하는 욕구를 채울 수 있었으며, 이것이 두 친구의 관계에서 치유 요인이 되었다.

기존 관계 모형에 더는 기댈 수 없다면 서로를 새로이 알아 갈 필요가 있다. 치매관계를 함께하는 두 사람은 서로에 대해 배워야 할 것이 많다. 이 사람은 어떤 사람인가? 공감하는 마음으로 상대방에 대해 알고자 한다면 당신이 기억하는 과거의 모습은 잊는 대신, 현재 돌보는 사람으로서 그에게 중요한 이야기를 새로 배우게 될 것이다.

흔히 치매를 기억을 상실하는 병이라고 말한다. 하지만 아무리 많은 날짜와 사실, 이름과 얼굴을 망각한다고 해도 손상되지 않고 고스란히 간직되는 하나의 영역은 남아 있다. 그렇게 보존된 기억 지대가 그 사람의 개인사다. 이 개인사가 그 사람의 진실이 있는 지점, 가장 자신 있고 편안하게 느끼는 지점, 기꺼이 새로운 사람들을 만나고자 하는 지점이다. 치매를 겪는 누군가와 연결되고자 한다면, 거기에서 만나면 된다.

이 장소에서는 그들이 권위자다. 개인사는 사실들의 집합이 아니다. 입증 가능한 사실에 충실한 사건들이 아니다. 그것은 '나'의 해석에 의한 사실들이며, 바로 그렇기 때문에 한 사람의 개인사가 오로지 그 한 사람만의 이야기가 되는 것이다. 자기 개인사를 들려주는다는 것은 그 사람의 내면세계, 외부 세계에서는 말이 되지 않는 일들이 얼마든지 타당하고 납득되는 그 세계에 들어와도 된다고 허락한다는 뜻이다. 이를 허락받는다는 것은 엄청난 특권이다. 이를 통해서 우리는 그 사람의 인생에서 일어난 사건들의 의미와 그 영향에 대해서 배우지만, 그 인생에서 일어난 사건들의 객관적 사실에 대해서는 알지 못할 것이다.

내가 직계가족에 대해 물었을 때 증조할머니 마리아의 눈에서 빛나던 기쁨을 기억하는가? 마리아 할머니는 자기 개인사를 또렷이 기억하고 있었다. 비록 그것이 마지막 남은 기억이었을지라도. 그리고 바로 그 이야기가 마리아 할머니가 어떤 사람인지를 정의한다. 할머니는 가족이 북부로 떠난 사람, 그곳을 꼭 찾아가고 싶었던 사람이었다.

오래된 이야기 새롭게 묻기

치매관계에서 반복을 지루해하는 것은 한쪽뿐이다. 치매를 겪는 이들 대부분은 같은 의견, 같은 문구, 같은 질문을 여러 번 반복하는 것을 문제로 여기지 않는다. 마찬가지로, 치매가 있는 사람은 겉옷 위에 속옷 입는 것도 문제 삼지 않는다. 그게 거슬린다면 이런 행동을 자기 방식으로 받아들이는 방법을 익혀야 한다. 상대방이 무언가 반복하는 경향을 띠면 그것을 친절한 행동으로 여기는 법을 배우는 것이다. 그들은 연결될 또 하나의 기회를 주는 것이고, 거기서 그치지 않고 주고 또 주는 것이다.

"그래서 자기는 전쟁 때 뭐 했어요?" 이본이 내게 물었다.

몇 주 전 이본이 심하게 다쳤는데, 회복하는 기간에 대화에 큰 흥미를 보였다. 당시에 이본의 100세 생일이 다가오고 있었는데, 우리가 만난 해는 유럽에서 제2차 세계대전이 발발한 지 정확히 73년째 되는 시점이었다. 우리는 거실에 앉아 있었다. 정성 들여 진열한 박물관 유물처럼 보이는 물건이 가득한 곳이었다. 이 환경은 전쟁 시기를 연상시켰고, 이본의 질문은 그 환경에 부합했다. "전쟁 때 뭐 했어요?"는 아는 사람들끼리 서로 그 시절에 대해서 묻는 질문이다.

그래서 나는 이 질문을 이본이 나에 대해 알 기회로 받아들였다. 나는 전쟁에 대해서 학교에서 배우고 책과 영화를 통해 배우고 가끔은 폴란드에서 직접 전쟁을 겪은 조부모님으로부터 이런저런 토막 이야기를 들어서 알고 있었다. 하지만 나에게 전쟁이란 먼 과거에 속하는 이야기여서 거의 초현실적으로 느껴졌다. 내가 태어난 현대에 어두운 그림자를 드리우고 있는 무시무시한 과거의 그림자로. 그래서 나에게 전쟁 때 뭐 했느냐는 질문을 들으면, 나는 전쟁하고는 상관없는 세대 사람이라고 말하곤 한다. 내 인생의 일부가 아닌 것을 감사히 여기며 그 주제에 대해서는 별로 할 말이 없다고.

첫 대화 때 이본이 물었다. "그래서 자기는 전쟁 때 뭐 했어요?" 나는 답했다. "그러니까, 저는 아직 태어나지 않았어요."

"아, 그렇지. 당연한 얘기를. 패티는 아주 젊죠. 내가 자꾸 잊어버려요." 이본이 말했다. "그럼 패티 부모님은요?"

"부모님도 태어나지 않으셨어요. 두 분은 1950년대생이니까, 전쟁 끝나고 10년 뒤에 태어나셨어요."

"세상에, 아가네! 벌써 걸음마를 뗐다니 놀랄 일이야!"

이본의 말투에서 반어법이라는 것을 느낄 수 있었다. 이본이 이 대화에 흥미를 잃었다는 것도 느낄 수 있었다. 이본은 고개를 돌리고 리모컨을 잡더니 텔레비전을 켰다. 거의 연극적인 몸짓이었다. 말이 통하지 않는 상대로부터 다른 사람에게로 채널을 돌린달까. 그렇게 우리의 대화는 멈췄고, 적어도 처음 서너 번은 계속 그랬다.

가끔은 이본이 내 조부모님보다 한 세대 위라는 이야기도 덧붙였다. 내 조부모님은 전쟁이 발발하기 두 해 전에 태어났다고. 하지만 이 정보로도 대화는 좀체 개선되지 않았다.

다행히도 이본이 내게 반응을 연습할 기회를 그 뒤로도 더 많이 주었고, 나의 반응은 회를 거듭할 때마다 향상되었다. 문답은 매번 다른 시간대에 다른 상황에서 이루어졌으나 시작은 항상 같은 질문이었다. "전쟁 때 뭐 했어요?" 이본이 물을 때마다 나는 다른 대답으로 실험을 했고 따라서 결과물도 매번 달랐다.

한편으로는 내가 태어나기 두 세대 전에 일어난 전쟁에 어떻게 참여할 수 없었는지 설명해야 한다는 것이 재미있었고, 한편으로는 기괴하게 느껴졌다. 이본에게는 진지한 질문이었지만 내 대답은 순전히 터무니없는 소리였기 때문이다. 우리가 같은 대화에 참여하고 있지 않다는 것이 분명했다. 내 대답이 말이 되려면 이본이 올해가 2012년이며 현재 아흔일곱 살이라는 사실을 머리에 입력해야 했다.

이른바 객관적 세계는 사실로 이루어져 있다. 가령 이본의 거실에 있는 물건들은 다 일흔 살이 넘었다는 사실의 세계 말이다. 하지만 나는 이본이 스스로 그렇게 나이가 많다고 생각하지 않는다는 것을 알았다. 집에 있는 물건들이 그렇게 오래되지 않은 것과 같은 이치로. 여러 상황에서 했던 말로 미루어 보건대, 이본은 자신이 삼십 대 후반이라고 생각하고 있었다. 이본은 이본 방식으로 나이를 먹었으며, 이본을 만나고 싶다면 삼십 대 여성인 이본을 만나야 했다.

이본에게는 전쟁이 당면한 문제요 모든 사람이 토론해야 하는 최대 관심사였으며, 모든 시사 뉴스가 전쟁에 관한 것이었다. 이본의 세계에서는 전쟁이 어제쯤 되는 최근에 발발한 사건이었다. 적절한 대응을 찾기 위해서 수많은 대답을 시도한 끝에 내가 이본의 질문을 완전히 오해하고 있었다는 사실을 깨달았다. 그것은 내가 전쟁 때 뭐 했는지를 듣고 싶다는 뜻이 아니라 이런 뜻이었다. "전쟁 때 내가 뭐 했는지 들어 볼래요?"

이본은 런던 공습 때 불침번 근무에 자원했던 일을 들려주었다. 당시 런던에서 가장 높은 지점이었던 리츠호텔 지붕에 앉아서 적군 공군기를 찾아 밤하늘을 지켜보았다. 시야에 들어오는 경우에는 주민들에게 대피소로 가라고 경고했다. 이본의 이야기 속에서 이 일은 무시무시한 이야기가 아니라 신나고 아주 맛있는 경험담이었다. 자원자들은 불침번의 대가로 영국 최고의 호텔 식당 음식을 공짜로 먹었다.

이본은 전쟁이 벌어진 영국 수도 한복판에서 위험을 무릅쓰고 대담하고 용기 있게 행동한 사람이었다. 운전면허는 없었지만 운전을 할 줄 알았고, 런던에는 차를 몰 인력이 절실한 상황이라 구급차 기사로 활동했다. 한번은 시가가 폭격당하는 와중에 한 환자를 병원으로 이송하고 있었고 동승한 의사가 환자에게 심폐소생술을 실시했다. 환자는 생명을 구할 수 있었다.

그 시기 이본의 어머니는 집을 폴란드 군인을 위한 피신처로 제공했고, 저녁마다 셀 수 없이 많은 병사들이 지하실에 모여 폴란드 노래를 불렀다. 이본도 가끔은 그들과 함께 노래 부르면서 멋진 시간을 보내곤 했다. 전시에 영국으로 파병됐던 나의 증조부 안토니가 그 병사들 중 하나였을지 또 누가 알랴! 안토니 할아버지는 폴란드에 있는 가족과 다시 결합하지 못했기 때문에 나는 본 적이 없다. 증조부는 지금 내가 사는 곳에서 멀지 않은 웨일스에 정착해 살다가 그곳에서 생을 마감했다. 나는 증조부의 무덤을 사후 50년도 더 지나서 찾아냈다. 하지만 어쩌면 이본은 그를 알지도 모른다. 우리 둘의 인생이 어쩌면 시간과 역사 곳곳에서 수수께끼처럼 얽여 있을지도 모를 일이다.

내가 예의 바른 손님으로 이본의 세계를 찾으면 이본은 자기 역사와 이야기를 아낌없이 들려주었다. 나는 손님으로, 이본은 주인으로, 우리 두 사람이 연결될 때면 나는 온갖 질문을 할 수 있었고, 이본은 능숙한 이야기꾼이 되어 자신 있게 대답을 들려주었다.

치매를 겪는 사람은 자기 세계에 대한 질문을 두려워하지도, 자신에 대한 공격으로 받아들이지도 않는다. 이본은 자기 세계에 대해 모든 것을 알고 있었다. 그야말로 모든 것을. 내 친구 이언 매킨지의 말마따나 "열린 마음으로 묻는 질문은 마음을 여는 습관을 만든다." 대화를 확장시키는 질문은 이런 것이다. 그건 어땠어요? 재미있었어요? 무섭지 않았어요? 더 이야기해 주시겠어요?

배경 소음이나 텔레비전 같은 주의를 흐트러뜨리는 요소를 없애는 것도 치매를 겪는 사람과 대화하는 데 도움이 된다. 또한 대화 한 번에 소재를 한 가지로 국한하는 것이 질문을 따라가는 데 용이하다. 가능한 한 최대한 단순화시키자. 단순함이 깊이를 가져다주는 경우가 적지 않음을 기억하자.

> 치매를 겪는 사람은 자기 세계에 대한 질문을 두려워하지도, 자신에 대한 공격으로 받아들이지도 않는다.

나는 이 모든 것을 이본의 기억을 탐구해야 한다는 깨달음을 얻고 나서야, 이본이 기억 속에 있는 이야기를 들려주고 나서야 배울 수 있었다. 처음에 "전쟁 때 뭐 했어요?" 하는 질문을 반복적으로 들을 때는 그 질문 속에 기억이라는 보물이 숨어 있다고는 생각도 하지 못했다.

이본에게서 같은 질문을 반복적으로 들은 것이 결국에는 내게 큰 도움이 된 것이다. 치매를 겪는 사람들은 반복을 통해서, 시도하고 또 함으로써, 배운다. 치매 있는 사람에게는 질문과 의견 혹은 문구를 반복적으로 떠올릴 수 있는 것이 하나의 재능이다. 그 덕분에 우리가 무엇을 할지, 어떻게 할지 탐구할 수 있는 것이다. 철학자이자 시인 크리스 제이미가 『치유학*Healology*』에서 "이 반복

행위는 같은 것을 또 다른 관점으로 완전히 새로이 조명하여 다시 경험할 능력을 나타낸다."고 썼듯이.

치매관계에서는 같은 것을 새로운 관점으로 볼 수 있는 능력이 열쇠다. "경찰을 불러야겠다."거나 "내 차를 돌려받아야 한다."거나 "나를 집에 데려다줄래요?" 같은 말을 반복적으로 들을 때 우리는 얼마나 빈번히 똑같이 대응하는가? 우리는 같은 대답을 반복하거나 습관적으로 똑같은 반응을 보이지 않는가? 그렇다면 치매를 겪는 사람의 반복과 우리 자신의 습관적인 반복까지 해서 반복이 갑절이 된다.

같은 말을 반복적으로 듣는 경우, 특히나 그 말이 우리 안의 민감하고 아픈 지점을 건드리는 내용일 경우에는 짜증을 일으키기도 한다. 거기에는 몇 가지 이유가 있을 수 있다. 가장 주요한 이유는, 치매가 없는 사람이 같은 말을 반복하는 경우는 대개 처음 한 번 말했을 때 상대방이 듣지 못했다고 느꼈거나 혹은 자기 뜻을 관철시키기 위해서 집요하게 밀어붙인다는 의미이기 때문이다. 이런 유형의 반복은 의도적이며, 우리는 반복을 그렇게 이해한다. 따라서 치매가 있는 사람이 반복해서 말을 하면 의도적이라고 해석하지 않기가 어렵다. 하지만 잘 생각해 보면, 치매가 있는 사람은 거의 100퍼센트 자기가 반복해서 말하고 있다는 사실을 기억하지 못한다. 그들에게는 그 말이 처음 한 것이고, 따라서 신선하다. 그들의 세계에 응할 때는 쾌활하고 장난기 넘치는 태도가 필요하며 어떠한 대응도 판에 박힌 것이 되지 않도록 해야 한다.

해 보고 어떻게 되는지 지켜보자. 그다음에 다시 하고, 그다음에 또다시 해 보자. 그리고 그다음에 또 한 번 더. 마침내는 반드시 알맞은 대응을 찾아내게 된다는 이야기는 아니다. 이런 상황에서 알맞은 대응은 미리 준비된 것이 아닌, 그 자리에서 즉흥적으로 나오는 것이다.

재미가 있거나 어떤 교훈을 얻을 수 있어야 유용한 접근법이 된다. 하지만 반복적인 질문이 도리어 우리에게 자극제로 작용하기도 한다. 우리가 자기공감의 시간을 갖고 자기와 연결될 기회 말이다.

캐슬린 맥퍼런은 어머니와 아버지가 모두 치매였다. 그렇다 보니 같은 소식으로 각각 전화를 걸어 오는 일이 잦았는데, 두 분 다 자신이 경험한 긍정적인 무언가를 열정적으로 이야기하곤 했다. 캐슬린에게는 새로운 소식이 아니었어도 매번 새로운 기쁨을 얻을 수 있었다. 그러던 중 캐슬린이 유방암에 걸려 수술을 받아야 했다. 큰 수술이었지만 성공적으로 끝났다. 몇 주 뒤 변함없이 어머니로부터 전화가 걸려 왔고 대화는 매번 하던 그 대화였다.

"잘 지내니?"

"좋아요. 천천히 회복하고 있어요."

"회복이라니? 뭐로부터 회복된다는 거야? 무슨 일이 있니?"

"엄마, 저 큰 수술 받았어요."

"그랬다고? 왜 말해 주지 않았니?"

딸이 아팠다는 사실은 말할 것도 없고 수술에 관한 어떤 내용도 기억하지 못하는 어머니였기에 캐슬린은 자기 상태에 대해 매번 새로 이야기해야 했다.

재미없었다. 고통스러웠다. 어머니가 진심으로 사랑하는 딸이 인생이 뒤바뀌는 큰일을 겪었는데 어머니가 아무것도 기억하지 못한다는 사실을 인정한다는 것이 고통스러웠다. 반복적인 망각에서 사랑과 관심을 느끼기는 어려운 일이었다. 그런 일을 잊어버린다는 것 자체가 너무나 인정 없고 무관심한 것처럼 느껴졌다. 캐슬린은 공감적 자기 돌봄의 시간을 가지면서 자기 병에 대해 어떻게 또 언제 말할 것인지 선택권을 갖는다는 것이 자신에게 중요하다는 것을 깨달았다.

이 선택에 대한 욕구를 인지한 뒤 캐슬린은 어머니가 딸의 인생이 달려 있는 이 중대한 사실을 떠올릴 수 있게 해야겠다고 마음먹었다. 그리고 종이에 적었다. "캐슬린은 큰 수술을 받았다. 하지만 지금은 잘 지내고 있다." 캐슬린은 이 종이를 어머니의 전화기 옆에 놔두었다. 이로써 고통스럽던, 반복적인 대화는 끝났다. 이 간단한 방법으로 캐슬린은 자기 병에 대해 끝없이 다시 이야기해야 하는 고문으로부터 해방되었다. 캐슬린의 어머니도 당황과 걱정에서 해방되었으리라.

나올 것을 알고 있으며 거기에 답하는 것이 과히 즐겁지 않을 질문과 대답을 미리 적어 두는 것이 쌍방의 욕구를 충족시키는 정중한 해법이 될 수 있다. 캘리포니아의 비폭력대화 활동가 매튜도 이렇게 문답을 작성해 두는 접근법의 힘을 경험했다. 치매를 겪는 한 친구가 입원해서 정신적으로 큰 고통을 겪다가 퇴원했다. 집으로 돌아온 친구가 똑같은 질문을 무한히 반복하고 있었다. 무언가에 겁먹어 정서적으로 동요되고 욕구불만이 심해 보이던 친구는 어떤 대답을 들어도 받아들이지 못했다. 매튜는 친구가 하는 모든 질문과 그에 대한 간단한 답을 적어 보았다. 친구는 자신을 사로잡고 있는 모든 걱정거리와 그 해답을 제시해 놓은 이 종이를 받자 바로 긴장이 풀린 듯 자리를 잡고 앉아 적힌 내용을 숙독하기 시작했다.

우리 의도와 가치, 욕구가 수단 방법과 잘 맞아떨어질 때는 전화 통화나 심지어 종이 한 장이 두 사람을 이어 주는 매개체가 되기도 한다. 하지만 치매 말기를 포함한 여러 경우에 돌보는 사람과 직접 만나는 방식에 더 의존하게 된다. 말이 더는 도움이 되지 않는 상황에서도 서로 소통하며 연결을 지속하는 것은 얼마든지 가능하다.

11

살가운 소통

침묵을 개선할 수 있는 것이 아니라면
말하지 말라.
– 앤소니 드 멜로, 예수회 신부

사전은 소통을 정보 교환이라 정의한다. 비폭력대화가 정의하는
소통은 연결을 가져오는 교환이다. 비폭력대화의 소통 방법은 정
보 꾸러미를 전달하는 것이라기보다는 누군가를 직접 만나는 여
정에 가깝다.

　비폭력대화가 치매관계에 크게 도움이 되는 것은 치매관계에
서는 소통이 상대방을 그들이 있는 곳에서 만나는 것을 의미하기
때문이다. 비폭력대화의 소통이 초점을 두는 것은 사실도, 상황에
대한 사실적인 설명이나 정보의 교환도 아닌, 오로지 연결이다.

이런 유형의 연결이 단순한 대화법이나 피상적인 대화법을 구사한다는 뜻은 아니다. 아예 대화에 관한 이야기가 아닐 수도 있다. 페르시아 시인 루미가 말했듯이, 연결은 말이 아니라 한 사람이 다른 사람에게 이끌리는 내면의 유대다. 따라서 말 자체에 얽매이지 않는 것이 중요하다. 그래야만 서로를 더 빨리 발견할 수 있을 것이다.

인간관계에서 침묵의 중요성을 강조하는 이야기는 많다. 탄생(출산과 출생 모두), 첫걸음마, 입맞춤, 서로 주고받는 미소 등 인생에서 많은 중대한 사건들이 말없이 일어난다. 또한 우리 인생에서 가장 중대하고 가장 강렬한 경험은 말을 잇지 못하게 하는 경향이 있다. 우리는 말을 잇지 못하면서 마음속으로 감동받는다.

이번 장에서는 말 대신 사용할 수 있는 연결 수단으로 곁에 있어 주기, 음악, 스킨십, 이 세 가지를 다룬다.

곁에 있어 주기

어느 날 나는 남편 스콧과 함께 요양원에서 지내는 친구를 방문했다. 에드는 급성 치매를 겪고 있어 우리를 알아보지 못하리라 확신하며 방으로 들어갔다. 하지만 우리를 반가워하는 기색이었다. 우리 세 사람은 자리에 앉았고, 나는 대화를 시도했다. 내가 에드에게 어떻게 지내는지, 명상(에드가 명상 수련에 열심이었기 때문에)은 어떻게 되고 있는지 물었다.

에드는 대답에 도전했다. 혀끝에서 말이 맴도는 것 같았는데, 에드는 그 말이 나올 때까지 침착하게 기다렸다. 방 안에는 금 간 유리 접시처럼 금방이라도 깨질 듯한 침묵이 흘렀다. 이제 곧 깨지겠지 했지만 침묵은 한동안 이어졌고, 또 한참 이어졌다. 에드는 나오려다가 길 잃은 듯한 그 말을 놀라게 만들고 싶지 않다는 듯 양탄자만 응시했다. 나도 끈기 있게 기다렸다. 스콧은 그저 그 자리에 있어 주었다. 시계가 똑딱거리는데, 그 순간 에드가 응시하던 시선을 거두며 느긋하게 자세를 풀었다.

스콧이 에드 눈을 보며 말했다. "그냥 가 버렸나 봐?"

"맞아." 대뜸 대답이 나왔다. 소심한 자신의 말을 놓치고 말았음을 인정하는 대답이었다.

저렇게 끝났네. 나는 이런 생각이 들었고, 조금 당황했다. 어쩌면 에드의 전반적인 상태가 어떤지 직원과 이야기를 해 보는 게 낫겠다 싶어 실례를 청하고 두 남자만 남겨 두고 나왔다. 요양보호사와 이야기를 나누고 방으로 돌아왔더니 에드가 나를 보고 깜짝 놀랐다. 십오 분 전에 나를 봤다는 사실을 잊어버린 모양이었다. 에드는 불안이 드리운 얼굴로 스콧을 바라보았다. 이 낯선 사람이 여기 들어와도 괜찮은 거냐고 묻는 듯했다. 스콧의 편안한 표정은 에드에게 다 괜찮다고, 저 사람 우리 친구라고 말하고 있었다. 그러자 에드는 나를 다시 반겨 맞으면서 앉을 자리를 가리켰다.

나는 자리에 앉아 내가 나가 있던 그 몇 분 동안 둘이 그렇게 침묵 속에 앉아 있었던 것인지 물었다. 그랬다고 했다. 두 사람은 내가 나가 있는 동안 아무것도 하지 않은 것 같았으나 그 숨 막히는 침묵으로 연결을 엮어 냈다. 그 연결을 이루어 낸 것은 스콧의 편안한 존재감이었다. 서로 간에 오가는 행동 없이 곁에 있어 주는 시간을 누린 것이다.

나는 에드가 낯선 사람인 나를 방으로 들여보낼지 말지를 스콧에게 맡겼을 때 둘 사이에 신뢰감이 형성되었다는 것을 알았다. 스콧이 에드의 내집단(inner circle)에 받아들여졌다는 것을.

스콧이 치매에 걸린 사람을 만난 것은 처음이었을 텐데, 그럼에도 침묵을 통해 연결을 만들어 내는 그의 멋진 직관 앞에서 나는 고개를 숙였다.

음악으로 공감하기

내가 처음 본 이본은 담요로 온몸을 휘감고 휠체어에 앉아 망각과

무감각 속에 잠겨 있는 모습이었다. 아니면, 내가 처음 본 모습을 그렇게 기억하는 것은 사람이 그런 식으로 만나는 경우가 드물기 때문이었다고 말해야 할 터이다. 이본은 눈을 감은 채로 내가 하는 어떤 말에도 반응하지 않았다. 곧게 앉은 자세를 보면서 잠든 것이 아니라고 확신은 했지만, 이본에게서는 깊이 잠든 사람만큼의 인기척도 느껴지지 않았다.

나는 이본을 만나고 싶었지만 안녕하시냐는 인사도 하지 못했고 눈도 마주치지 못했다. 이본이 좋아할지 어떨지 알 길이 없어 몸이 닿는 인사법은 적절하지 않게 느껴졌다. 그래서 이본에 대해서 알아 갈 다른 방법을 찾기로 했다.

이본이 꼼짝도 하지 않는 열두 시간 동안 나는 방을 둘러보다가 오래된 카세트테이프 한 세트를 발견했다. 기필코 찾아내리라는 의지에 불타 집 안을 샅샅이 뒤져서 낡은 녹음기 한 대를 찾아냈다. 그러고는 1960년대 재즈 피아노곡으로 침묵을 깼다. 음악 소리가 방을 채운 가운데 나는 느긋하게 앉아 이본에 대해서 조금씩 알아 가기로 했다. 눈물 한 줄기가 이본의 뺨을 타고 흘렀다. 몇 시간의 대화보다도 더 큰 의미를 담은 눈물. 말로 대화를 나눈 것은 며칠이 더 지나서였지만, 이것이 내가 진정으로 이본을 만난 방법이었다. 빅토르 위고가 말했듯이, 음악은 말로는 설명 못 하며 침묵으로 남아 있을 수 없는 것을 표현한다.

음악이 치매를 겪는 사람을 열리게 만드는 계기로 작용하는 경우가 많다. 이본처럼 좋아하는 피아노 음악 소리에 마음을 여는 사람이 있는가 하면, 익숙한 노래를 듣고 입을 여는 사람이 있다. 실어 증상이 심각한 사람이라도 노래는 부를 수 있으며, 나아가 노래를 부르면서 활동이나 행사를 기억하기도 한다. 단어가 떠오르지 않아 말하는 데 심한 장애를 겪었던 클레어에게는 노래가 유창함을 되살려 주는 한 모금의 청량제였다. 어느 크리스마스 저녁, 내가 캐럴 〈고요한 밤〉을 불러 줄 때 발견한 사실이다. 클레어가 내 노래에 동참했을 때, 나는 기쁘고도 놀라웠다. 클레어가 가사를 다 기억해 냈을 뿐 아니라 중간에 한 번도 막히지 않고 부른 것이다. 우리 둘이 함께 노래하던 그 밤은 전혀 고요하지 않았다.

바른 스킨십

치매관계에서 지금껏 상대방과 스킨십을 많이 경험해 보지 않았다면, 지금이 시도해 보기 좋은 때일 수 있다. 신뢰가 그렇듯이 스킨십은 쌓아 나가야 하는 무언가다. 어느 날 갑자기 일어나기를 기대할 수 없는 일이라는 뜻이다. 신뢰를 쌓아 가려면 상대방의 욕구가 당신에게도 중요하다는 사실을 그에게 알려야 한다. 신체 접촉이 이 메시지를 전달하는 수단이 될 수 있다. 스킨십은 안정감과 지지하는 마음, 부드러움, 공감, 사랑, 이해를 전달한다. 당신이 그 사람을, 또 그 사람과의 관계를 신뢰한다는 사실까지 포함해서.

내가 말하는 스킨십은 당신 손을 상대방의 어깨나 등 혹은 그들의 손 위에 살며시 올려놓는 것을 말한다. 작은 것에서 시작하는 것이 가장 좋은데, 지속적으로 꾸준히 해 보자. 먼저 자기 방식을 느껴 봐야 하는데 어떤 것이 적절하게 느껴지는지, 어떤 스킨십에 당신이 의도한 반응을 보이는지 느껴 보는 것이다. 스킨십은 상대방과 아주 가까이 앉는 것을 의미할 수도 있는데, 그러면서도 상대방의 사적인 공간을 존중하는 것이 중요하다. 이는 우리가 그 사람에게 가까운 사람임을 전달하는 방식이다. 육친(family)이나 친지(familiar)처럼. 이 두 어휘 모두 '친' 자를 쓰는 것도 우연은 아닐 터이다.[*] 이 행동에는 '나는 네 편'이라는 뜻이 담겨 있다.

시력이 손상된 클레어에게는 스킨십이 '나 여기 있어요.', '내가 함께 있어요.'를 의미했다. 이본의 경우에는 어떤 메시지를 전하고 싶을 때 이본의 주의를 집중시키기 위해서 손을 잡고 말했다. 고든의 경우에는, 길을 잃을 때마다 내가 팔을 잡아 방향 되찾는 것을 거들었다. 도리는 산책 나갈 때마다 팔짱 끼는 것을 좋아했는데,

---

[*] 영어의 두 어휘도 동일한 라틴어 familia를 어원으로 한다.

균형을 잃지 않기 위해서였다. 도리의 경우에는 이야기 나누는 동안에는 스킨십에 호응하지 않을 때도 있었지만 기분이 처져 있을 때 팔을 살며시 어루만져 주면 고마워했다.

비폭력대화 활동가 루스와 제인은 스킨십 없는 모녀 사이였다. 가족 모두가 포옹 같은 방식으로 연결되는 일이 없었다. 하지만 루스는 남편으로부터 스킨십의 가치, 손잡고 껴안는 행동의 중요성을 배웠다. 그제야 부모님이 스킨십 없는 부부였다는 사실을 깨달았다. 제인이 치매가 악화되어 요양원에서 지내게 되자 루스가 자주 방문했는데, 어머니 방에 단둘이 있을 때면 다 괜찮다는 의미로 쓰다듬어 주고 이따금씩 껴안아 주는 것이 두 사람이 함께하는 시간의 일부가 되었다. 하루는 루스가 제인과 병원에 함께 갔는데, 어머니가 불안해하는 듯해 안심시켜 주려는 마음으로 팔에 손을 얹었다. 어머니는 몸을 떨면서 곧바로 루스의 팔을 밀쳤다. 비슷한 상황에서 다시 같은 반응을 보였을 때 루스는 어머니가 공공장소와 사적인 공간을 구분한다는 것을 느꼈다. 방에서는 괜찮을뿐더러 환영받던 것이 공공장소에서는 괜찮지 않고 바람직하지 않은 행동이 된 것이었다.

다른 해석도 가능할 터이다. 어쩌면 둘 사이의 연결, 신뢰가 아직 충분히 쌓이지 않았던 것일지도 모른다. 또한, 자신의 독립성을 강조하고 싶을 때 사람들은 스킨십을 반기지 않을 수 있다. 어쩌면 제인이 메시지를 전달한 것인지도 모른다. 나는 어린아이가 아니야, 손잡아 줄 필요 없단다.

나는 치매를 겪는 사람들, 내가 누군지 모르고 전에 만난 적 있다는 사실을 기억하지 못하는 사람들을 돌보는 일을 해 왔는데, 그 사람들은 내가 신체 접촉을 하는 순간 바로 긴장이 풀리고 편안해지는 것으로 보였다. 마치 그들의 눈이나 귀는 아니지만 몸이 나를 기억하는 것처럼. 어쩌면 접촉의 감각이 시각이나 청각보다 더 의미 있고 기억에 더 선명하게 남는 것인지도 모른다. 무미건조한 사실은 더 말할 것도 없고. 아르나우트 마이틀란트는 저서 『후회 없이 살기Living Without Regret』에서 쇠약해지는 어머니에 대해서 다음과 같이 썼다.

"행동이 멈추고 배움이 되지 않을 때 존재함이 남는다. 존재하는 한 우리는 맞닿을 수 있다. 존재와 존재의 맞닿음은 우리 모두를 연결하며, 언제나 열려 있다. … 어머니는 존재했으며, 그랬기에 정신적으로 방향을 잃었을 때조차 보고 들을 수 있었다. 그리고 무엇보다도 느낄 줄 알았다."

치매 말기에는 신체와 신체가 맞닿는 스킨십이 서로의 마음을 잇는 소통의 생명줄이 될 수 있다. 스킨십은 서로와 함께하는 방법이다. 사랑한다고, 내가 곁에 있다고, 내가 마음을 쓰고 있다고 말하는 방법이다. 이는 언어 없이도 말할 수 있는 메시지, 우리가 인

생에서 다른 사람에게 전할 수 있는 가장 중요한 메시지이다. 연결
은 언어보다 오래 남으며, 침묵, 존재함, 맞닿음으로 번역된다.

약해질 수 있는 존재

신을 앎으로써 얻은 천국은 이 불가피성이다. …
어떤 지옥이 눈앞에 펼쳐지더라도 우리가 이렇게 서로 깊이 연결한다면 …
우리는 주는 것을 즐기고 삶에 보답할 수밖에 없다는 사실이다.
–마셜 B. 로젠버그, 미국 평화운동가

우리 할머니 이레나는 오랜 세월 당신의 어머니, 마리아 증조할머니의 돌봄을 맡아 왔는데, 증조할머니가 세상을 떠난 지 몇 해 지나지 않아서 돌아가셨다.

나는 이레나 할머니가 돌아가실 때 곁을 지키며 할머니가 마지막 숨 거두는 모습을 지켜보았다. 당시 나는 스물세 살이었는데, 할머니가 마지막으로 나를 바라보던 눈길을 평생 잊지 못할 것이다. 할머니는 두려워하고 있었고 약해져 있었다. 그때는 할머니를 어떻게 도와야 할지 몰랐다. 하지만 서로를 이어 주고 마음의 평화를 가져다줄 방법을 찾아내리라 마음으로 다짐했다.

죽음의 시간은 우리에게 인생에서 가장 심오하면서도 가장 두려운 물음을 묻게 만든다. 인생의 의미는 무엇인가? 죽음이 끝인가? 흔히 그러듯이 이러한 물음에 명확한 답으로 결론을 내리려고 애쓸 때, 우리는 두려움을 억누르려고 애쓰는 것이다. 우리는 미지의 세계와 맞닥뜨렸을 때 무방비 상태인 것을 두려워한다. 하지만 폴란드의 치매 돌봄 전문 상담가 다누타 리핀스카가 말하듯이 "이 손에 만져질 듯한 연약함, 사람을 무장해제시키는 이 열린 태도와 정직함 또한 고결하고 영적인 사람들의 고향이다."

나는 두 사람이 서로 연결되어 의미 있는 관계를 형성하는 데 가장 강력한 요인이 이 무방비 상태의 취약함이라는 것을 거듭 경험해 왔다. 할머니의 쉽지 않은 죽음을 지켜보면서 이 어쩌지 못하는 약한 상태가 약점이 아니라 강점이 될지도 모른다는 생각이 내 안에서 움트기 시작했다. 우리가 약하면서도 동시에 두려움 없는 존재가 될 수 있다는 생각이. 왜냐면 우리가 서로 연결을 기대할 수 있기 때문이다. 삶의 순간에도 죽음을 앞둔 순간에도, 연결은 우리가 마음을 열고 상대방의 느낌과 욕구를 이해할 때 비로소 강해질 수 있다.

티베트 불교 승려 센펜 후캄은 우리에게 사람은 타인과 깊이 연결될 수 있는 존재라는 깨달음을 주는 것을 필생의 사명으로 삼았다. 왜냐면 우리가 관계를 맺는 사람들이 우리 존재의 뼈대이자 정수이기 때문이다. 우리의 관계는 우리가 믿고 의지할 수 있는 무언가가 될 수 있다. 특히나 우리가 전심을 다하여 저마다 우리 안에서 건강한 합일을 이루어 내기 위해 노력할 때.

나는 돌봄을 이러한 이상을 실천하는 정신적 수행 과정으로 받아들였다. 누군가에게 도움을 주는 관계를 통해서 실천하리라고. 람 다스와 폴 고럼은 저서 『어떻게 도와드릴까요?: 타인을 돌보는 이들을 위한 정서적 지원과 정신적 영감How Can I Help?: Emotional Support and Spiritual Inspiration for Those Who Care for Others』에서 말한다. "대부분의 영적 전통에서 도움 실천을 삶 자체의 근본으로 정의하는 것으로 나타난다. 우리가 분리된 존재라는 느낌에서 깨어나는 것은 모든 일에서 우리에게 주어진 사명이다."

깨어남을 향한 추구에 불을 지핀 것은 내가 할머니에게 한 약속이었다. 나는 할머니와 나의 연결이 결코 끊긴 적 없으며 끊임없이 삶에 되돌려주고 있음을 느낀다. 그 약속은 이 책을 쓰게 만든 힘이기도 했다. 나는 이 연결을 만들어 준 할머니에게 무한히 감사하며 살아갈 것이다.

꼬리 없이 고마움 표현하기

고마움은 삶의 충만함을 여는 열쇠다. …
고마움은 우리의 과거를 이해하게 해 주고 현재에 평화를 가져오며
미래를 볼 수 있는 눈을 만들어 준다.
– 멜로디 비티, 미국 작가

"꼭 모든 사람이 치매에 걸리면 좋겠다는 소리 같잖아!"

베로니카의 여동생이 베로니카에게 말했다.

베로니카는 어머니 거트루드와 비폭력대화를 훈련해 왔다. 어머니가 치매에 걸리자 인생에 변화가 찾아왔다. 베로니카가 활용할 수 있게 된 비폭력대화 기술이 두 사람에게 화해를 가져다준 것이다. 두 사람은 평생 처음으로, 무엇보다도 베로니카가 기숙학교에 들어간 다섯 살 이후로는 처음으로, 친밀한 관계와 서로에 대한 이해, 유머를 즐길 수 있었다.

신기하게도 거트루드는 치매를 겪으면서 아름다움을 알아보는 능력이 향상되었다. "하지만 저것 좀 봐! 보라고!" 마치 아흔여섯이 되어서야 비로소 전에는 결코 보지 못하던 아름다움의 진가를 선명하게 볼 줄 알게 되었다는 듯이. 삶의 마지막 단계에 이른 어머니를 지켜보면서 베로니카는 무척 힘을 얻었다. 거트루드는 치매에 걸리고 균형감을 잃고 비틀거리고 발에 염증이 생겨 고생하면서도 예전보다 더 생기 있는 모습이었다. 이제는 정겨운 추억 속에 간직한 어머니에 대해 나에게 이야기하면서 베로니카는 고마움으로 가슴이 부풀어 오르는 느낌이라고 말했다. 베로니카는 어머니의 말년에 함께 만든 관계를 기뻐했다. "마치 치매가 엄마와 나에게 새로운 소통의 창을 열어 준 것 같았어요."

베로니카와 어머니에게는 치매가 두 사람의 관계에 건강함을 불어넣었다. 내가 아는 다른 많은 사람들이 그러듯이 두 사람도 치매로 인해 평상시 하던 방식으로는 의사소통이 어려웠다. 치매의 보편적인 증상인 언어 능력, 지각 능력, 기억력의 저하로 의사소통에 제약이 생겼으나, 역설적으로 그 제약은 가능한 의사소통 방식을 찾아내게 만들고 소통의 깊이를 더할 기회가 되었다. 또한 이 제약은 뚜렷하게 이해되지는 않으나 더 마음 깊이 와닿는 무언가를 서로에게 표현할 수 있게 해 준다.

"누구한테든 이 병이 생겼으면 좋겠다는 얘기가 아니에요. 전혀 그런 뜻이 아니에요." 베로니카는 생각을 분명하게 밝혔다. "하지만 치매 덕분에 나와 어머니가 더 깊이 있는 친밀함을 나눌 수 있었던 건 맞아요. 서로 장난치고 익살 부릴 수 있었고, 무조건적인 사랑을 편하게 표현할 수 있었죠. 모든 사람이 그렇게 관계가 회복되는 경험을 해 볼 수 있으면 좋겠어요. 제가 그랬던 것처럼요."

나 또한 치매 덕분에 얻을 수 있었던 경험에 고마움을 느낀다. 치매는 나에게 세계를 보는 시각을 갖게 해 주었고 전체의 균형을 중시하게 해 주었으며, 매사를 건강성과 결부하여 생각하게 하고 삶에 헌신하게 해 주었다.

고마움은 타인을 돌보는 모든 이가 경험하는 감정으로, 우리는 치매를 겪는 이뿐 아니라 자신에게도 고마움을 표현할 수 있다. 당신이 돌보는 사람에게서 고맙게 느끼는 점은 무엇인가? 그리고 당신 자신에게는 무엇을 고맙다고 느끼는가?

개에게는 고마움, 기쁨, 혹은 호감을 표현할 때 사용할 수 있는 아주 편리한 도구가 있다. 꼬리 말이다. 시인 W. H. 오든은 이렇게 말한 바 있다. "기쁨의 순간 우리는 생각한다. 이럴 때 흔들 수 있는 꼬리라도 하나 있었으면 좋으련만." 하지만 우리 인간은 다른 수단을 통해서 고마움을 표현해야 한다. 말로 고마움을 표현하는 것이 시작이 될 수 있는데, 치매관계에서 아주 크게 도움이 된다. 하지만 고마운 마음을 말로 표현하는 것 자체보다 더 중요한 것은 고마움을 경험하는 것이다.

비폭력대화는 고마운 마음을 표현할 때는 기쁨을 나누고자 하는 마음으로 하라고 가르친다. 충만해진 삶에 대한 기쁨을 나누기 위해서라고. 살아 있는 이에게 느끼는 고마움은 가슴이 뜨거워지는 감격스러운 감정일 수 있으며, 죽음을 앞둔 이에게 느끼는 고마움은 사람을 차분하게 만드는 감정, 가슴에 사무치는 감정일 수 있다. 고마움은 스쳐 지나가는 어떤 감정보다도 오래 지속된다. 그것이 고마움의 속성이다. 치매관계가 끝나고 오랜 시간이 흐른 뒤에도 고마운 마음을 느낄 수 있다. 타인과 연결된 이 꺼지지 않는 관계에 유통기한이란 없다.

감사의 말

이 책은 내가 치매에 대해 생각한 것과, 나와 다른 사람의 경험을 이해하는 과정에서 나온 결실이다. 하지만 이 책의 밑바탕이 되는 개념들은 기본적으로 위대한 두 선구자, 마셜 B. 로젠버그와 셴펜 후캄 스님의 가르침에 영향 받은 것이다.

로젠버그는 그가 남긴 비폭력대화의 유산을 통해서 간접적으로 만났을 뿐이다. 나는 비폭력대화센터(CNVC: The Center for Nonviolent Communication)의 국제인증지도자 엘리자베스 잉글리시, 브리지트 벨그레이브, 지나 로리로부터 비폭력대화 프로세스를 배웠다. 크리스틴 크리스텐센, 캐슬린 맥퍼런, 멜라니 시어스도 이 책을 하나의 실체로 완성하는 데 도움을 주었다. 내 생각에 환호해 주고 치매와 관련한 자신들의 경험을 들려줌으로써.

셴펜 후캄 스님이 아니었더라면 나는 비폭력대화를 알 길이 없었을 터이다. 무엇이 실재이며 무엇이 진정한 것인가를 모색하며 그 깨달음을 전파하는 데 헌신해 온 후캄 스님의 가르침은 내가 살아갈 길을 밝혀 준 빛이었다. 나는 여러 해를 후캄 스님 곁에서 일하는 행운을 누렸다. 스님이 진행하는 '깨어난 마음으로 살기 Living the Awakened Heart' 수행은 내 인생의 큰 부분을 차지하는데, 현재 온라인으로 참여할 수 있으며, 이 수행에 전념하는 사람들의 공동체(깨어난 마음 승가The Awakened Heart Sangha)가 이 책을 쓰는 동안 내게 큰 힘을 주었다. 특히 타라 앤 듀에게 고마운 마음을 전한다. 타라가 내게 베푼 관대함은 말로 다 표현할 길이 없다.

이 책은 내 고객들 없이는 존재할 수 없었을 것이다. 나는 그분들의 비밀을 지키고 익명을 유지하면서도 진실한 이야기를 전하기 위해서 최선을 다했다. 모든 분의 이름과 상황의 세부적인 내용 일부는 각색된 것이다. 나를 기꺼이 자신들의 삶에 받아들여 주고 배우고 생각할 많은 기회를 준 그분들 모두에게 항상 감사한다.

한나 위즈비, 미브 롤런즈, 에디타 반코비치를 비롯해 귀중한 기술과 태도를 가르쳐 준 요양보호사들에게도 감사한다.

우리 요양보호사들은 사람 중심 치매 돌봄을 제창하고 그런 돌봄에서 관계의 중요성을 강조한 탐 키트우드의 저서와 활동에 감사한다. 나 개인적으로는 키트우드의 학파를 계승했으며, 이 책의 추천사를 맡아 준 웨일스 뱅고어대학교 치매서비스개발센터의

밥 우즈 교수에게 감사의 마음을 전한다.

알츠하이머협회(Alzheimer's Society)는 영국 국내외에서 치매에 대한 인식을 높이기 위한 연구와 캠페인에 부단히 애써 온 귀중한 기관인데, 알고 보니 이들로부터 배운 치매인에 대한 접근법이 비폭력대화의 원칙과 많은 면에서 일치했다.

이 책의 구상만 듣고, 원고가 완성되려면 아직도 멀었는데 흔쾌히 응해 준 메이지 스튜어트와 출판사 퍼들댄서프레스에 감사의 마음을 전하고 싶다.

편집자들에게도 고마운 마음뿐이다. 집필 초반에는 실비아 로즈가 상냥한 동반자가 되어 주었다. 중반에 합류한 레이철 에드워즈의 따뜻한 이해와 격려 덕분에 작업이 순항할 수 있었다. 다음으로 만난 탠덤에디팅 유한회사의 카이라 프리스타는 풍부한 경험과 기술, 공감 능력의 소유자다. 그는 그저 집필의 다음 단계에 머물지 않고 전적으로 다른 차원으로 나아가도록 나를 이끌어 주었다.

자기 돌봄 경험을 공유해 줌으로써 이 책에 기여한 분들게 크나큰 고마움을 전한다. 알렉산드리아 윌슨, 알바로 엠비드, 거트 세빌다니엘슨, 얀 파커, 케이트 포스터, 케이티 머로, 몬치 모네레오, 폴레트 브레이나라이, 로버트 그윈 다빈, 그리고 익명으로 남기를 원한 다른 여러분, 나를 믿어 줘서 고마워요.

이 작업을 하는 동안 나를 만날 수 없으면서도 변치 않고 지지

해 준 엘리자베스 엘리엇, 카시아 쿨보프스카, 피브와 캐시 크램 부부, 비키와 존 호프로빈슨 부부, 사라 리치, 올가 비트코프스카, 개브리얼 리펜버그, 그리고 북디자인 스튜디오 kilku.com의 이달리아 스미친스카를 비롯한 여러 소중한 친구들에게도 고마운 인사 전하고 싶다.

특별히 인사를 남겨야 할 분들이 있다. 책 제목에 '함께(together)'라는 말을 붙이면 어떻겠는지 의견 주었던 소중한 친구 조너선 쇼, 창조적인 사람이 되라고 끊임없이 용기 주었던 크시슈토프 코시오르 교수님, 그리고 나에게 사람을 중심으로 한다는 것이란 어떤 것인지 가르쳐 준 일레인 워드와 다른 상담 선생님들께 감사드린다. 내 가족에게도 감사한다. 특히 멜라니아 미엘니크와, 마이클과 트리사 모리슨 부부를 비롯한 남편의 친척에게 감사드린다.

남편 스콧 스미스는 이 책을 쓰는 기간 거의 내내 곁에서 내 말을 경청하고 집필 과정에서 내게 필요한 것들을 보살펴 주었다. 내 귀와 눈이 되어 준 그이 덕분에 나의 욕구는 충족되었다.

치매와 비폭력대화 관련
정보를 찾을 수 있는 곳

알츠하이머병과 치매

Alzheimer's Association (미국): https://alz.org
Alzheimer's Society (영국): https://www.alzheimers.org.uk
온라인 강의: www.scie.org.uk/elearning/dementia
중앙치매센터: https://www.nid.or.kr
한국치매협회: https://www.dementia.or.kr
대한치매학회: https://www.dementia.or.kr

비폭력대화

Center for Nonviolent Communication: www.CNVC.org
온라인 강의: https://nvctraining.com
PuddleDancer Press: www.nonviolentcommunication.com
한국NVC센터 : http://www.krnvc.org

치매 친화적 공감 언어

애정: 한번 안아 드릴까요? 누군가 손을 잡아 주기를 바라세요?

알아주기: 당신이 해낸 것을 제가 얼마나 좋아했는지 말씀드릴까요?

진정성: 정말로 마음속에 있는 것을 말하고 싶으신가요? 뭐가 마음에 꼭 드는지 알려 주실 수 있어요?

관심: 제가 관심 있다는 것을 알고 싶으세요? 이걸 도와주실 수 있어요?

명료함: 무슨 일이 일어난 건지 이해하고 싶으세요?

친밀함: 친구가 있으면 좋으시겠어요? 다른 사람이 곁에 앉아 있는 걸 좋아하세요?

공감: 이런 상황이 얼마나 힘든지 다른 사람들이 알아주기를 바라세요?

유능함: 원하는 일을 할 수 있으면 좋겠지요? 상황이 계획한 대로 진행되기를 바라시는 거죠?

일관성: 뭐든 일정한 방향으로 이루어진다고 믿을 수 있으면 좋겠다고 생각하시나요? 사람들이 자기네가 말한 것을 지키면 좋겠지요?

기여: 도움을 주고 싶으신가요?

협력: 모두가 한마음으로 일하기를 바라세요?

창조성: 뭘 만들 수 있는지 알아보고 싶으세요? 음악(미술, 공예, 춤)으로 자신을 표현하고 싶으신가요?

평등/공정함: 모든 사람이 다 중요한 사람이기를 바라시나요?

자유: 어떤 게 효과적일지 스스로 결정하고 싶으신가요?

포함되기: 지금 상황의 일부가 되고 싶으신가요? 사람들이 말을 천천히 해 주기를 바라시나요?

중요하게 여겨지기: 당신을 중요하게 여기는지 알고 싶으세요? 당신이 필요로 하는 것을 제가 중요하게 여긴다는 것을 알고 싶으신가요?

의미: 당신에게 중요한 일을 하고 싶으신가요?

애도: 당신이 얼마나 깊이 슬퍼하는지 표현하고 싶으세요?

상호관계: 사람들이 서로 돕기를 바라시나요?

질서: 물건을 쉽게 찾을 수 있으면 좋으시겠어요? 주변에서 어떤 일이 일어나고 있는지 알고 싶으신가요?

참여: 우리가 하는 일에 대해 뭔가 하실 말씀이 있으세요? 지금 상황에 참여하고 싶으신가요? 사람들이 더 느리게 걸어 주기를 바라세요?

평화: 조용한(차분한, 편안한) 시간을 갖고 싶으세요?

놀이: 재미있게 지내고 싶으세요? 마음이 내키는 것을 하고 싶으신가요?

예측 가능성: 어떻게 될지 알고 싶으신가요?

목적: 이 일이 무엇을 위한 건지 알고 싶으세요? 우리가 어디로 가는지 알고 싶으신가요?

존중: 존중받기를 원하시나요? 사람들이 당신을 배려해 주기를 바라세요?

안전/안정: 당신이 정말로 괜찮을지 알고 싶으세요? 안전하게 지내고 싶으신가요?

자극: 뭔가 재미난 것 또는 새로운 것을 찾고 계세요? 한바탕 모험을 하고 싶으신가요?

※ 이 목록은 클라라린 누너메이커가 수집하고 제공한 욕구 충족을 위한 가족 친화적 욕구 언어 목록을 개작한 것이다.

추천사
참고 문헌

- Kitwood, Tom, and Dawn Brooker, eds. *Dementia Reconsidered, Revisited: The Person Still Comes First*. London: Open University Press, 2019.
- Feil, Naomi. *The Validation Breakthrough: Simple Techniques for Communicating With People With "Alzheimer's-Type Dementia."* Baltimore: Health Professions Press, 1993.

들어가며: 관계 키우기
참고 문헌

- World Health Organization. "Mental Health."(2019년 3월 21일 접속) https://www.who.int/mental_health/neurology/dementia/en/
- Rogers, Carl. "The Characteristics of a Helping Relationship 1958." *The Carl Rogers Reader*, edited by Howard Kirschenbaum and Valerie Land Henderson, 108–126. London: Robinson, 1990, page 108.
- Center for Nonviolent Communication. "What Is Nonviolent Communication?"(2019년 3월 21일 접속) https://www.cnvc.org/learn-nvc/what-is-nvc

- Philpotts, Eden. *A Shadow Passes*. London: Cecil Palmer & Hayward, 1918, page 19.

1부 관계 바라보기
1장 있는 그대로 인정하기
참고 문헌

- Le, Xuan, Ian Lancashire, Graeme Hirst, and Regina Jokel. "Longitudinal Detection of Dementia Through Lexical and Syntactic Changes in Writing: A Case Study of Three British Novelists." *Literary and Linguistic Computing*, Volume 26, Issue 4 (December 2011), pages 435–61. https://doi.org/10.1093/llc/fqr013. Day, Adrienne. "Alzheimer's Early Tell: The Language of Authors Who Suffered from Dementia Has a Story for the Rest of Us." *Nautilus*, September 29, 2016. http://nautil.us/issue/40/learning/alzheimers-early-tell도 참고하라.
- Wikiquote. "Augustine of Hippo." (2019년 3월 21일 접속) https://en.wikiquote.org/wiki/Augustine_of_Hippo
- de Mello, Anthony. *The Heart of the Enlightened: A Book of Story Meditations*. New York: Doubleday, 1989, page 146.

추천 자료

- Kitwood, Tom. *Dementia Reconsidered: The Person Comes First*. Buckingham (UK): Open University Press, 1997.

2장 상상력에 집중하기
참고 문헌

이 장에서 소개하는 사례들은 올리버 색스의 명저 『아내를 모자로 착각한 남자』에 감사하는 마음을 담아 제목을 붙인 것이다.

- Modell, Arnold H. *Imagination and the Meaningful Brain*. Cambridge,

MA: MIT Press, 2003. (Gerald Edelman, p.37에서 재인용)

- Sacks, Oliver. *The Man Who Mistook His Wife for a Hat and Other Clinical Tales*. London: Picador, 2011. (올리버 색스, 『아내를 모자로 착각한 남자』, 조석현 옮김, 2016, 알마)
- Ahern, Cecilia. *Love, Rosie*. New York: Hachette, 2005.

추천 자료

- Connor, Jane Marantz, and Dian Killian. *Connecting Across Differences: Finding Common Ground With Anyone, Anywhere, Anytime*. Encinitas, CA: PuddleDancer Press, 2012.

3장 관점
참고 문헌

- Kitwood, Tom, and Kathleen Bredin. "Tom Kitwood and Kathleen Bredin: 'Towards a Theory of Dementia Care: Personhood and Wellbeing'(1992). Ageing and Society, 12(3): 269–287." *Tom Kitwood on Dementia: A Reader and Critical Commentary*, edited by Clive Baldwin and Andrea Capstick, 131–45. London: Open University Press, page 133.
- Goodreads. "Rumi." (2019년 3월 21일 접속) https://www.goodreads.com/quotes/245285-you-think-because-youunderstand-one-you-must-also-understand
- PuddleDancer Press. "Marshall Rosenberg's NVC Quotes." (2019년 3월 21일 접속) https://www.nonviolentcommunication.com/freeresources/nvc_social_media_quotes.htm
- Sacks, Oliver. *The Man Who Mistook His Wife for a Hat and Other Clinical Tales*. London: Picador, 2011, page 3.
- Alzheimer's Association. "Caregivers." (2019년 3월 21일 접속) https://www.alz.org/professionals/public-health/issues/caregivers

- Peterson, Christopher, and Martin Seligman. *Character Strengths and Virtues: A Handbook and Classification*. Oxford: Oxford University Press, page 4.
- Chödrön, Pema. *Comfortable With Uncertainty: 108 Teachings on Cultivating Fearlessness and Compassion*. Boston, MA: Shambhala, 2008, page 74.

추천 자료

- Gonzales, Robert. *Reflections on Living Compassion: Awakening Our Passion and Living in Compassion*. Logan: Utah Publisher's Place, 2015. http://www.living-compassion.org/reflections.html

4장 삶에 전념하기

참고 문헌

- Peyton, Sarah. *Your Resonant Self: Guided Meditations and Exercises to Engage Your Brain's Capacity for Healing*. New York: W. W. Norton & Company, 2017, page 68.
- Kitwood, Tom, and Kathleen Bredin. "Tom Kitwood and Kathleen Bredin: 'Towards a Theory of Dementia Care: Personhood and Well-being' (1992). Ageing and Society, 12(3): 269–87." *Tom Kitwood on Dementia: A Reader and Critical Commentary*, edited by Clive Baldwin and Andrea Capstick, 131–45. London: Open University Press, page 133.
- Elvish, Ruth, Rosanne Cawley, and John Keady. "The Experiences of Counselling and Psychotherapy From the Perspective of Carers of People With Dementia: An Exploration of Client Views and Processes of Change." Lutterworth (UK): British Association for Counselling & Psychotherapy, 2010. 다음 웹사이트에서 자료를 구할 수 있다. https://www.bacp.co.uk/media/1976/bacp-experiences-counselling-

psychotherapy-from-carersof-people-with-dementia.pdf

- Rosenberg, Marshall B. *Nonviolent Communication. A Language of Life.* 3rd edition. Encinitas, CA: PuddleDancer Press, 2015, page 55. (마셜 B. 로젠버그, 『비폭력대화』, 캐서린 한 옮김, 2017, 한국NVC출판사)

추천 자료

- d'Ansembourg, Thomas. *Being Genuine: Stop Being Nice, Start Being Real.* Encinitas, CA: PuddleDancer Press, 2007.

2부 직접 맛보기
5장 공감 능력 키우기
참고 문헌

- Peyton, Sarah. *Your Resonant Self: Guided Meditations and Exercises to Engage Your Brain's Capacity for Healing.* New York: W. W. Norton & Company, 2017, page 62.
- 158쪽 마지막 줄의 인용문은 오스카 와일드가 남긴 말로 알려져 있고, 처음에는 나도 그렇게 들었다. 하지만 누가 최초로 말했는지 확실한 근거가 없는 것으로 확인된다. (다음 웹사이트를 보라. Garson O'Toole, "Be Yourself. Everyone Else Is Already Taken," https://quoteinvestigator.com/2014/01/20/be-yourself/ 2019년 3월 21일 접속.) 원 출처가 누구이든, 이 메시지는 여전히 유용하다고 생각한다.
- Goodreads. "Steven Wright." (2019년 3월 21일 접속) https://www.goodreads.com/author/quotes/181771.Steven_Wright
- Peyton, Sarah. *Your Resonant Self: Guided Meditations and Exercises to Engage Your Brain's Capacity for Healing.* New York: W. W. Norton & Company, 2017.

추천 자료

- Klein, Shari, and Neill Gibson. *What's Making You Angry? 10 Steps to Transforming Anger So Everyone Wins*. Encinitas, CA: PuddleDancer Press, 2004.

6장 내면의 힘 키우기
추천 자료

- Rosenberg, Marshall B. *Being Me, Loving You: A Practical Guide to Extraordinary Relationships*. Encinitas, CA: PuddleDancer Press, 2005. (마셜 B. 로젠버그, 『비폭력대화와 사랑』, 이경아 옮김, 2018, 한국NVC출판사)

7장 가슴 아픔, 죄책감, 슬픔 맛보기
참고 문헌

- Larsson, Liv. *The Power of Gratitude*. Svensbyn (Sweden): Friare Liv, 2014, page 21.
- Ehrenreich, Barbara. *Bright-Sided: How Positive Thinking Is Undermining America*. New York: Metropolitan Books, 2009, page 6. (바버라 에런라이크, 『긍정의 배신』, 전미영 옮김, 2011, 부키)
- Siegel, Dan. *Mind: A Journey to the Heart of Being Human*. New York: W. W. Norton & Company, 2017, page 94.
- Rosenberg, Marshall B. *Making Life Wonderful: An Intermediate Training in Nonviolent Communication* [DVD]. Albuquerque, NM: Center for Nonviolent Communication . (이 훈련은 유튜브 https://www.youtube.com/watch?v=LnAEFTU1z4에서 볼 수 있다.)
- James, William. *Essays and Lectures*, edited by Daniel Kolak. New York: Routledge, 2007, page 143.
- Mackenzie, Ian, 2019년 3월 13일 나눈 개인적인 대화 중에서. (내 친구 이언은 *Full Spectrum Supervision: "Who You Are, Is How You Supervise,"* edited by Edna Murdoch, Jackie Arnold, St. Albans (UK): Panoma Press, 2013

pages 121–213의 한 챕터인 "Mindfulness and Presence in Supervision"을 쓴 공저자이기도 하다.)

- Hookham, Lama Shenpen. *There Is More to Dying Than Death: A Buddhist Perspective.* Birmingham (UK): Windhorse Publications, 2006, page 174.

추천 자료

- Rosenberg, Marshall B. *Getting Past the Pain Between Us: Healing and Reconciliation Without Compromise.* Encinitas, CA: PuddleDancer Press, 2004.

3부 마음으로 듣기
8장 호기심 갖기

참고 문헌

- Rosenberg, Marshall B. *Nonviolent Communication: A Language of Life.* 3rd edition. Encinitas, CA: PuddleDancer Press, 2015, page 91 장자 인용 부분. (한국어판 『비폭력대화』, p.165)
- Koenig Coste, Joanne. *Learning to Speak Alzheimer's: A Groundbreaking Approach for Everyone Dealing With the Disease.* New York: Mariner Books, 2004, page 108. (조앤 쾨니그 코스테, 『알츠하이머병 가족에게 다가가기』, 홍선영 옮김, 2014, 부키)
- Goodreads. "Ludwig van Beethoven." (2019년 3월 21일 접속) https://www.goodreads.com/quotes/4103660-to-play-a-wrong-note-isinsignificant-to-play-without
- Amador, Xavier. *I Am Not Sick, I Don't Need Help!* New York: Vida Press, 2012, page 112. (하비어 아마도르, 『난 멀쩡해, 도움 따윈 필요 없어!』, 최주언 옮김, 2013, 한국심리치료연구소)
- Le, Xuan, Ian Lancashire, Graeme Hirst, and Regina Jokel. "Longitudinal Detection of Dementia Through Lexical and Syntactic Changes in

Writing: A Case Study of Three British Novelists." *Literary and Linguistic Computing*, Volume 26, Issue 4 (December 2011), pages 435–61. https://doi.org/10.1093/llc/fqr013. Day, Adrienne. "Alzheimer's Early Tell: The Language of Authors Who Suffered from Dementia Has a Story for the Rest of Us." *Nautilus*, September 29, 2016. http://nautil.us/issue/40/learning/alzheimers-early-tell 도 참고하라.

- Rogers, Carl. "The Necessary and Sufficient Conditions of Therapeutic Personality Change 1957." *The Carl Rogers Reader*, edited by Howard Kirschenbaum and Valerie Land Henderson, 219–35. London: Robinson, 1990, page 231.

- Lipińska, Danuta. *Person-Centred Counselling for People With Dementia: Making Sense of Self*. London: Jessica Kingsley Publishers, 2009, page 9.

추천 자료

- Sears, Melanie. *Choose Your Words: Harnessing the Power of Compassionate Communication to Heal and Connect*. Self-published, CreateSpace, 2015.

9장 분노와 혼란에 귀 기울이기
참고 문헌

- Rosenberg, Marshall B. *The Surprising Purpose of Anger: Beyond Anger Management: Finding the Gift*. Encinitas, CA: PuddleDancer Press, 2005. (마셜 B. 로젠버그, 『분노의 놀라운 목적』, 정진욱 옮김, 2017, 한국NVC출판사)

10장 질문하기
참고 문헌

- Roth, Philip. *American Pastoral*. London: Vintage Books, 1998, page 55. (필립 로스, 『미국의 목가』1·2, 정영목 옮김, 2014, 문학동네)
- Mackenzie, Ian, 2019년 3월 13일 나눈 개인적인 대화 중에서.

- Jami, Criss. *Healology*. Self-published, 2016, page 6.

추천 자료

- Alzheimer's Society. "Communicating With Someone With Memory Loss." (2019년 3월 21일 접속) https://www.alzheimers.org.uk/aboutdementia/ symptoms-and-diagnosis/symptoms/communicationmemory-loss

11장 살가운 소통
참고 문헌

- *Oxford Paperback Dictionary*. Oxford: Oxford University Press, 2009, page 173.
- Goodreads. "Rumi." (2019년 3월 21일 접속) https://www.goodreads.com/ quotes/117479-words-are-a-pretext-it-is-the-inner-bond-that
- Goodreads. "Victor Hugo." (2019년 3월 21일 접속) https://www.goodreads. com/quotes/14451-music-expresses-thatwhich-cannot-be-put-into-words-and
- Sacks, Oliver. *The Man Who Mistook His Wife for a Hat and Other Clinical Tales*. London: Picador, 2011.
- Maitland, Arnaud. *Living Without Regret: Growing Old in the Light of Tibetan Buddhism*. Casadero, CA: Dharma Publishing, 2005, page 174.

추천 자료

- Mackenzie, Mary. *Peaceful Living: Daily Meditations for Living With Love, Healing, and Compassion*. Encinitas, CA: PuddleDancer Press, 2005.

맺는말: 약해질 수 있는 존재
참고 문헌

- Lipińska, Danuta. *Person-Centred Counselling for People With Dementia:*

Making Sense of Self. London: Jessica Kingsley Publishers, 2009, page 106.

• Hookham, Lama Shenpen. *There Is More to Dying Than Death: A Buddhist Perspective*. Birmingham (UK): Windhorse Publications, 2006.

• Dass, Ram and Paul Gorman. *How Can I Help? Emotional Support and Spiritual Inspiration for Those Who Care for Others*. London: Rider, 1986, page 224.

추천 자료

• Hookham, Lama Shenpen. *Living the Awakened Heart*. Self-published, CreateSpace, 2015.

• Rosenberg, Marshall B. *Practical Spirituality: The Spiritual Basis of Nonviolent Communication*. Encinitas, CA: PuddleDancer Press, 2005. (마셜 B. 로젠버그, 『비폭력대화와 실천적 영성』(개정판), 캐서린 한 옮김, 2021, 한국 NVC출판사)

나오며: 꼬리 없이 고마움 표현하기

참고 문헌

• Goodreads. "W.H. Auden." (2019년 3월 21일 접속) https://www.goodreads.com/quotes/100377-in-times-of-joy-all-of-uswished-we-possessed

추천 자료

• Larsson, Liv. *The Power of Gratitude*. Svensbyn (Sweden): Friare Liv, 2014.

NVC를 적용하는 방법

말하기
상대를 비난하지 않으면서 나 자신을
솔직하게 말할 때

듣기
상대방의 말을 공감으로 들을 때

관찰

상황을 있는 그대로 관찰하기
"내가 ~을 보았을(들었을) 때"

상황을 있는 그대로 관찰하기
"네가 ~을 보았을(들었을) 때"

느낌

나의 느낌
"나는 ~하게 느낀다."

상대방의 느낌
"너는 ~하게 느끼니?"

욕구/필요

나의 느낌 뒤에 있는 욕구/필요
"나는 ~이 필요(중요)하기
때문에……"

상대방의 느낌 뒤에 있는 욕구/필요
"너는 ~이 필요(중요)하기
때문에……"

부탁/요청

내가 부탁하는 구체적인 행동
연결부탁
"내가 이렇게 말할 때
너는 어떻게 느끼니(생각하니)?"
행동부탁
"~를(을) 해 줄 수 있겠니?"

상대가 부탁하는 구체적인 행동
"너는 ~를 바라니?"

CNVC The Center for Nonviolent Communication

CNVC는 NVC를 배우고 나누는 일을 지원하고, 개인과 조직, 정치적 환경 속에서 일어나는 갈등들을 평화롭고 효과적인 방법으로 해결하는 것을 돕기 위해 1984년 마셜 로젠버그가 설립했다.

CNVC는 모든 사람의 욕구를 소중히 여기고, 삶이 가진 신성한 에너지와 연결된 의식 속에서 살아가는 사람들이 서로에게 즐거운 마음으로 기여하며, 갈등을 평화롭게 해결하는 세상을 지향한다.

CNVC는 지도자인증프로그램, 국제심화교육(IIT), NVC 교육과 NVC 공동체 확산을 위한 활동을 하고 있다. 현재 700여 명의 국제인증지도자들이 전 세계 80개국이 넘는 지역에서 활동하고 있다.

9301 Indian School Rd NE Suite 204
Albuquerque, NM 87112-2861 USA
website: www.cnvc.org / e mail: cnvc@cnvc.org

한국NVC센터(한국비폭력대화센터)

모든 사람들의 욕구가 존중되고 갈등이 평화롭게 해결되는 사회의 꿈을 가진 사람들이 2006년 캐서린 한(Katherine Singer)과 힘을 모아 만든 비영리 단체이다. 한국NVC센터는 NVC 교육과 트레이너 양성을 통해 우리 사회에 기여하기 위해 설립되었다. 교육은 (주)한국NVC교육원에서 진행하고 한국NVC센터(NGO)는 NVC의 의식을 나누는 활동을 하고 있다.

한국NVC센터가 하는 일

- **교육(한국어/영어)**

  NVC 소개를 위한 공개강의, NVC 1·2·3, 심화·지도자 준비 과정, IIT(국제심화교육), 중재교육, 부모교육, 놀이로 어린이들에게 NVC를 가르치는 스마일 키퍼스®Smile Keepers®, 가족캠프 등

- **외부 교육**

  기업, 학교, 법원 등 각종 기관과 조직 안에 소통을 통한 조화로운 관계를 만들기 위하여 요청과 필요에 맞춰 교육과정을 제공한다.

- **상담(개인/부부/집단)**

  내담자의 느낌과 욕구에 공감하며, 더 행복하게 사는 데 도움이 되는 행동이나 결정을 내담자가 찾아 가도록 도와준다.

- **중재**

한국NVC중재협회를 통해 중립적인 위치에서 느낌과 욕구에 기반을 둔 대화를 도와줌으로써 모두의 욕구가 충족될 수 있는 방법을 찾아가도록 한다. 현재 지방법원과 서울가정법원에서 조정위원으로 활약하고 있다.

- **연습모임 지원**

NVC를 자발적으로 연습하는 모임을 위한 장소를 대여하고 연습을 위한 정보와 자료를 제공한다.

- **교재·교구 연구개발, 제작 및 판매**
- **번역, 출판 사업**

그 밖에도 비폭력대화의 확산을 위해 보호관찰소, 법원, 공부방 등과 탈북인, 다문화 가정을 위한 여러 가지 일을 하고 있다.

연락처

———

대표문의 nvccenter@krnvc.org 02-6291-5585
센터교육 nvcedu@krnvc.org 02-325-5586
외부교육(강사문의) training@krnvc.org 02-6085-5585
출판 및 판매 book@krnvc.org 02-3142-5586
홈페이지 www.krnvc.org Fax 02-325-5587
주소 (06159) 서울특별시 강남구 삼성로 95길 23, 3층(삼성동, 남양빌딩)

Dementia
Together

Dementia Together

치매가 인생의 끝은 아니니까

비폭력대화로
치매에 말 걸기

초판 1쇄 발행일 2021년 8월 25일

지은이 패티 비엘락스미스
옮긴이 이민아
펴낸이 캐서린 한
펴낸곳 한국NVC출판사

등록 2008년 4월 4일 제312-2008-000011호
주소 (03702) 서울특별시 서대문구 연희로15길 78, 2층(연희동)
전화 02) 3142-5586 **팩스** 02) 325-5587
이메일 book@krnvc.org

ISBN 979-11-85121-34-5 03180